폐암이 준
제2의 인생

첫번째 추천사

CBMC(한국기독실업인협회)울산중앙지회 회장으로 최근 활천지회 창립총회에서 만났는데, 짧은 순간에 깡마른 체구에 강인해 보이는 의지를 엿볼 수 있었습니다. 며칠 후 강성태 수석부회장(공인회계사)의 소개로 대표 사업장에서 만남을 가졌는데, VIP(최근 새로이 가입한 회원, 또는 가입할 회원)인 대표에 대해 어느 정도 사전 정보를 가지고 기도하는 마음으로 대화를 시작했는데, 순간 나의 대화의 레퍼토리는 온데간데없이 여지없이 무너지기 시작하며, 대화에 몰입하게 되었습니다.

사람과의 만남에서, 말로 표현할 수 없는 강력한 무엇인가가 들어옴을 몇 년 만에 느껴보았습니다. 정현종시인의 방문객에 등장하는 "사람이 온다는 것은 실로 어마어마한 일이다. 그의 과거와 현재와 그리고 미래와 함께 오기 때문이다"의 시어가 가슴에 물밑 듯이 몰려옴을.... 나도 모르게 눈물이 났습니다. 과거 상황에 대한 동정, 공감의 의미도 있었지만, 나의 삶의 태도에 대한 진지한 회개의 눈물임을 나중에 알게 되었습니다.

대표로 하여금 주저리주저리 말하게 하는 동력이 무엇일까? 궁금증은 곧 풀렸습니다. 대표가 불쑥 내민 교정중에 있는 책의 표지 "폐암이 준 제2의 인생"에 바로 정답이 있음을 .... 이제 내가 준비해 간 'CBMC 핵심가치와 내용'에 대해 나 또한 어느 때 보다 가슴 벅차게 20-30분전력을 다해 전달했는데, "이제 CBMC에 대해 어느 정도 아시겠죠"라는 질문에 대한 답변 또한 나의 상상은 여지없이 무너지게 되었습니다.

이제 하나님께서 본인을 살려 주신 뜻을 알겠고 구체적 삶의 목표를 발견했다고 하니 이 얼마나 가슴 벅찬 일인가? 하나님이 자기에게 새 생명을 주셨고, 뭔가 의미 있는 일을 열심히 찾고 있는 시점에 강성태 회계사를 통해 CBMC중앙지회와 컨넥팅된 것이 과연 우연일까? 하나님을 믿는 나에게는 하나님께서 사전에 정교하게 예비하신 계획임이라 믿는 것이 과한 일일까?

성경에 나오는 탕자(누가복음 15장11-32절)비유에서 세상에서 허랑방탕한 생활을 하고 돌아온 탕자가 모든 것을 용서하시고 융성한 잔치로 환대해 주시는 아버지 품안에서 흘리는 한없는 눈물과 세상 고뇌와 지친 영혼이 치유 받아 평안을 누리게 되는 장면이 불현듯 떠올랐습니다. 이제 삶의 목적이 비즈니스 세계에 하나님 나라를 임하게 한다는 CBMC핵심가치를 입술로 고백하는 김대표를 보고 있자니, 나 또한 영혼이 맑아지며 힐링됨을 고백합니다.

행정학과 주변 학문을 오랫동안 공부한 사람이 '폐암이 준 제2의 인생' 출판 축하글을 부탁받고, 순간 난감한 마음과 순종하는 마음으로 하겠다고 했지만, 대표의 삶에 대한 진지한 태도, 수 없는 번민. 아픔과 통증, 인내 노력, 변해가는 모습, 외로운 영혼, 맛을 찾은 행복, 쉬었다 가는곳, 아파서 더 행복한 딸, 소중한 친구, 제2의 고향 제주도, 아픔도 친구, 걸어야 산다, 자연안에서, 아픔의 끝 등 소 제목 제목마다 가슴 깊은 울림을 주는 이 책에 대해, '출판을 진심으로 축하합니다' 외에 어떠한 글을 써야 할지 막막한 것 또한 사실입니다. 축하의 글을 쓸 자격이 있는 사람인지 나를 되돌아보게 되는 계기가 됨은 나에게 주시는 하나님의 귀한 선물임을 고백합니다.

암이라는 질병은 주위에서 너무나 흔히 들어보는 질병이지만, 여전히 완치되기에 힘든 병이며, 본인과 가족 모두를 우울하게 한다고 생각합니다. 이러한 문제의식에서 '암치료 및 회복프로그램'의 패러

다임의 변화는 2017년 서울대병원 암통합케어센터 9개 상급종합병원에서 건강리더십과 코칭(Leadership and Coaching for Health, LEACH)프로그램으로 가시화되기 시작했고, 암치료 및 회복에 상당한 긍정적 임상효과를 내고 있다는 소식을 접했는데, 대표의 책은 이러한 목적에 가장 부합되는 책이 아닌가 생각합니다.

아픔의 시작, 폐암판정, 치료, 회복 등 일련의 과정에 대해 냉정하리만큼 담담한 고백은 글을 읽는 사람에게는 깊은 내면의 성찰과 반성을 하게 하는 힘, 긍정의 에너지를 주며, 환우들에게는 암 환자 스스로가 본인의 건강을 관리하는 '자기경영'(Self-Management)역량을 강화해 주리라 확신합니다.

이 책을 읽는 사람에게 무한 긍정의 에너지를 주고자 함과 CBMC 중앙지회 회원과 함께, 사회적 공헌을 다하고 자 하시는 김강대표님의 고귀한 마음에 머리숙여 고마운 마음을 전하며, 끝으로 '폐암이 준 제2의 인생' 출판을 온 맘 다해 축하말씀드립니다.

전 기 수

CBMC 울산중앙지회 회장
제50차 한국대회 울산기획위원장

두번째 추천사

내 친구 강아
친구의 인생고락을 담은 책 출간을 진심으로 축하한다.

친구의 책 출간에 만감이 교차한다. 어느 날 친구에게서 연락이 왔다. 늘 씩씩한 목소리였는데 오늘은 낮은 힘없는 약간 떨리는 듯한 목소리가 휴대폰 건너편에서 들려온다.
암에 걸렸다고... 폐암에 걸렸다고 연락이 왔었다. 친구의 청천벽력 같은 소식에 너무 놀라 당장 뭐라 위로할 말이 없었다. 그리고 수술하고, 치료하는 고통과 인내의 시간을 가졌다. 친구 죽기 전에 얼굴이라도 봐야겠다 싶어 울산으로 찾아갔다. 다행히 야위긴 했지만 수변공원에서 운동하고 있는 모습에 너무 반가웠다.
얼마나 고맙든지……

몇 달이 지난 어느 날
헬쓱한 얼굴로 마지막 수술이 잘 되었고, 死線의 고비를 넘겼다면서 친구는 찾아왔다. 자신의 건재를 나에게 과시라도 하듯이 등산을 하면서 골프공을 주웠다면서 겸연쩍게 웃으면서 내게 보여준다. 죽음의 문턱에서 다시 돌아온 친구다. 대견하고 너무도 고마웠다.

사십년도 넘은 어느 해였다. 나는 최전방 군복무 중이었는데 친구는 울산에서 그 먼 길을 찾아왔다. 밤새 친구와 밀린 이야기에 새벽까지 잠을 설친 기억이 난다. 참 인정 많은 친구다.

젊은 시절 직장생활 그만 두고, 사업가로 변신하더니 돈도 많이 벌었다. IMF로 부도 맞았지만 또 다른 사업을 하여 자신의 자리를 찾아간다. 사업가 소질은 좀 있긴 있는가 보다.

그러다 어느 날 친구가 중국으로 들어가서 아픈 몸을 치료하고 왔다는 소식을 늦게 알게 되었다. 젊은 시절부터 곡절이 참 많은 친구다.

청년시절부터 틈틈이 글을 써서 지인들에게 보여주곤 했다. 글쟁이 실력은 아니었지만 꾸준히 자신을 정리하는 글을 지금까지 써 내려오고 있었다. 이번 책 출간의 계기가 되었던 암투병기는 친구의 모든 것을 바꾸어 놓았을 것이다. 그리고 이 책은 그냥 책이 아니다. 그의 인생 패턴을 바꿀 만큼 힘들고 외롭고 두려운 공포와의 싸움에서 이긴 승리의 결실이다.

니체에 따르면 운명은 필연적인 것이다. 필연적인 운명을 긍정하고 사랑할 때 인간이 위대해지며, 인간 본래의 창조성을 발휘할 수 있다고 설명했다. 동시에 운명에 체념하거나 굴복하는 것이 아니라, 자신의 삶에서 일어나는 고통까지 적극적으로 받아들인다는 의미를 가지고 있다.

친구야. 이제 남은 우리의 시간들은 이제 정돈하고 내려놓는 자세로 삶을 그려 나가자. Amor Fati(Love of Fate)!!!

2024년 3월 산수유 피는 의성에서 친구 재동이가.

류재동

전) 선린대학교 겸임교수
전) 포항제철공업고등학교에서 윤리 교사
의성여자중학교에서 도덕 교사

1부

아픔이 시작된 날

첫번째 추천사	3
두번째 추천사	6
아픔이 시작된날 (1)	14
아픔이 시작된 날 (2)	16
아픔이 휴가라니	19
실 로 암 (수술)	22
생명의 불씨	24
항암 주사의 시작	26
인 내	28
다시 태어나	30
울산대공원	32
노루귀	34
몸 무 게	36
수 선 화	38
휴 유 증	40
살기위한 전쟁	42
여려서 좋은 나	44
통도사	46
암 요양병원	48
죽기 아니면 살기	50
자연 안에서	52
아픈 나와의 대화	54
고마운 호수공원	56
민 들 레	58
자연의 미학	60
담 배	62
병원에서	64
강한 집착력으로	66
변 덕	68
아파서 더 행복한 딸	70
탈 모	72
항암주사	74

각 오	77
인내와 노력	80
밀 양 댐	83
있는 그대로	85
촛불이 되리라	87
희망의 소리	89
폐암보다 무서운 적	91
골 프	93
변의 시련	95
천마산 편백나무 숲	97
육신과 영혼	99
가 장	101
목 포	103

2부

제2의 고향 '제주'

제주도로	108
제주도의 첫 날	111
지미봉에 올라	114
가까워지는 제주도	118
골프치고 싶어서	121
친구가 제주도에	123
수 면 제	125
고성조개 체험마을	127
행복한 밥상	129
통증과 친구사이	131
거주지 인생	136
소중한 친구	139
청정지역 제주	142
시내버스 타기연습	146
니는 비보	140
슬픈 애창곡	153
신풍 바닷가	155
많이 먹자	157
가 파 도	160

2부

제2의 고향 '제주'

마음의 기도	164
살아야 한다	167
출발 서울로(3사이클)	169
3차 항암치료	173
여 유	177
귀 가	179
일 상 생 활	182
바뀌는 일상생활	184
제주도의 강태공들	186
또 다른 숙제	188
사랑의 독침	190
동전의 양면	193
긴 장	195
생명이 있는 곳	199
제주사람	203
제주대학병원	206
먹는 소중함	208
친구의 배려	210
가 족	212
건강밥상	215
생 명	218
삶의 변화	221
걸어야 산다	223
사랑해 표선항	225
눈부신 제주	227
조개체험마을	229
폐암 판정받는 날	232
숨죽인 저녁	236
내안의 나를 찾아	238
반 성	240
먹는다는 것	242
노 을	244
여명의 아침	246

일상생활	248
긍정적인 삶	250
통 증	252
제주바다	254
일상일기	256
불 면 증	259
목표설정	261
마지막 일정	263
외로운 영혼	266
답을 찾아서	268
새로움으로	270
제주도 바람	272
불면증 2	274
이승이 오름	276
고 민	278
바뀌는 일상	282
먹는 전쟁	284
고지가 저긴데	287
국수라도...	288
불편한 진실	290
다스려야 산다	292
여려지는 마음	294
멀고먼 다리	296
간절한 기도	298
1라운드 승리	300
희망의 전도사	302
삼성병원 마지막 항암치료	306
고향같은 제주도	308
행복한 수면	310
내일이면	312
정들었던 산책길	314
썬라이즈 호	316

3부

제2의 인생

귀 가	318
적 응	322
고 래 포	324
등 산	326
마지막 항암 주사	328
장생포 2	330
마지막 잔재	332
정 상 생 활	334
약물의 독성	336
끝은 어디에	338
아픔도 친구	340
절망의 하루	342
쉬었다 가는곳	344
의지력	346
끝이 보인다	348
나를 살린 운동법(10일차)	350
고통은 낮아지고(11일차)	352
친 구(12일차)	355
맛을 찾은 행복(13일차)	358
새로운 계획 (14일차)	362
진통제(15일차)	364
아픔의 그래프(16일차)	366
CT촬영 (17일차)	368
소중한 생명(18일차)	370
식욕부진(20일차)	372
건강한 생각 (21일차)	374
먹고 또 먹자 (22일차)	376
운 명 (23일차)	378
아픔의 끝 (24일차)	380
마치며	382

제2의 준 제2의 인생

김강 에세이

1부

아픔이 시작된 날

아픔이 시작된날 (1)

　꽃들은 화려한 자태로 벌들에게 잔칫상을 차려준다.
　이 꽃 저 꽃 수꽃 암꽃 벌들은 꿀을 얻고 꽃들은 수정을 한다.
　오묘한 자연의 순리는 주고받음을 마치 즐기는듯하다.
　지금 폐암으로 항암치료 중인 나 역시도 자연의 오묘한 섭리를 조금씩 깨달아 가면서 완치의 그날까지 편한 마음으로 대처하고자 최선을 다하고 있다.
　잠시 나의 현재 투병 생활은 보관해놓고 어떻게 이 질병을 찾았는지와 현재까지의 상태를 잠시 짚고 넘어가고자 한다.
　그날은 새로운 사업을 시작한 지 4개월째 접어든 상태라 낮부터 이 친구 저 친구 많이 만나러 다녔고 점심 식사에 곁들인 반주가 과하여 막걸리 3통을 마신 상태에서 저녁에 친구 철하와 추가 막걸리 파티까지 하고 집에 와서 맥주 두 병 마시고 일어서는 순간 의식을 잃어버려 마눌의 심폐 소생술로 의식(나중에 들은 얘기지만)을 조금 찾은 상태에서 119에 실려서 동강병원 응급실에 실려 가서 병상 격리 코로나 검사 후 입원 하여 원인을 찾고자 수많은 검사를 한 결과는 진작 심장마비의 원인은 밝혀지지 않고 MRI 및 PET_CT 판독에서 양 쪽 폐에 폐암으로 확실시되는(폐암4기 판정) 11.8cm 크기의 종양이 발견되어 조직검사를 한 후 수술로 제거해야 한다는 말을 들었을 때 무식한 생각으로 수술로 제거하면 되는가 보다라고 생각한 게 전부였다.
　큰 처형의 연결로 우리나라 빅 3(서울대병원, 현대아산병원, 서울삼성병원)암전문병원 중 하나인 서울삼성병원에 10일 뒤 예약을 할 수 있었고 조직검사 후 일주일 뒤 양쪽 다 폐암이라는 판정을 받았다 수술을 주관하고 암 덩어리를 제거하는 의사 선생님은 조xx 교수였으며 일주일 후 오른쪽 폐 그리고 일주일 후 왼쪽 폐를 차례대로 암 덩어리 제거 수술을 진행 하였고 왼쪽은 2겹 오른쪽은 3겹이라는 인간의 폐 구조를 처음으로 알았으며 오른쪽을 먼저 수술한 결과 채 1cm도 되지 않기에 10% 절제 후 1차 시술은 끝났고 고통은 따랐지만 씩씩하게 첫날부터 만 보 걷기 운동을 실천하여 회복이 빨랐고 2차 수술대기 중집에 와서 그 힘든 신불산 등산까지 할 정도였으니 자신감을 넘어 오만해지기까지 했다.

 일주일 후 2차 수술은 암 크기가 1.8cm였지만 늑골 쪽에 숨어있는 상태라 일부 제거가 아닌 2겹 중 한 겹을 제거(50%)하는 수술이라 몸에 엄청난 무리를 주는 것은 물론 전체적으로 30% 정도의 조직을 제거 하였으나 당시의 호흡 기능은 1020% 호흡밖에 할 수 없는 심각한 수준이었고 호흡 기능을 올릴 수 있는 방법은 부단한 노력 외엔 방법이 없다는 의사 선생님의 결론만 머릿속에 메아리침에 암울함 그 자체로 집으로 돌아왔다.

 그래도 자율적으로 숨은 쉴 수가 있음에 안도하고 직접 운전하여 오리탕 먹으러 친구 불러 문죽리 감나무 집으로 가서 맛나게 먹고 귀가하여 잠을 자고 새벽 3시에 화장실 가기 위해 눈을 떴는데 순간 숨이 멈춰 버림에 앞으로 고꾸라져 앞니가 방바닥을 쳐버리고 그대로 있기를 10분쯤 이에서 흘러내린 피가 바닥에 흥건했지만 아침 되어 식구들 깨면 괜찮겠지 하는 무식한 생각으로 8시까지 자고 눈을 떠보니 살아는 있으나 조금만 움직임에도 숨이 멎어 버릴 것 같아 밤사이의 상태를 보러 온 딸아이에게 발견되어서 119에 실려 DJ 병원으로 갔다 여기서부터 작지만 큰 실수가 나온다.
 (내일로 연결)

이 딱다구리가 나의 아픔을 예견했을까

아픔이 시작된 날 (2)

　사실 DJ 병원 소화기 과장 선생님은 친한 형님 사위로 내 담당 의사 호흡기 의사와는 막역한 관계라고 알고 있었고 서울삼성병원 가기 전에 9일 남았기에 나의 응급상태를 아는 분에게 맡겨 보기로 한 게 큰 실수였다.
　의사의 여러 가지 진단 결과로는 폐 수술 후 물이 너무 차서 보통 수술 후 빠져야 하는데 그대로 있는 상태가 폐의 80% 정도를 덮고 있어서 호흡이 전혀 되지 않는다는 진단과 함께 병상에 가만히 누워서 산소호흡기로 산소를 공급해 주면서 기력을 회복하고 운동은 전혀 하지 말라는 권고 사항을 내놓기에 순진한 놈이 그 말대로 9일을 DJ 병원에서 거의 방치 상태에서 치료를 받은 것이 큰 화근이 될 줄은 몰랐다.

　첫째로 이가 없으니 흰죽에 간장 간 대충하여 식사를 하였으니 몸의 기력은 엄청나게 쇠퇴 하였고 폐 수술 부위에 물이 찬 게 아니라 2차 수술 부위의 일부분이 터져서 피가 벌써 2.5리터3리터가 폐 밖으로 쏟아져 핏덩어리가 응고되어 폐 주위에서 굳어 있으므로 피고름이 엉켜서 심각한 합병증 상태로 변해가고 있는 상태였는데도 불구하고 방치하여 9일이라는 시간 동안 몸이 엉망의 상태로 만들어 졌으며 서울삼성병원에서 얼마나 급했으면 응급실로 바로 실어 가서는 피고름을 뽑아내는데 거의 3리터 정도를 뽑아내고 급하게 입원을 시켰을까.
　다음날 의사 선생님이 와서는 재수술해야 한다는 말을 할 때는 몸은 망가질 데로 망가져 있었고 기력이 쇠퇴한 상태에서 청천벽력의 소리로 들릴 수 밖에 없었다.
　아침 식사가 거들떠 보이지도 않고 생을 포기하고픈 마음 간절하였으나 다시 마지막 용기를 내어 각오를 하기까지 너무나 힘든 순간이었다.

먹자. 운동하자. 치료될 수 있다는 신념을 강하게 가지자. 어차피 누가 잘못을 했다고 하더라도 책임지려는 사람은 없을 테니까. 내가 정리해 나가야 한다. 멀건 병원 식사에 골뱅이 고추장 등 병원 편의점에 있는 내가 즐겨 먹었던 음식을 마눌에게 사 오라고 한 뒤 큰 그릇에 한 그릇 비벼 먹고 복도로 걸어 나가 걷기 시작했다.

 일단 하루 만 보씩 걷고 보자 힘이 솟아나면 수술 후 힘듦이 적겠지 라는 각오로 최선을 다해 호흡이 멈출 것 같은 고통에도 걷고 또 걸음에 진통과 더부룩함이 많이 가셨고 용기를 얻어 아침 점심 저녁을 미친 듯이 먹어 치웠다.

 하루하루 찍는 엑스레이 결과에 의아해 하는 의사 선생님의 반응이 미미하게 표정으로 감지되었고 호전인지 심각해졌는지는 모르겠으나 이틀 더 지켜보고 난 뒤 수술을 결정하자는 말은 하루를 번 것 같은 생각에 더욱 더 용기를 가졌는데 다음날 말도 안 되는 결과를 얘기 하는 게 아닌가. 폐를 둘러싼 피고름은 거의 자연적으로 빠져서 조금 남았고 폐를 둘러싸고 있던 응고된 피고름이 삭아서 없어졌다는 것이었다.

 뭔지 모르겠지만 나에게는 좋은 방향으로 엄청난 변화가 찾아왔고 지금 4 사이클 예방항암을 남겨두고 치료에 몰두하게 되는 계기가 되었다.

 그 동안 항암치료 과정은 매일매일 글로 적어 놓았기에 리바이벌은 할 필요 없지만 심각한 육신의 질병이 찾아온다면 저 같이 어리석은 판단으로 자칫 위험한 순간까지 가지 않기를 이 글을 읽는 모든 분들에게 간곡하게 부탁드리오며 치료 중 또는 치료 후 이상이 있을 경우에 지체 없이 근치 병원에서 간단한 응급조치만 한 후에 수술 및 치료를 담당하고 있는 병원에 가장 빠른 시간에 가라는 말씀드리고 싶습니다.

치료는 병원에서 유능한 의사가 하겠지만 순간적인 판단은 자신이 해야 함은 본인의 하나밖에 없는 가장 소중한 생명이기 때문입니다.

소나무도 아픔이 많을때면 이렇게 솔망울이 많아진다는데 ...

아픔이 휴가라니

 지금까지 살면서 요즘같이 머리가 맑아 본 적이 없었다. 그냥 현실 속에서 앞만 보고 달려와서 여유라고는 없었고 술과 담배에 찌던 육신에 복합적인 문제점을 안고 있었던 나였기에 이런 일이 나에게 닥치지 않았다면 정말 가장 중요한 것을 하지 못한 후회스러움에 생의 끝자락에 미련의 끈을 달았을 지도 모르겠다.
 한 달 전 갑자기 다가온 폐암이라는 청천벽력의 소식에도 새롭게 나를 깨달음의 시간 안으로 데리고 다님에 남들이 힘들겠다고 하는데 진작 나 자신은 여유 없는 삶 속에 현실의 노예가 되어 있었던 게 너무나 고문스러운 아픔에 평생 시달려서 그런지 암 중에서도 사망률이 가장 많은 무서운 질병에 걸렸어도 심각한 감각이 없어지고 그냥 올 것이 왔구나 하는 담담한 마음에 오히려 그동안 느껴보지 못했던 마음의 여유를 가짐이 이상할 정도였다.
 서울삼성병원을 사흘이 멀다하고 올라오지만 평생 느껴보지 못한 나만의 현실을 초월한 여행으로 느껴짐에 얼마를 더 살지 아니면 완쾌되어 더 오랜 시간 동안 더욱더 건강한 모습으로 살지는 모르지만 지금 이 순간은 마치 덤으로 얻어진 삶같이 여겨졌다.
 오늘도 서울 올라와서 병원 갔다가 지하철 타고 이리저리 구경하고 옛날에는 비싸다고 싸구려 모텔만 찾았었는데 딸이 예약해준 강남에서 멋진 호텔에서 숙박하고 맛난 음식 먹음에 예전에 느껴보지 못한 멋있고 싶은 여유까지 느꼈다.
 울산에서 폐암 4기로 판명 받았는데 이래도 되는 건가.

 그냥 죽음도 별로 두렵지 않으니 이런 상황으로 반전도 된다고 생각하니 지금까지의 삶이 많이 힘들었기에 이런 감정이 자연스럽게 나타나는가 보니 나 자신 잘못된 인식도 느끼지 못하는 것 같다.
 이렇게 생각하고 느끼는 나를 보고 타인들은 비정상이라고 할지 모르지만 타인이 살아주는 나의 삶이 아닌데 뭘 눈치 보고 할 필요성은 없이 그냥 있는 그대로 편안하게 뭘 또 보탤 필요가 없을 걸로 여겨진다.

 막상 중병이 걸리니까 자랑스러운 것도 아니기에 남에게 말할 수 없는 상황도 아니기에 그래도 혹시나 조용히 가버릴 것을 대비하여 친한 친구 몇 명 에게만 나의 아픔을 얘기 했지만 딱히 술 마시고 희락을 즐길 때는 그렇게 많던 친구라는 이름의 인연들이 손가락 다섯 개에도 안 들어옴에 잘못 살아온 나의 삶이 또 한 번 생각나는 자책의 순간이었음에 애절한 슬픔 어이할꼬 전부다 내 잘못인 것을.

 그래도 몇 명 골라 얘기하고 또 자연스럽게 얘기할 수 있는 몇 명이라도 있으니 다행스러웠고 친구가 있음이 큰 의지력으로 받아들여졌다.

 내일부터 본격적인 폐암 종양 제거 작업이 들어가지만 모든 것이 잘 될 것이란 확신과 함께 내 몸을 정결히 하여 최선을 다해서 이 무서운 질병의 그늘에서 살아남아 보자는 강한 의지력을 다시 한 번 점검해본다

 만약 좋은 결과로 미래에 나의 생명이 새로운 전환기를 맞이 한다면 지금까지의 삶을 계속 답습하고 살지는 말아야지 김칫국물부터 마시는 것이 아니라 처음부터 각오를 새롭게 가져보는 거다!

소중하고 아름다운것들만 기억하고 다버리자

실로암(수술)

 시계를 들여다보면서 4시겠지 라고 들여다보면 여지없이 시계 바늘이 4자를 가리키고 있음에 시계를 보면서 느끼는 의미는 조금씩 새로운 규칙이 나의 육신 안에 정착되고 있음을 암시하는 표시같이 느껴짐이 기분 나쁘지 않다.
 젊은 날 기타 줄을 힘차게 내리치며 눈가에 이슬까지 맺히며 즐겨 불렀던 실로암이라는 노랫말이 갑자기 떠올라 가슴속으로 흥얼거려보다 나도 모르게 울컥 하면서 소중한데 놓쳐 버리고 살아온 과거의 소중한 시간들이 많이 그리워진다.

 [어두운 밤에 깜깜한 밤에 새벽을 향해 떠난다 종이 울리고 여명 있음을 나는 느낄 수~]

 그렇다. 우린 평생 미래를 생각 할 때면 희망의 빛을 생각하였고 지금까지 아님 남아 있는 시간의 어느 시점에서 내 안에 그 소망의 빛이 안겨짐을 예측하며 지금까지 이 힘난한 삶의 여정을 힘들지만 지키고 왔을 것이다. 오늘은 수술이다. 병든 몸뚱어리를 어디에도 도망가지 못하는 다잡아 수족관에 넣어둔 고기로 생각하는 장사속인지 모르지만 미리 예약하여 엊그저께는 하루만 더 빨리 입원 해달라는 매달림을 매몰차게 거절하는 것도 모자라 막상 입원 하는 어제는 병실이 없어서 라는 기막힌 말로 우롱 하더니 특실로 집어넣을 때는 한순간 엎어 버리고 집에 가고 싶은 마음 추스르느라 쌓인 스트레스 어떻게 말로 표현할 수 있을까. 모든 것이 내 마음 같지는 않겠지만 혹시 행정 착오가 생겼으면 진실한 사과 한마디 덧붙여서 어느 병실이건 배정을 하였다면 이런 깊은 배신감은 느끼지 않으련만 자신의 합리화에 열을 올렸던 병원 담당자의 말을 생각하면 지금도 쏟아 오르는 분노를 극복하기가 힘들다.

그래 어제 있었던 일이고 가진 자의 흥정 이었다면 빨리 잊는 것이 났겠지. 그래도 나의 긍정의 마음이 발동하여 특등실 별실이 너무 좋아서 편안한 마음으로 생각함에 잠시 화났던 일들을 다 잊고 치료에만 몰두 하자고 스스로 깊은 최면을 걸어본다.

가만히 마음으로 나의 주님께 간절한 마음으로 나를 맡긴다. 눈을 감고 잠시 마음을 정결히 하고 주님에게 기도한다. 내 안에 좋은 기를 주시어 희망의 빛이 가득 고이게 하시고 주님의 손으로 이 탕자의 마음을 어루만져 주시라고.

생명의 불씨

 그냥 창을 열면 아침 햇살을 찬양하는 자연이 주는 희망의 멜로디, 온갖 이름 모를 잡새 소리에 눈을 뜨고 이리저리 땔감 주워 아침 밥 지어 자연이 주는 텃밭의 반찬에 된장 얹어 우묵우묵 씹어 먹고 싶다. 육신이 아프니 정신세계마저 피폐해지고 불쌍한 눈동자는 언제 이 긴 터널을 벗어나나 근심 가득 찬 눈에는 시름이 가득하고 힘들게 일어나 살아야 한다는 일념으로 냉장고 문을 열고 당기지 않는 식욕이지만 살고자 하는 강렬한 의지력 하나로 하나둘씩 반찬을 꺼낸다.
 두 개만 꺼내어 물에 말아서 후루룩 빨리 먹고 치우고 싶지만 머리에서는 거부해도 이것저것 많이도 끄집어내어 결국은 한 상을 차린다.

 결국은 넘어가지 않아서 밥에 물을 부어 버리지만 그래도 최선을 다해서 이것저것 많이도 챙겨서 입으로 밀어 넣는다.
 그렇게 된장 하나라도 맛있었던 아프기 전 그 맛을 떠올릴 때면 그때 많이 먹는 건데 후회해 보지만 지금은 안되는 걸 어떡하랴.
 빨리 완쾌하여 그 맛나는 된장에 호박잎 쌈 싸서 우둑우둑 많이 먹어야지. 수술 부위에서 조금씩 삐어져 올라오는 진한 고동색 고름 물을 보노라면 내 몸 내 마음대로 하지 못하는 연약한 생명임에 마음대로 굴리고 생각 없이 혹사했던 지난날들이 많이도 후회스러움으로 남겨진다. 처음에는 나을 수 있다 나에게 최면을 걸어서 라도 확신으로 두 주먹 불끈 쥐었는데 이제 육신의 고통이 극에 달하니까 나을 수 있을까로 두 주먹에 힘이 빠지는 작은 절망감이 엄습한다. 내 인생은 왜 이렇게도 가는 날 까지 사연이 많을까.
 류마티스 걸려서 국내 의료진이 포기하여 중국에서 5년 이라는 세월을 고생했지.
 결핵 걸려서 근 1년을 헤매었지. 지금은 그 힘들다는 폐암까지 그것도 4기인지 3기인지도 모르는 중병 선고를 받고 보니 마치 스포츠를 치면 그랜드 슬램을 하고도 남으리만큼 너무나도 많이 지나온 시간들 안의 사연 안에 지금 내가 닥치고 있는 현실이 아픔의 연속선상에 계속 놓여 있는 것 같다.

 이 질병 힘들게 극복하고 나면 또 어떤 고난의 세월이 나에게 닥쳐 올지 알 수 없으나 최선을 다해서 여기 까지만 있기를 노력하는 수밖에 이 연약한 인간이 할 수 있는 것이 없음에 슬프다. 그래 걷자 하나 둘 셋 넷 지나온 그 힘든 순간 속에서도 극복 했었던 나만의 저력으로 이 위기까지만 슬기롭고 강한 의지로 이겨 나가자. 결국 극복하지 못하면 여기서 끝나는 것 일진데 생명의 불씨를 조금씩 조금씩 살려 보자꾸나.

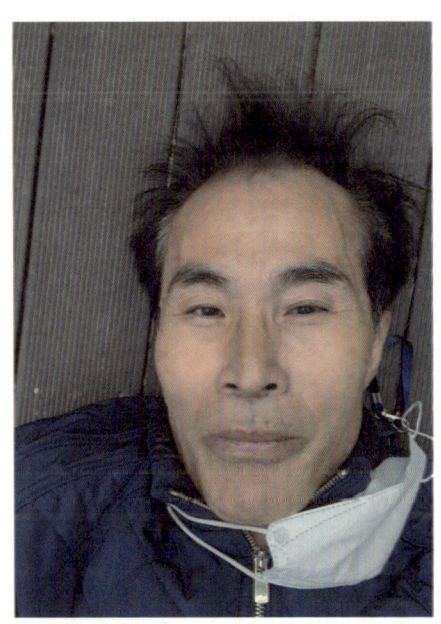

이 아픔의 몰골

항암 주사의 시작

항암 총 8회 중(6시간 4번, 30분 4번) 1회 차를 하루종일 맞고 기진맥진 SRT 막차에 겨우 올라탔다. 너무 긴장하고 후유증에 너무 많이 대비한 탓일까.
 그냥 덤덤함에 이상하리 만큼 마음이 평온하다.
 식욕이 없어진다는데 배가고파 죽겠고 구토와 통증이 있다는데, 별 특이사항이 느껴지지 않는다.
 내일부터 진검의 후유증이 시작될까? 막연한 두려움에 다가올 아픔의 미래가 한없이 불투명하게 생각된다.
 폐암 3기에서 단지 100명 중에 1명이 완치된다면 나 일거야! 강한 자신감으로 또 다른 나로 태어나기 위하여 전쟁을 열심히 치를 각오로 스스로를 무장한다. 어느 시점인가 제2의 인생을 준비해야겠노라고 어렴풋이 느꼈었는데 별로 좋지 않은 계기로 그 시점을 잡았다면 살을 깎는 아픔이 있다고 하더라도 살기 위해서 크나큰 대가는 반드시 치러야겠지.

 이제부터 나를 많이 사랑하자. 자신을 너무 혹사하여 정말 나의 육신이 불행했다면 너무 귀하게 대접하여 피어오르는 봄꽃처럼 화사하게 만들어 이 무서운 질병을 극복해보자.

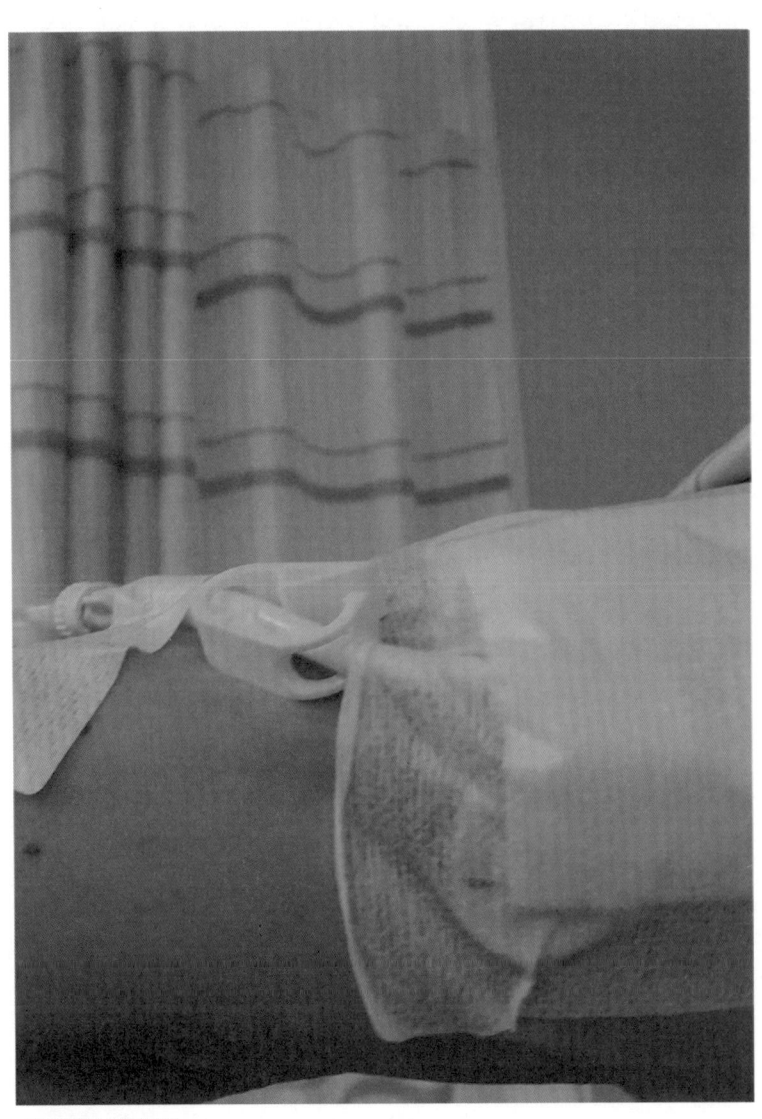

그 아픔을 잊지말자

인 내

빛이 있어 낮이라면 칠흑의 어둠이 있어 밤이라면, 난 살고자 하는 마음이 있어 희망이라 표현한다.

마음의 빛을 모아모아 긍정의 불씨를 활활 타게 만들어 아픈 육신이 이 고통을 털어내고 건강한 생명의 불꽃이 활활 타 오르게 흩어진 기를 조금 씩 조금 씩 간절한 마음으로 모아본다. 지금까지 살아오면서 정말 대충대충이 아닌 아주 간절한 마음으로 나에게 희망을 품게 하고 건강한 기를 모아 본 적이 없었기에 더욱 더 처절한 투쟁을 약속하는지 모르겠다.

어제는 항암 주사 후유증으로 잘 못 자고, 잘 못 먹고, 잘 못 싸고 신체 리듬에 적신호를 보냈기에 강제로라도 집행 할 수밖에 없는 날이었다. 가만히 배를 쓰다듬으면서 오늘도 나를 다스린다. 물은 어제보다 더 마실 것, 도보 시 아랫배에 힘을 주어 배로 숨을 쉬는 연습을 더 많이 할 것, 몸이 원하건 말건 맛있다라는 최면을 스스로 걸면서 끼니를 정량으로 반찬과 함께 골고루 먹을 것, 일반인들에게는 아주 평범한 것인데 암 환자에게는 힘들게 극복해야 할 과제로 느껴진다, 오늘도 파이팅!

쏟아 오르는 봄꽃처럼 화사하게 만들어 이 무서운 질병을 극복해보자.

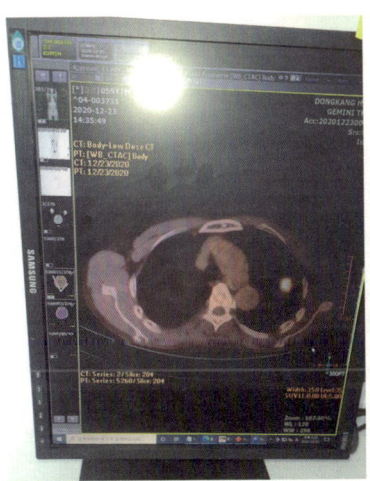 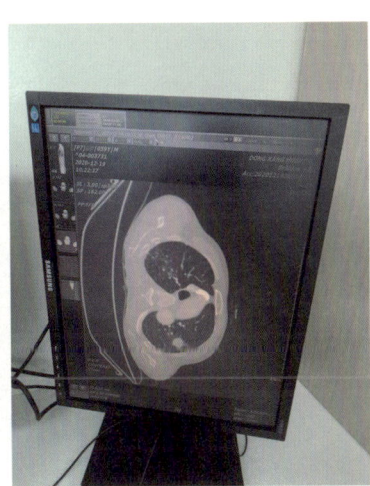

이작은 암 덩어리를 어찌할꼬   작은점이 암이라니

다시 태어나

빛이 있어 희망이 있다면, 나의 빛은 스스로 만들어야 하겠지.
내가 만든 병마의 씨앗으로 육신을 피폐하게 만드는 악이 내 몸에서 크고 있다면, 더 강한 의지와 노력으로 극복의 미학을 깨우쳐야겠지. 병마와 투쟁하면서 취미 생활이 자연스럽게 바뀐다. 골프, 술자리 등 유락 문화에서 혼자 조용히 사색하는 모습으로 바뀌는 자신을 보게 된다.
그냥 초연해지고 두려움 보다는 그냥 평안함으로 자신을 다스리고 싶은 생각?
친구 불러, 딸 불러 운전대 맡기고, 내 마음대로 목적지를 얘기하는 어떻게 보면 이기적인데 아프다는 핑계로 반론을 제기하지 않는 것이 어떤 특권을 가진 자 같다. 꽃나무가 창공 하늘 배경으로 보이는 등받이 없는 긴 벤치에 누워 하늘을 보면서 길게 뿜어 올리는 쉼 호흡이 너무 좋아 운동시간이 즐겁게 느껴진다. 걷다가 드러누워 하늘 보고, 휴식하고 이러다가 신선이 되지는 않을까. 빨리 완치되어 복합적인 취미 생활을 나의 것으로 만들어 보아야지.

이 하얀 백합의 속살 같이 다시 태어 나리라

울산대공원

평안한 오후 시간 하루는 서쪽녘에 넘어가는 붉은빛 태양이 터질 것 같은 탐스러운 감홍시 보다 더 붉다 못해 빠알간 풍선을 연상케 하며 마무리된다. 2002년 월드컵을 계기로 국책사업의 일환으로 조성된 울산시민들의 여유 공간 울산대공원에는 산책 나온 시민들이 벤치에 앉아 주위의 경관과 어우러져 아름다운 일상 속의 그림을 그리고 있다. 나이 든 할머니들의 세상사는 얘기가 정겹고 반려견과 공놀이 하는 사람들의 몰두하는 모습이 눈길을 사로잡는다.

살아있어 이 평온함도 그려보고 느낌을 가져봄에 요란하지 않지만 편안한 생의 찬가를 불러본다. 오늘도 가만히 인공 호숫가에 자리한 긴 벤치에 드러누워 바람 소리 물소리 주위 담노라니 지금까지 느껴보지 못한 작은 여유에 가슴 편안한 행복감에 취함이 기분 좋은 사색에 잠시 편안해하는 나를 보게 된다.

소나무에서 나오는 산소를 조금 이라도 흡입하려고 창공에 있는 소나무만 쳐다보면서 호흡 연습과 시각의 즐거움을 내 것으로 만들다 보니 솔방울 하나하나를 음미하게 된다. 많은 것은 병든 거, 적은 것은 건강한 거. 빨리 나아라는 말을 병든 소나무에게 전달함은 몸이 아프면 세상 만물 모든 것에 동질감을 느끼게 되는가 보다.

오늘은 항암주사 3일 차이기에 후유증인지 호흡이 어제의 50%에 못 미침에 숨 가쁨을 참는 것이 많이 힘들지만 더 많은 노력으로 내일은 호전될 수 있다는 확신으로 육신과 마음을 다스려야 함을 나에 대한 책임감으로 다가왔다. 이번 주는 짧은 항암주사를 맞아야 하기에 서울삼성병원에서 예약해준 울산중앙병원에서는 백혈구 증가 주사를 맞고 부산 해운대백병원에서는 항암약물 30분짜리를 주사기로 주입 받는다, 아픔도 계속 더해져 고통의 수위가 높아만 가지만 이제 나에게 최면을 걸어서 계속 희망의 불씨를 지펴 나쁜 기운을 다 태워 버려서 악의 뿌리를 뽑아내어 버린다는 각오로 이렇게 힘든 순간을 극복해내리라 다시 한 번 다짐한다

누워서 본 소나무가 멋있어서

노루귀

 탐스러워서 꺾고, 가지고 싶다고 취하는 소유욕에서 고귀하고 아름답다 지키고 싶다라고 마음이 바뀌는 것은 병마와 힘겨운 투쟁을 하면서 삶의 가치관이 바뀌는 것일까?
 들에 핀 이름 모를 꽃 한 송이에도 소중하게 있는 그대로를 지켜주고 싶은 마음이 앞서게 된다. 친구가 처음 보는 연한 보라색을 띠는 꽃 한 송이를 사진으로 보내왔는데 꽃말(노루귀 꽃말은 "인내(忍耐)"란다... 병마를 잘 견디고 용맹하게 일서서는 친구를 응원한다)까지 너무 좋고 친구의 사랑이 듬뿍 묻혀 있음에 꽃말처럼 인내로 이 아픔을 이겨내어 기대를 저버리지 않도록 하기 위하여 또 한 번 마음을 굳게 먹게 된다.
 호흡이 아직까지 일반인들의 20%30% 수준에서 머물다 보니 가만히 앉아 있는 상태를 벗어나면 털썩 주저앉아 숨 고르기를 해야 함에 많은 위험성이 따른다. 그래도 다행스러운 것은 동종의 질환 경험자와 다르게 통증, 식욕부진, 구토 등의 증세는 아직 크게 심하지 않고 아프기 전보다 더 왕성하게 먹어도 구토는 하지 않기에 호흡 연습만 열심히 한다면 나아질 거라는 확신을 조심스럽게 가져본다. 오늘도 공기 좋은 곳에 가서 청정 산소도 많이 마시고 햇빛도 쪼이고 깊은 사색으로 폐부의 아픔을 쏟아내어 하루빨리 호흡을 끌어 올리려고 경사가 없는 곳을 찾아서 가고 있다. 최대한 빠른 시간 안에 호흡 수치를 조금씩 끌어올려 위험 상태에서 벗어나기 위하여 최선의 노력을 해야 한다. 난 할 수 있어. 친구가 보내준 노루귀의 꽃말처럼 인내로 이 병마를 꼭 극복할 거야.

몸무게

수술 부위에 거의 감각이 없었는데 서서히 감각이 되살아나고 있음을 느낄 수 있다. 가슴 전체가 꼬집어도 죽은 세포같이 느낌이 없었는데 가슴 일부분이라도 통증을 느낌에 신경이 살아나고 있는 징조로 생각되고 계속하여 조금씩 본래의 모습으로 돌아올 것에 감사하고 편안하게 손으로 쓰다듬어 주면서 주인으로서 대견해서 칭찬해 주었다. 어제는 해운대백병원에서 항암 주사와 함께 피곤하고 숨이 많이 차는 현상에 대한 4가지 복합 영향소를 투여하여 효과를 보았는지 저녁에 귀가 할 때는 느낌이 아주 좋았고, 사진으로 주사약을 꼼꼼히 기록하여 차후 도움이 될 수 있게 보관 작업을 하였다. 유명한 해운대 기와집 속 시원한 대구탕을 국물 한 방울 남기지 않고 딸딸 긁어 먹고 포만감에 취하여 달맞이길 양쪽 벚꽃나무 사이로 조수석에서 감상하는 여유는 덤으로 만끽함에 잠시 행복의 생각에 심취하여 살아 있음의 고귀함을 다시 한 번 귀하게 느꼈다.

아물오른 가지에서 뿜어져 나오는 빨주노초파남보 소중한 생명의 용트림의 상징이 이렇게 자연은 순환의 미학으로 계절 따라 이 우주의 공간으로 내 뿜는 것인가 58.3kg. 어제보다 700g이 또 줄었다(-7.7킬로) 3번을 올라가도 똑같음에 아무리 많이 먹어도 독한 항암 약을 아직까지 육신이 감당하기가 벅참을 느낀다. 오늘은 서울에서 83만 원 거금으로 구입에 온 백혈구 주사 맞으러 울산중앙병원에 가는 날이다. 다시 한 번 육신에 부담을 적게 줄 수 있는 영양소를 의사 선생님께 부탁하고, 음식량을 조금 더 늘려서 더 이상 몸무게가 줄지 않게 각고의 노력을 기울여 봐야겠다.

암 세포가 완전히 박멸되는 그날까지 화이팅!

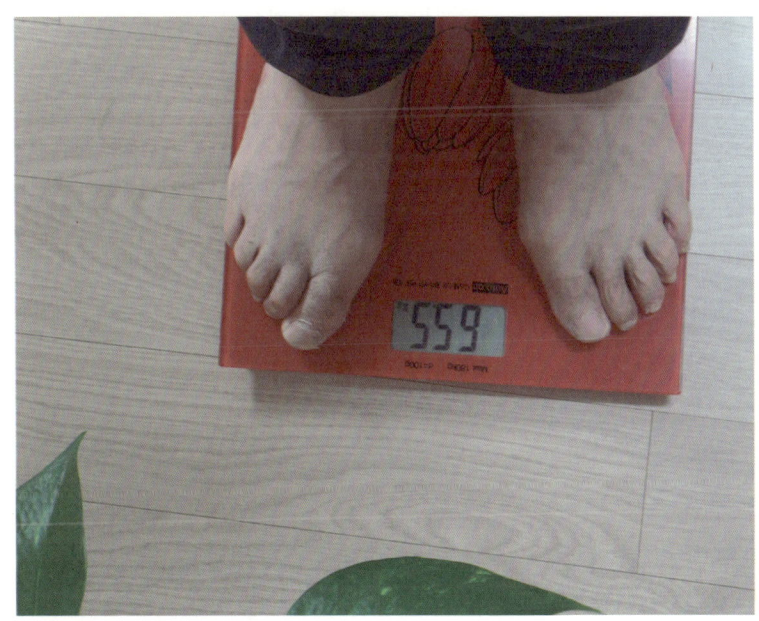

살기위해서 9키로 쪄웠다

수선화

그리스 신화를 보면 애틋한 사랑의 간절한 메시지를 많이 보게 된다 그래서 신들의 사랑의 전쟁이라고 표현하기도 하지만, 신들의 전쟁은 아니지만 수선화의 애틋한 꽃말 또한 눈에 띄는 대목이기도 하다.

어느 여인을 사랑한 순수한 청년이 급유에 떠내려 가는 수선화꽃을 건져서 진작 본인은 물살에 휩쓸려가면서 꽃만 던져 사랑하는 여인에게 전달하면서 '날 잊지 마세요.'라는 말을 남긴 채 사라진다는 슬픈 러브스토리를 보게 된다, 아름다우면서 슬픈 기억에 젊은 날 순수한 감정에 한참을 슬퍼했던 기억이 생각났다.

갑자기 웬 수선화의 꽃말이 생각났냐면 호흡 연습하러 어린아이 걸음으로 호수 주위를 걷다 보니 노랗게 피어있는 수선화가 만발하여 잠시 소중한 가치를 감상하는 순간이 있어 적어보았다. 항암 2회 차 주사 투여 후 육신이 받아들이는 것이 많이 힘듦을 느낄 수 있다.

호흡이 더 가빠지고 온몸에 힘이 쭉 빠지는 것이 산책을 나가면 10걸음 정도 걸으면 털썩 주저앉아 숨 고르기를 해야 함에 평온한 상태를 유지하기가 힘이 든다. 조금 쉬려고 벤치에 드러누워 하늘을 쳐다보다 일어나면 금방 쓰러질 듯한 어지럼증에 옆의 나무를 잡고 간신히 버텨야만 한다. "정신일도 하사불성" 천천히 아주 천천히 걷고 또 걷는다.

걸어야만 극복하고 걸어야만 나을 수 있다는 신념으로 복식호흡 열심히 하면서 앞으로 앞으로 나아간다. 지금은 내 한 몸 가누기 힘든 고난의 길이지만 육신과 정신세계의 정화를 위해서 내가 만든 악의 산물이 이 육신에서 다 빠져나갈 때까지 극기 훈련의 각오로 해 보지 뭐.

 천천히 꽃도 보고 호숫가의 고기도 보면서 비록 20%의 호흡으로 지탱 한다고 하지만 살아있음에 만족하고 할 수 있다는 자신감으로 앞으로 앞으로 조심스럽게 나아가고 있다. 끈기 있게 계속하다 보면 어느 사이엔가 좋아질 것이란 믿음으로 오늘도 걷는다.
 할 수 있다는 강한 믿음으로 싸워서 꼭 승리 하는 거다!

호수가에 핀 고운 수선화

휴유증

표현 못할 아름다움에 취해서 잠시나마 고통을 덜 수 있는 들꽃이 피어있고 신록이 춤추는 곳으로 친구 불러 운전대 맡기고 이리저리 아주 조심스럽게 산야를 헤맨다.
아프다. 많이 아프다. 가슴은 송곳으로 콕콕 찌르고 팔목 관절 마디는 아려오며 입안은 헐어서 따갑다. 합병증은 호흡 기능을 더욱 마비시켜 한걸음 뗄 때마다 멈춰버릴 듯함에 연신 숨 고르기에 헥헥거림에 정신을 집중하여 쓰러지지 않으려 다리에 힘을 모은다. 쓰러지면 안돼. 쓰러지면 죽는 거야. 어느 이름 모를 산 중턱을 죽을 힘을 다해 걷노라니, 기진맥진 털썩털썩 주저앉아 몸을 주체하느라 안간힘을 쓴다. 2회 차 3일 날이 제일 힘들다는 서울아산병원의 교수님의 말씀이 떠올라 고통이 바로 이것임을 직감하게 된다. 그래 이거 못 견디면 나의 미래는 땅속에 들어가는 것만 못한 거야. 절체절명의 각오로 앞으로 앞으로 걷고 또 나아가는 것만이 희망의 메시지를 완성하는 것임을 기억하고 계속 나아갔다.
계곡물에 얼굴 적셔 힘을 다시 모으고 결국 목적지에 도착했다. 돌아오는 길은 더 힘든 인내를 감수 하면서 거의 실신 상태로 돌아 왔지만 또 다른 전쟁을 위하여 기력을 보충하기 위하여 진하에서 친구가 사준 해물탕 억지로라도 밀어 넣고 집으로 돌아왔다. 그래도 잠시 잠시 아프기 전보다 더 귀하고 예쁜 자연의 고귀한 선물에 감사하고 견뎌 주고 있는 병든 육신에 감사한다.
그 어떤 고난과 역경이 내 앞에서 훼방을 놓더라도 기필코 완치하여 제 2 인생 소중한 삶의 가치를 만들어 보리라 굳은 다짐의 약속을 한다. 억지로 최면을 걸어서라도 이 고난의 시간을 버텨 나가는 거다.

강아! 더욱더 강해져서 남은 인생 건강하게 한번 설계해 보자꾸나.

아무렇게나 있어도 아름답다

이 꽃을 보면서 견뎌나가자

살기위한 전쟁

 자연 속에서 어느 곳을 걷다 보면 식물들은 햇빛 쟁탈전을 벌이고 있음을 보게 된다. 자신의 몸을 이상한 형태로 구부러지게 변형이 됨에 아랑곳 하지 않고 태양을 향해서만 선두의 잎사귀는 뻗어 나간다. 빛을 소유하기 위한 처절한 투쟁을 벌이면서 한 개의 빛도 더 많이 받으려고 고군분투함을 보면서 생과 사의 또 다른 모습을 느끼게 된다.

 생명도 없다는 식물들도 이런 투쟁을 벌이면서 생존 본능에 자신을 던지는데 과연 만물의 영장이라는 나는 얼마나 큰 대가를 치르면서 나를 지키고 있는 것인지 부끄럽지 않을 수 없다. 먹기 싫다고 입안이 조금 헐었다고 음식 먹는 것에 소홀하고 숨 좀 차다고 걷는 것에 인색 하다면 식물보다 잘난 것이 무엇이란 말인가. 오늘부터 새로운 각오로 미래가 있는 나로 만들기 위하여 고군분투를 실천해보자. 마치 6.25 때 뺏기면 끝나는 낙동강 전선을 떠올리듯이 59킬로에 선을 그어놓고 죽을 각오로 먹고 버티는 거다. 밑으로 내려가면 내 육신은 암세포와의 전쟁에서 체력으로 밀리는거다.

 입 안이 헐어, 먹는 것이 고통스러울 지라도 먹고 또 먹고 단백질 비타민 눈에 띄면 주워 마시고 식물들을 꼭 안아 생존의 가치를 조금이라도 전해 받으면서 내 가치를 배가시키는 거다. 깊은 나의 내면과의 대화에 더 많은 시간을 할애하여 진정 성숙의 미학을 스스로의 의지로 깨우쳐 조금씩 조금씩 아주 조심스럽게 모아서 나만의 소중한 자산을 만들어 가는 거다.

 난 할 수 있어. 과거에도 그랬고, 현재는 더 많은 것에 깨달음으로 알고 느낌으로 쌓아놓지 않았니.

녹동 저수지를 걷고 또 걷는다

이런집 짓고 다시 살고파라

여려서 좋은 나

강한 척 하지만 한없이 여린 나를 보게 된다. 살아있는 모든 것이 나에게 메시지를 보낸다.
왜 인생을 그렇게 여리게 사냐고 누가 뭐라던 인생 끝나는 날까지 새싹과 같이 풀잎처럼 맑고 깨끗함을 유지하고 싶다. 인생 마지막까지 힘들어도 순수한 풀잎을 마음 깊은 곳에 품어서 타인에게 이 우주의 작은 미물에게 까지 방해 주지 않고 가는 것이 삶의 진정한 가치관임을 느끼면서 존재의 미학을 깨닫고 싶다. 나만의 아집이 나를 힘들게 했고, 돌이켜본 과거 안의 순간순간의 삶을 힘들게 했지만 지금 나를 지탱하게 한 것도 내가 살아있음을 느끼게 해 준 나의 순수했던 자존심이었음을 깨닫는다.

현재 나의 잘못된 아집은 폐암이라는 지독한 고통스런 아픔에 새롭게 녹아내려 또 다른 지배자에 의해 모든 것을 포용하는 새롭게 생성되는 나의 우주에 의해 변화되고 있다. 나쁜 것은 소멸되어 버렸고, 그 안에서 소박한 한 인간의 모습으로 진화하고 있다.
새로움의 동경은 과거의 나의 모든 것을 비추어 봤을 때 주위의 환경의 변화에 나의 삶도 바뀌었다.

이 고통이 끝나는 그날 지켜진 가치를 스스로 공유하고 제 2의 인생을 살아가는 것이다, 몸무게가 500g 늘었다. 감히 폐암 환자에게는 상상이 되지 않는 일이 내 육신에 일어나고 있다.

호흡도 기존에서 5% 정도 상승함을 느낄 수 있음에 꾸준한 운동과 긍정적인 마인드의 결과임에 자축의 기쁨으로 조금씩 희망이 보이는 것 같다.

어제는 상상도 못할 70° 경사면을 기어올랐고, 꼭대기에서 가쁜 숨을 몰아쉬었지만 1시간 30분을 반복된 행위를 했음도 무사히 하산할 수 있었다. 이제 5% 더 호흡을 증가시키기 위하여 조금 더 강도를 높여 정상인의 호흡이 내 것으로 만들어 질 때까지 조금씩 조금씩 나아가는 거다. 할 수 있어 !

밑은 벚꽃 위는 배꽃 향기에 여린 맘은 취한다

통도사

 지금 왜 나에게 시련이 왔냐 묻는다면 나도 모른다고 말하는 것은 책임을 회피하는 핑계이기에 내가 아픔을 자초한 방탕한 생활의 결과라고 말하고 싶다. 원인이 나였기에 뼈를 깎는 듯한 고통의 대가를 치루더라도 본래의 모습으로 바꾸어 놓는 것도 나여야 한다. 황사로 천지가 진통을 겪고 있어 나가지 말라는 만류를 뿌리치고 작은 배낭에 물 한 병, 수건 하나 딸랑 넣어 짊어지고 집을 나선다.

 뿌연 시야에 마스크로 숨구멍을 푹 가리고 그나마 미세먼지 농도가 제일 약하다는 양산으로 핸들을 돌렸다. 먼저 우리나라 불교 조계종 3보 사찰(해인사, 송광사, 통도사) 중의 한 곳인 태백산맥 밑자락 통도사로 오늘 일정을 잡는다. 웅장하고 수려한 신록이 꿈틀거리는 계절의 여왕의 모든 것이 집결하여 있는 곳에는 벚꽃길 하나도 환타지아의 탄성을 쏟아지게 하는 그 자체였다. 이미 즐거워진 눈동자는 이리저리 사방에 깔려있는 신비스러운 경치에 매료되어 머리 속에 담느라 이성을 상실해 버렸다. 극락암에서부터 백연암까지 천천히 아주 천천히 걷다가 쉬다가를 반복 하면서 차고 올라갔다.

 실신 직전으로 백련암에 올라 물 한 바가지 마실 때 성취감은 어떤 언어의 표현으로 말할 수 없는 희망을 품고 느끼게 되었다. 스스로 많은 칭찬을 쏟아붓고 있다. 강아. 정말 장하고 잘했다. 여전히 숨소리는 헥헥거리지만 완치를 위해서 한 걸음 한 걸음 나아감을 굳은 믿음으로 다짐의 언약을 한다. 위에서 본 산천은 꽃과 신록의 웅장한 향연에 숨이 멎을듯한 황홀경에 순간 빠지고 작은 새소리 코러스에 같이 합창한다 생의 기쁨의 찬가를 이제 천천히 조심스럽게 내려가 계곡에 발 담구어 편안한 쉼의 선물을 주고 못다. 본 것들을 다 담아서 가야지. 즐거움으로 이번 기회에 못다 본 것, 못 가본 곳, 편안한 마음으로 수련하는 마음으로 다 가보는 거야 ! 넌 할 수 있어!

너무 이쁜 수선화에 취한다

서연암 된장독이 인상적이다

암 요양병원

 밀양댐 근처 풍요로운 공간에서 산책하고 음이온 듬뿍 마시고 올 계획이었는데 아침에 눈을 뜬 순간 허리와 목뼈에 심한 통증이 느껴져 똑바로 누워 있기가 고통스러웠다. 윙윙윙윙 마치 누군가 망치로 허리뼈를 두드리는 것 같이 진동을 하면서 통증이 곁들여져 리듬을 탔다. 항암치료 후유증에 이런 증상도 있음이 새삼 놀라움이 더했고 치료와 휴식을 위해서 자연 속의 공간으로 가기로 하였다.

 울주군 석남사 가기 전 A라는 암 전문 요양병원에 며칠 입원 치료하고 가지산 밑자락을 산책할 요량으로 울산병원에서 코로나19 검사 후 딸에게 운전대 맡기고 요양병원으로 갔다. 조수석에 비스듬히 누워 있노라니 무너지는 벚꽃잎의 흩날림에 지는 꽃잎에 감동받고 산천은 가을도 아닌데 신록과 개나리 철쭉 매화 벚꽃의 자태에 단풍 구경을 연상시킬만큼 화려함이 산천을 뒤덮고 있었다. 모든 것이 내 계획대로 되지 않음에 이렇게 계획 없는 발걸음이지만 안타까움으로 발을 동동구르지 말자고 이 길로 들어서다가 마음을 정리하면서 막히면 편안한 마음으로 다시 나와 돌아가고 새로운 길에서 장애물이 나타나면 주위의 도움받아 치우고 다시 천천히 앞으로 나아가자고 나 자신에게 메시지를 보낸다. 이제 자연스레 접할 수 밖에 없는 영남 알프스 밑자락에서 일정 기간 생활을 시작함에 몸이 원하는 영양소 많이 맞고 유산소 운동 더욱 많이 해서 2사이클 항암치료에 더욱 적극적으로 대처하자. 내 투쟁의 가치는 스스로 깨달음으로 인지하고 타인이 인정하지 않더라도 완치로 보여보자.

 허리는 끊어질 듯이 아픈데 편안한 안식처에서 상담해도 되련만 3시간을 잡아놓고 고문에 가까운 상담이라는 이름으로 얘기하는 것을 정리해보면 90% 이상이 실비처리가 아닌 비급여 병원 치료 경비

부담에 대한 얘기뿐이기에 생각이 많아지고 마음의 결정을 깊게 하게 만든다. 나를 상업적인 수단으로 의무감 없이 치료한다면 과연 정확한 핵심을 찔러 나의 병 호전을 위하여 책임감 있게 헌신할 수 있을까. 나에게는 가장 중요한 대목이기에 병실에 와서도 좌불안석임에 쉽게 입원 결정을 내리지를 못했다. 가장 핵심적인 문제는 침대의 매트 부분이 돌같이 딱딱함에 푹신하지 않으면 잠을 자지 못하는 나이기에 30분만 누워 있으면 뼈가 부서질 듯한 고통이 몰려온다는 것이다. 결정적으로 입원하지 않는 게 낫다고 판단하게 한 것은 통증에 대한 치료하는 알약도 비급여로 보험 실비처리가 아닌 현금처리를 위하여 환자에게 사인을 요구함에 퇴원 시간이 아닌 밤 8시인지라 입원비 정산을 위하여 카드 맡기고 암 요양병원을 나와 버렸다. 이 선택이 훗날 후회할지는 모르겠으나 어차피 나와의 투쟁임에 후회 없는 선택이길 바라보는 수 밖에.

이 꽃들이 나를 지켜 주겠지

죽기 아니면 살기

 오늘은 가슴인가 바늘로 콕콕 찌르고 신 것이 올라옴에 위장 쪽인 거 같은데 안절부절 못하고 손으로 쓰다듬어 줄 수밖에 내가 할 수 있는 것이 없다. 왜 이리 몸의 이곳저곳을 돌아다니면서 통증이 발생하는 것인가? 내가 대처를 잘못해서 아프지 않을 것을 아프게 하는 것은 아닐까? 서울삼성병원에서 준 약봉지를 이리저리 뒤지다가 위보호 약과 진통제 한 알을 꺼내어 먹고 중앙병원에 가서 주사 한 방을 맞는다. 강한 진통제 주사약의 영향으로 통증이 사그라드니 또다시 운동 욕망이 발동한다. 그래 죽기 아니면 까물어 치기다. 배낭에 물 2병에 간식 조금 챙겨 차를 달려 서생으로 향한다.

 무너진 벚꽃들은 열매 맺을 준비에 바쁘고 꽃의 자리에 열매를 바쳐줄 초록의 작은 잎사귀 또한 앙증맞게 조금씩 자리하고 있다. 지는 벚꽃을 뒤로하고 하아얀 물결이 천지를 진동할 듯이 피어있는 배꽃의 향연에 제일 높은 곳에 올라가 자연이 그려놓은 장관에 한동안 넋이 나간 듯 앉아있다. 내가 치유 못할 병에 걸려 아픈 것인가를 반문해보면 현재는 육체적으로 고통 받고 있다면 과거는 정신적인 병마에 망가져 가고 있는 나를 방치 수준으로 가게 했음을 지금 깨달음에 언제가 더 심한 질병에 놓여진 상태였는지 정의를 내릴 수가 없다. 과거가 작은 바람에도 흔들리는 연약한 갈대 같은 인생이었다면 지금은 거름 주어 새롭게 나를 흔들리지 않는 고목으로 태어나게 함을 느낀다. 자연이 치유의 공간을 나에게 주고 온갖 신비의 상징물 꽃과 바람 신록은 메스가 되어 아픈 부위를 천천히 제거하고 있음에 나는 시간이 지나면 모든 것이 완치될 것임을 확신한다. 그래 이렇게 남은 인생 편안한 안식처를 항상 꿈꾸며 이 모든 것을 나의 현실로 차곡차곡 만들어 나가는 거다. 낙엽이 쌓여있는 계곡을 어렵게 올라 아랫배에 손을 얹고 심호흡 100번을 시작한다.

열심히 바람을 뿜어내어 나의 희망을 내 가까이 있음을 느끼게 만드는 것이다. 아무도 모르는 소중한 나의 미래가 이 계곡 안 낙엽과 파랗게 하늘 향해 뻗어진 아름드리 나무들 속에 있는 것이. 어느덧 해는 서산으로 넘어가고 아직 병원에서 맞은 진통제의 영향인지 심한 통증은 없음에 그나마 기분 좋은 발걸음은 집으로 향한다. 이렇게 난 모든 것을 조금씩 치유하여 새롭게 태어나는 거다. 화이팅!

아름다운 것만 생각하자 이 배꽃과 같이 …

자연 안에서

나는 여전히 배고프다는 배움과 건강과 못다 해본 모든 것에 성취하고픈 강한 열망이 요즘 들어 더욱더 솟구친다. 이 투병 생활이 건강함으로 마무리된다면 남은 인생 가능하겠기에 오늘도 최선을 다해 도전의 깃발을 펄럭인다. 황사인가 흐린 날씨 인가 그냥 뿌연 하늘에 태양은 어디에 자신을 숨기고 있는지 밝기만을 노출시켜 낮시간만 표시해 준다.

아침 점심 저녁 진통제 한 알씩 먹고 통증을 잠재운 탓인지 컨디션은 좋다. 애써 통증을 잠재우지 말고 의사 선생님의 말씀대로 육신이 편안한 상태를 유지할 수 있도록 최선을 다해 통증 없는 상태를 유지하려고 최선의 노력을 다하고 있다. 오늘은 서생 위곡으로 가서 예쁜 배꽃과 들에 산에 자란 들국화와 농장 가장 자리에 심어놓은 온갖 아름다운 꽃에서 힐링 시간을 갖고져 자연스런 동작으로 배낭을 짊어지고 산천을 향해서 들어간다.

점심 시간이 겹쳐서 가장 중요한 배를 채워야겠기에 당기는 음식이 수제비 칼국수 등 밀가루 음식이기에 메밀로 대체하여 남창 입구에 자리 잡은 옹심이 칼국수 곱빼기로 배를 불려서 자연의 맑은 공기 유산소를 덤으로 많이 마시면 엄청난 영양분과 합해져서 육신이 업그레이드 되겠기에 생각만 해도 기분 좋지 않을 수 없다. 그냥 차를 달려가다가 나무와 계곡과 물과 꽃만 있으면 올라가기에 지명과 산 이름은 알 수가 없다. 스마트 워치로 발걸음과 운동 시간을 클릭해놓고 가다가 쉬고 가다가 쉬고를 얼마나 반복하는지 모르지만 걸은 시간 쉬었던 시간이 다 표시됨에 하루하루의 기초 자료로 활용할 수가 있다. 들꽃에 취하고 꽃이 진 자리에 자리한 작은 열매에 감동받아 휴대폰 카메라를 이리저리 방향 잡아, 담아두면 쉴 때마다 그 경치를 감상함이 기분 좋다. 이 평온한 대지에서 자연과 함께 있노라니 자연스런 웃음이 몸에 배 얼굴이 변하는 것일까.

딸이 말한다. 아빠 요즘은 왜 계속 웃으세요라고.. 그냥 평상시 표정인데 나의 얼굴이 좋은 방향으로 많이 변했음을 거울 속에 나를 보면서도 느끼게 된다. 이렇게 쉬지 말고 계속 나아가서 멈추지 않는 시간여행을 하다 보면 이 질병의 깊은 터널에서 벗어나게 되겠지 오늘도 최선을 다하고 힘차게 외치는 한마디가 있다면. 화이팅!

벗꽃은 지고 열매맺고 아름다워

아픈 나와의 대화

비가 온다. 주룩주룩 차 유리창을 때리는 소리가 정겹다. 고래로 유명한 장생포 항구에 많은 배들이 일렬로 정박한 곳에 바다 향해 주차하고 시야에 들어오는 움직임을 세팅한다. 비 맞는 바다 너울지는 바다에 하얀 거품 가르며 배들이 들어오고 비 안 오면 바닷가를 걸으려고 기다려도 기다려도 그칠 줄 모르게 비는 계속 내린다. 아픔이 찾아오고 난 뒤 항상 육신과 대화를 한다. 왜 아픈거니 약 먹을까? 견디기 힘들면 약 먹을게 손으로 아픈 부위를 천천히 쓰다듬으면서 아프지마 알겠지?

아프면 내가 견디기 힘들어지잖아. 내가 이제부터는 나쁜 것을 먹어서 아프게 하지 않을게. 이번만 참고 잘 견디자. 그 동안 나의 일부분으로만 생각하고 네가 아플 것이라는 생각하지 않고 나쁜 것들만 채워 넣은 것에 너무 미안하게 생각해. 육신과 대화를 하다 보면 건강해지기 위하여 내가 어떤 행동 하루 생활을 어떻게 해야 할지가 정리가 되는 것 같다. 무엇이든지 절제하고 적당하게 마무리하지 않고 육신이 망가지던지 안중에도 없이 살아온 과거 속의 생활이 무척이나 후회스럽지만 어떡하랴 돌아가서 다시 살 수 없는 많은 시간을 지났는걸. 지금도 늦지 않았음을 생각하고 육신과 영혼에 소중한 것들로만 채워나가는 거다. 기억 속에서 밀어내고 싶고 아직 나의 일부분에 잠재되어 있는 것들을 조금씩 조금씩 제거하여 생명의 양식 맑은 영혼이 필요한 것들로 채워 나가는 것이다.

오늘은 혓바닥에 뽀드락지가 나서 따갑고 입안 이쪽저쪽이 조금씩 헤어지고 눈알이 빠질 듯이 아프기에 식사하는 데 방해를 많이 받았다. 정말 항암 약 성분이 독하기는 독한 모양이다. 온 몸 어느 곳에나 안 다니는 곳이 없음에 예측 불허 공포의 대상이 되고 있다. 이거보

다도 몇 배의 시련을 가한다고 해도 이겨 내야지가 그린으로 입안을
소독하고 조용히 육신에게 말한다. 힘들지만, 같이 극복 하자고

꽃 속에 숨어서 나를 알린다

고마운 호수공원

꽃과 신록의 경계선인데 어제도 오늘도 비는 계속 내린다. 비가 오면 상념의 계곡에 푹 빠져서 몸도 마음도 축 처짐에 움직임도 부자연스럽고 육신의 아픔도 배가되어 정신세계도 침울해지는 느낌은 아직 건강하지 못해서 많이 아픈 탓이겠지. 여전히 입 안은 헐어있고 혓바닥에는 뽀드락지가 돋아있어 따갑고 아프지만 어차피 겪고 극복해야 할 운명같은 것이라고 체념함에 무신경의 상태로 대처한다. 움직이자 움츠리지 말자. 활동없이 침체되어 정신세계를 피폐하게 만들지 말자. 가만히 일어나 우산 챙겨 집 앞 선암 호수공원으로 나간다.

어제오늘 마지막으로 붙어있던 벚꽃은 비 맞아 거의 떨어지고 열매 맺을 시간을 정리하느라 나름대로 분주하다. 이렇게 결실은 아주 조용히 숭고하게 오고 우리의 젊은 날이 사라지고 없듯이 결실을 준비했던 화려함은 짓뭉개진 자태를 아무렇게나 던져둠에 꽃은 시신이 되어 도로에 저수지에 형편없는 형태로 나뒹굴고 물 위의 하얀 부패물이 되어 형편없이 가장자리를 흉측하게 떠다닌다. 그렇게 아름다운 자태였는데 잠깐 시간 안에 버려진 쓰레기로 전락되어 버렸다. 그 배턴 받아 이어지는 계절의 축배는 사라지는 것들을 잊은 듯이 계속 이어지고 4월의 꽃 목련의 백합 조개의 속살같이 하얀 자태와 어우러져 열정의 계절을 감당하려 초록과 푸르름으로 갈아입는 신록의 폭발적인 용트림을 우린 보게 될 것이다.

계절은 이렇게 결말을 내고 하나씩 하나씩 정리되는데 나의 아픔의 끝은 언제가 될까. 정열의 계절 여름 아니면 만물이 결실을 맞이하는 풍요로움에 풍족해지는 올해의 가을일까? 나의 아픔의 종착역을 애타게 그려보고 기다려 보지만 알 수 없는 그날은 가까이 있지는 않을 것 같은 불안감에 안타까움의 시간을 애타게 기다리는 간절하고 애절한 마음은 해답 없는 외침에 메아리만 허공 속으로 내뱉으면서도. 60하고도 2년을 더 살았는데 뭐 설마 지금까지의 시간만큼 소요되게 하지는 않겠지 하면서 기다림의 미학을 배워본다.

 얼마를 걸었을까 호흡이 가빠서 주저앉아야 하는데 전혀 호흡이 가쁘지 않다 일주일 동안 평지를 걷지 않고 산속을 헤매고 다닌 탓에 호흡이 이만큼 호전되어 있으리라고는 상상하지 못했다. 이왕 테스트 한 거 계속 걸어가고 1시간 20분 8,000보를 넘게 걸었건만 호흡이 문제가 아니라 다리가 아파서 쉬어야 하는 아주 고무적인 상황이 발생한다. 나도 모르는 사이에 호흡 기능이 40% 정도까지 올라왔음을 느낄 수 있음에 너무 대견해 나에게 축하의 말을 건넨다. 강아, 고생 많았다라고. 오늘따라 나무와 꽃들이 더욱더 아름답게 보이고 세상 만물이 더욱더 생동감이 넘쳐남을 느끼게 된다. 그래 이렇게 계속 앞으로앞으로 계속 나아가는 거다. 3개월 후 내 몸에 암세포가 모두 제거되었다는 말이 의사 선생님의 소견에서가 아닌 나 자신이 먼저 느낄 수 있도록 스스로가 만든 프로그램을 완성시켜 나가는 거다.

백수선화의 고운자태에 취한다

민들레

 오늘은 어느 한적한 시골길을 걷다가 길가에 흙먼지 뽀얗게 덮어쓰고 모진 생명력으로 피어있는 민들레꽃을 보게 되었다. 잡풀 속에 섞여 질긴 생명력을 상징적으로 보여 주는듯한 노오란 자태에 현혹되어 가만히 꽃잎에 묻어있는 먼지를 털어 주면서 나의 아픔을 잇대어 생각한다. 모진 생명력으로 삶의 희망을 대변함은 내가 보고 있는 이 들꽃의 처절함이나 살고자 하는 나의 강한 집념이나 똑같음에 이렇게 이 들꽃에 동질감으로 순간적으로 깊은 애정을 느끼게 되는 것 같다. 살아야 한다는 집념이 건강할 때는 모른다는 게 나라는 생명체는 정말 어리석은 삶을 살아왔음을 뼈저리게 느낀다. 살아있으면 그냥 숨 쉬는 것 먹는 것 소화하는 것 등 모든 것이 그냥 덤으로 누릴 수 있는 당연한 특권같이 느껴졌는데 그 당연시 여겼던 그 모든 것이 이렇게 인고의 노력이 없으면 얻어지지 않는다는 커다란 배움을 얻음에 깨우침에 감사하고 다시는 망각하는 어리석은 과오를 범하지 말기를 다짐한다. 오늘은 며칠 만에 처음으로 진통제를 먹지 않았다. 다행히 몸의 이곳저곳에서 간간이 느껴지던 통증은 없지만, 위장 쪽이 종일 더부룩하고 욱신욱신한 작은 아픔이 있지만 애써 통증으로 판단하지 않고 견뎌본다. 온종일 어제보다는 나른했고 자칫 게을러질 수도 있는 상태에서 평소보다 침대에 누워 있는 시간이 많았는데 박성용 교수님의 유튜브 방송에서 폐암 환자들은 하루 운동량에 의해 회복 속도가 결정된다는 말씀에 정신 뻔쩍 들어 밖으로 나갔다. 병든 자가 살아야 한다는 것은 지은 죄만큼 일반 건강한 사람보다 몇 배의 대가를 치러야 함을 인지하고 건강할 때의 게으름은 용납되지 않음을 체험의 고된 시간을 갖고 있다. 내일 모레 목요일은 2사이클 항암주사 투여 첫날이다. 더욱 더 단단한 각오로 육신이 버틸 수 있도록 최선의 노력으로 준비하지 않으면 무너지는 나를 보게 되겠기에 게을러지려는 생각을 인내로 극복해야 한다.

끈질긴 생명력을 배워야지

잡풀속에서도 씩씩하게

자연의 미학

 하얀 떡가루를 뿌려놓은 것같이 그렇게 화려하게 천지를 용솟음치게 하던 벚꽃이 무너져 내림에 화려함은 오래 하지 못한다는 진리를 생각하게 하면서 서서히 녹색의 신록의 잎사귀에 결실의 표상 덜 익은 빠알간 열매만을 흔적으로 남김을 보고 있다.

 이렇게 지고 오는 계절의 순환은 화려함에도 찬란함에도 미련 두지 않고 작년에 했던 그대로 변함없는 자태를 보여준다. 태곳적부터 그랬고 짐작도 못 한 긴 세월이 지난 지금도 있는 그대로의 안에서 변화에 순종하는 자연의 미학은 흐름에 역행하고 잘못된 것에 방관하는 인간의 삶에 무언의 질책을 보내지만 깨달음으로 진리를 향해 나아가고자 하는 모습은 보이지 않고 세상은 모순이 마치 진리처럼 위장하여 사람들과 시대를 속이며 끌고 가고 있다.

 나 자신도 아파서 지금 잘못된 모든 것이 보이는 것일까? 자연 안에서 만물 변화의 물결을 보면서 내 몸의 변화를 갈구하며 땀 흘리며 한 바퀴 돌고 돌아 서생 간절곶 바다가 시야에 확 트인 야외카페에서 바닐라초코 한잔의 달달한 여유를 담다 보니 나의 아픔 세상사 모든 아픔이 가슴안에 들어옴에 내 몸 하나 운신 못하면서 세상사에 68억의 삶의 무게에 아파하는 내 모습이 가소롭지만 어떡하랴 느껴지는 것을 털어 버릴 수도 없는 것을.

 한참을 몰두함의 결론은 각종 이익을 위한 다툼이 의미없고 욕심이 화를 부름이 느껴짐에 저 출렁이는 파도에 모든 시름 다 얹어 흘려보내고 싶은 마음만 간절하다. 될 수 있다면 이 아픔마저도 같이 실어서 둥둥 띄워 보내고 싶다. 멍 때림의 시간에 세상 만평 순간에 잠시 아픔도 잊고 머문 자리가 그래도 잠시 편안함을 뒤로 한 채 집으로 오는 길에 되뇌는 말 한마디는 잊고 살자.

 아침 먹고 점심 남창장에서 소고기 내장탕 먹었는데 갑자기 저녁밥이 넘어가지 않는다. 그래도 가장 편한 시래깃국에 밥 한술 말아 억지로 밀어 넣고 나니 더부룩함을 어떻게 표현해야 할까.

 아픈 육신의 끝없는 반항이라고 할까. 안 되는데 먹어야 하는데 초비상의 상태로 걱정되는 내일을 생각하며 잠을 청한다. 내일 다시 또 육신이 거부한다면 사생결단 먹는 게 아니라 밀어 넣는다는 표현같이 할 수밖에 없음에 한바탕 전쟁하는 심정으로 눈을 감는다. 여기서 꺾이면 안 돼!

카페에서 보는 확 트인 동해 바다를 내 안에 담는다

담 배

아직까지 담배를 피우고 계신 분들에게 간곡하게 끊을 것을 권고 드립니다. 저는 25년 정도 담배를 피운 것 같습니다. 각종 암 발병률이 흡연으로 말미암은 것이라는 경고가 나에게는 예외가 될 거라는 생각으로 폐암 판정 받은 당일까지 흡연을 하였습니다. 폐암 진단을 받고 소 잃고 외양간 고친다는 격언같이 금연하였지만, 투병과 고난의 고통 속에 지금 항암치료를 받고 있습니다.

담배 니코틴이 폐속에 녹아 붙어 금연을 하고도 모두 다 없어지기까지 20년이 걸린다고들 할 만큼 엄청난 독성이 몸 안에 잠재되어 있음을 흡연을 하시는 분들은 느끼지 못 하리라 여기기에 계속 흡연을 하고 있다고 판단됩니다.

항암 치료 중 폐활량을 증가시키기 위하여 노력으로 극복 하려고 호흡이가빠서 헥헥거리면서 높지 않은 야산에서 등산을 하다가 너무 힘들어서 드러눕다시피 주저 앉을 때면 어김없이 목구멍을 타고 올라오는 것이 폐에 붙어 있는 담배 니코틴이었습니다. 무척 쓰며 쾌쾌한 맛이 입 안 가득 모이며 기분 또한 무척 안 좋습니다. 운동으로 몸이 좀 좋아지려고 하면 기다렸다는 듯이 니코틴의 독성이 올라와서 더 많은 괴로움을 주고 치료를 방해함에 이런 내용을 정상인들에게 각인시켜 담배를 피울 때는 느낄 수가 없기에 금연을 하지 않은 분들에게 경각심을 가지게 하고픈 진정어린 마음으로 이글을 올립니다.
 저는 내일이면 2사이클 항암치료를 받으러 서울삼성병원에 가지만 진정 항암치료가 얼마나 두려운 고통을 동반하고 힘든 투병 생활임을 안다면 금연을 실천하리라고 생각 하지만 아프지 않은 분들은 상상을 못 하기에 금연을 실천하지 못하고 있다고 판단됩니다. 이 글을 쓰고 있는 지금도 폐 속에 잠재되어 있는 니코틴이 식도를 타고 올라

와서 입안 가득히 격한 냄새를 채우고 있습니다. 제발 금연 하세요. 저와 같이 어리석은 과오로 인하여 본인에게 닥칠 질병의 고통에서 힘들어하지 마시고 실천하시기를 간절히 부탁드립니다.

산괴물 주머니 희한한 이름

병원에서

피검사 엑스레이 의사 면담 진행 상황 상담 주사약 처방 약 처방 향후 2사이클 항암주사 일정 등 하루를 꼬박 병원에서 이리저리 바쁘게 왔다갔다를 반복하면 저녁엔 기진맥진의 상태가 된다.

병원에서만 7200보 많이도 걸어 다녔다. 앞으로 서울, 울산 왕복 SRT에 몇백만 원을 지불해야하고, 많이도 왔다갔다 해야 하니 빨리 이 질병의 고통에서 벗어나야 한다는 강한 의지력 외엔 그 어떤 방법도 찾을 수 없음에 다시 한번 두 주먹 불끈 쥔다. 다행스러운 것은 의사선생님이 수술 부위 및 각종 검사에서 아주 양호한 결과가 나왔다는 말씀과 특이한 점이 발견되지 않았다는 것은 아주 고무적으로 받아들여졌다. 아무리 힘들고 바쁜 시간일지라도 여유를 가지기 위하여 병원 산책로도 잠시 걷다가 벤치에 앉아 짧은 시간 멍 때림의 순간도 가졌다가 화단에 핀 꽃을 감상하기도 하면서 마음속에 쌓인 스트레스를 스스로 삭여 본다.

그래, 대가없이 아픔이 없어지고 건강과 평온이 얻어진다면 또 다시 이 힘든 순간을 망각하고 방탕한 생을 반복했겠지. 더 많은 시련과 인내에 의하여 얻어지는 것이기에 완치의 산물이 오랫동안 값진 선물이 될 수 있다고 생각됨에 지금 내가 겪고 있는 이 순간의 고통이 당연한 것으로 받아들여진다. 집으로 향하기 전 병원 셔틀버스를 기다리다 화단에 예쁘고 고귀하게 가꿔진 튤립의 자태에 잠시 살아있어 느낄 수 있는 아름다움과 사랑스러움의 귀한 감성의 시간도 가져봄에 그냥 행복이라 말하고 싶다 싶다.

로켓같이 발사되는 SR에서 바라보는 시간과 공간을 초월한 속도 안에서도 눈에 야경은 크게 보이고, 쫓을 필요도 없이 2시간의 짧은 순간에 대한민국의 끝과 끝은 내 안에 다 들어와 있기에 이 건강을 꼭 지켜내어 건강할 때 느끼지 못하고 보지 못했던 모든 것을 마음껏 누리며 남은 생을 살자는 다짐을 한다.

툴립의 고귀한자태. 삼성병원 정문 앞

강한 집착력으로

아침 8시쯤 녹즙과 식사를 하고 난 뒤 배가 더부룩하고 소화가 되지 않더니만 배가 아프기 시작한다. 이리 눕고 저리 눕고 체형을 변화시키며 통증을 무마시키려 애를 써보지만 통증은 멈추지 않고 온몸에 힘이 빠져서 축 처짐 현상까지 발생한다.

119를 불러 병원에 가야 하나 아니면 계속 견뎌보나 엉겁결에 어제 병원에서 받아온 진통제를 먹는다. 배를 쓰다듬고 배를 밑으로 체형을 누이기를 30분 서서히 통증이 신기하게 끝나고 서서히 기력이 돌아왔다. 예측 못 할 고통 예측 못 할 육신의 변화에 생각나는 것은 이러지 말고 편하게 병원에 입원해 있는 것이 더 현명한 판단이 아닐까 하는 안일한 생각까지 가지게 된다.

순간적인 판단으로 병원에 입원하였다면 침상에 누워 재활 운동은 하지 않고 산 송장같이 누워 있었기에 지금까지 어렵게 호전시켜온 호흡 기능과 신진대사 기능을 자칫 후퇴시키는 결과를 초래할 뻔 했음에 차후 또다시 이런 일이 발생할 때 경험 사례로 깊이 받아들여진다.

하루종일 비가 오고 안 그래도 몸이 불편했다는 핑곗거리로 눕고 싶어 하는 육신을 움직여 수변공원으로 산책을 나섰다. 골프용 우비로 완전 무장하고 만 보 걷기를 실천하여 게을러지려는 육신에 채찍을 가한다. 평소 같으면 천 보 정도에 벤치에 앉아 쉬어도 주지만 목표량을 채울 때 까지 계속해서 빠른 걸음으로 속도를 높인다. 목표량이 끝날 때까지 육신이 견디지 못할 만큼의 호흡 방해는 없었다는 것에 정말 감사함에 순간적으로 눈시울이 붉어진다. 그래 이렇게 계속 가는거다. 혹 육신이 게을러 지려하면 더 심하게 채찍을 가해서라도 자

극을 주면서 완치의 그날까지 체력을 최상으로 끌어 올려야 할 것이다. 만족한 결과에 물결치는 호수는 그 출렁임 자체에 평온한 희망을 실었고, 인위적이지만 잘 가꿔진 화단의 온갖 지고 피는 식물들 한그루 한그루에 깊은 애정을 느낀다.

 이리저리 자태를 쫓아 카메라 셔터를 누르며 그 소중한 생명들의 조용한 움직임을 담아 있는 그대로인데도 화려함과 소박한 자연의 표현에 고개 숙여 경의를 표하게 된다. 잠자리에 들 때 장딴지가 아려서 힘이 들었지만, 그동안 병원 침상 생활을 극복하는 단계라 생각하며 딸아이가 정성스럽게 안마해주는 수고를 감사히 받고 파스 두 장 붙여 잠을 청해본다.

 내일은 태양이 뜬다라는 희망의 메시지처럼 나에게 하루하루는 행복을 쌓아가는 시간으로 만들자는 굳은 맹세가 있음을 잊지 말아야 한다. 잘했어!

나를 기쁘게 하는 자연의 아름다운 조화

변 덕

아픔아 너의 보금자리 악의 소굴로 돌아가려무나. 여린 곳에 머물러 자리매김 그만두고 이만큼 했으면 되었지 않니. 더 많은 아픔에 슬퍼하는 비명소리 즐겨 말고 세상 악행이 자행되는 곳으로 가서 나쁜 무리에게나 철퇴를 가하려무나.

이 아픔은 알 수가 없다 평온하다가도 하루에 몇 번이고 변덕을 부린다. 장이 꼬이는 듯 아프다가 위장이 통증과 더불어 더부룩함과 고통이 유발되며 온몸에 힘이 쭉 빠진다. 독한 항암 약 성분이 정상적인 세포도 공격하기에 이 몸 어느 곳 타깃이 될 수 있다고 판단되지만 하루하루 극복한다는 게 갈수록 생을 포기하고 싶을 정도로 엄청난 인내를 요구한다.

이겨 내야지를 반복하면서도 고통이 몰려올 때면 어리석은 생각도 떠오르게 함에 이 전쟁은 나를 엄청난 고난의 시험대에 세우고 완치의 대가로 힘에 겨운 보상을 요구하는 것 같다. 먹자 먹어야 산다고 하면 먹는 것을 방해하고, 걷자 걸어야 산다고 하면 온몸에 힘이 빠지게 하여 걷는 것을 방해한다. 그래도 어떡하랴 먹어야 하고 걸어야 함에 엄청난 인내로 7000보를 걷고 살기 위해서 음식을 밀어 넣는다. 엄청난 노력으로 호흡이 정상인의 수치에 근접하고 있다고 생각함이 나 혼자의 생각인지는 알 수 없으나 수술 부위가 온전히 자리 잡고 있으니 아픈 것일거라는 긍정적인 생각으로 오늘도 전투 자세의 각오로 무섭도록 강한 의지로 무장하여 하루를 시작한다.

사과 한 개, 녹즙 한 컵, 토마토 및 브로콜리 섞은 거 한 그릇, 잣죽 한 그릇을 매일아침마다 반복되는 음식으로 배를 채우고 체중계에 올라 몸무게 확인 후 표정 관리는 크게 웃음으로 하루는 시작된다.

악마의 자식들이 내 몸에서 사라지는 그날까지 나의 지독한 전쟁은 계속될 것이며 기필코 극복의 미학을 완성 시키리라. 이길 수 있겠지. 그 옛날 황량한 대륙에서 그 무섭게 온 몸의 뼈마디가 점령되어 있었던 그때처럼 극복해야 하고, 할 거야.

자연의 고귀한 선물은 이름 몰라도 그냥 아름답다

아파서 더 행복한 딸

어디로 어디부터 눈길을 맞추어야 하나. 오묘한 자연의 변화는 웅장하기도 오묘하기도 하고 때로는 요술을 부리기도 한다. 이리저리 시선 닿는 곳으로 차를 달리고 발걸음 옮기다 보니 하루가 저물어 간다. 꽃도 아닌 것이 소나무의 청색 낙엽송의 녹색 떡갈나무의 연한 녹색이 어우러져 온 산이 꽃과 같이 피어나고 있었다. 분명 나무밖에 없는데 꽃이 되어있고 꽃이 진 벚나무 가지 끝에는 빨간 열매를 감싼 초록의 잎사귀가 하얀 떡가루 뒤집어씌워 놓은 듯한 벚꽃과는 상반된 색채의 꽃과 같은 모습으로 둔갑하여있다.

어떤 때는 아픔이 있어 왜 나에게란 말로 원망을 하다가도 아픔이 없었다면 세속의 혼탁한 곳에 머물러 지금 내가 보고 느끼고 감동하는 이 여유를 생각할 겨를도 없었으매 딸아이가 한 말이 떠올라 쓴웃음을 흘린다. 아빠에게 미안하지만 아빠가 아프니까 지금 더 행복하다는 말이 내가 지금 느끼고 있는 것으로 대변되는 것이 아닐까?

온갖 향락에 현실은 육신에 해가 되는 것인 술 담배 오염된 공기 깊이 없는 대화로 채워지던 것들이 맑은 공기에 풍요롭고 아름다운 자연의 색채와 신선한 야채의 만찬으로 육신이 채워지고 그 안에서 썩어진 것들은 서서히 배출됨에 난 건강한 육신으로 거듭남과 함께 건강한 정신세계까지 만들어 짐에 이 놀랄만한 변화의 모습이 너무나 소중하게 느껴진다.

숨이 차서 주저앉을 만큼 한 발자국 옮기는 것이 공포스럽다가 이렇게 걸을 수 있음에 행복해하는 나의 모습을 볼 줄은 감히 상상도 못했음에 이제 다시는 생이 다하는 그날까지 이 끈을 꼭 쥐고 놓지 않을 것임을 깊게 다짐한다.

하늘에 떠도는 솜털 구름아 파아란 배경 깔아 눈부심의 천사로 마음 깊은 곳을 씻어주는 태양의 광채여. 나 오늘 산천에 녹아내린 가슴은 상념의 감동의 물결 되어 요동침에 넋이 빠져 둥둥 그 공간 안에 떠다니고 희망은 배가되어 간절함으로 바뀌어 애타게 부르짖음에 신이시어 연약한 인간의 간절한 영혼을 불사르며 내뿜는 절규의 기도에 화답하시어 마지막 한 번의 기회를 주실 것을 앙망하옵니다. 저에게 닥친 어둠이 걷히고 밝은 빛을 주신다면 세상에서 꼭 필요한 인간으로 거듭남으로 세상에 진 빚을 갚겠나이다. 만약 이 기도가 순간적인 세 치 혀의 거짓이라면 더 큰 형벌이 나에게 가해진다고 해도 원망없이 당연하게 받겠나이다.

자연과 같이 하다보니 이 고귀한 것도 봅니다. 쇠백로의 자태

탈 모

머리를 감다가 깜짝 놀란다. 한 움큼씩 빠져나오는 머리카락에 아연실색 하지 않을 수 없다. 염색하지 않으면 본래 백발인데 그 동안 염색을 하지 않아서 하얗게 떨어져 마치 하얀 개털같이 이리저리 붙음에 걱정스러운 모습이 되어 털어내고 떼어낸다. 하나의 고민이 해결되면 또 하나의 고민으로 걱정하고 항암 치료가 끝나는 날까지 반복해서 새로운 문제에 봉착하여 괴로운 여정이 지속됨에 각오하고 대처해야만 한다. 그냥 머리를 스님 머리로 반들반들 밀어서 수련하는 자세로 임하던지 아님 절에 들어가서 처사로 노동하고 건강한 절밥으로 공양하면서 지내볼까도 고민해보게 된다. 설사 머리카락이 다 빠지고 없으면 어떠랴 언제부터 내가 외모에 신경썼다고. 머리 빠지는 것 외에 다른 것은 빠른 속도로 회복되고 있지 않니. 몸무게, 가슴통증, 장꼬임, 변비 등 매일매일 산행과 맛나는 음식으로 속을 채울 수 있고 새로운 지식이 빠지는 머리 대신으로 내용물로 머리 속에 미래의 소중한 양식으로 채워주지 않니. 오늘 부산에서 유방암 투병으로 나보다 먼저 고생하고 있는 친구가 어려운 걸음으로 점심 먹자고 울산으로 달려왔었다. 유명한 장안사 앞까지 데리고 가서 매운탕을 사주는 정성에 감동이었고 본인도 힘든데 멀리까지 와서 친구를 배려함에 말로 표현하지 못할 고마움을 표현할 길 없었다. 친구의 이뻤던 얼굴이 그동안 투병 생활의 힘난함이 얼마나 힘들었는지 얼굴에 자욱으로 그대로 남아 있음에 말로 표현 못할 연민이 가슴속에 물결 쳤지만 어떡하랴 모든 말이 아무런 위안이 되지 못하는 것을

친구야 이 세상에서 가장 고귀하고 맛난 점심을 먹었고 우리 서로 의지하여 이 무서운 병마와 싸워 이겨 나가자꾸나. 친구가 귀한 걸음에 챙겨온 이 보따리 청계계란 저 보따리 모시떡에 토마토 생주스까지 소중하게 먹고 친구가 염려하지 않게 꼭 완치하여 관심에 보답할

게. 친구도 꼭 완쾌되어 미래에 소중한 결실을 곱게 정리하여 미련 없이 갈 수 있는 자신을 만들어 보자꾸나.

 내일은 6시간짜리 항암주사 맞으러 서울삼성병원에 간다. 잠시 내공도 키울 겸 마음도 가라 앉힐 겸 장생포 선착장에서 배들의 움직임과 파도의 출렁임에 몸을 맡기고 정면 차 유리창에 담기는 항구의 불빛에 내 고민 다 풀어놓고 가려고 가슴 열어 항구를 응시하였다. 그래 이 뻥 뚫린 바다의 공간에 온전히 다 채워 내뱉지는 못 할지라도 내가 안고 삭여질 수 있는 것만이라도 남겨두고 다 버리고 가자.

 나의 간절함이 무엇인지 알지 못하는 바다는 바람 따라 출렁거림만 반복하고 그 물결 따라 고단한 선체를 끌고 항구로 들어오는 배들만이 쉴 자리 찾아 정박지를 고른다. 껌뻑껌뻑 빠알간 등대의 불빛은 밤새 이 항구의 안내견 역할을 할 것임에 찾아가는 나의 길도 조심스럽게 미래의 불빛에 초점을 맞추어 본다. 나의 길을 안내할 등대는 어디에 있을까. 지금 저 바다에 떠 있는 등대의 불빛같이 나의 등대를 간절히 기다려본다.

빠지는 머리에 심고 싶다 간절하게.

항암주사

서울삼성병원에 가는 길은 설렘 반 기대 반의 마음이다. 결혼식 가는 것도 아닌데 어떻게라도 병자로 보이지 않게 하려고 평소에 잘 바르지 않던 크림도 바르고 아직 봐줄만한 머리카락에 빗질까지 한다.

걸음걸이라도 호흡이 가빠서 쌕쌕 거릴 때에 비해 씩씩하니 병자로 보지 않기도 하겠지만 건강해지고픈 절박한 갈망이기도 하여 후유증이 심하게 보이면 항암 치료를 늦춰 버리기 때문에 하루라도 더 빨리 치료를 끝내고자 하는 욕심이 더 크다고 볼 수 있겠다. 특히 의사선생님 앞에서는 더욱 더 호전되어진 모습 보이려고, 눈도 크게 뜨고 자세도 똑 바르게 앉는다.

일반 치료실 병상에 들어가면 대기 및 투약 중인 환자들이 세 분씩 줄지어 누워있다. 병색이 완연한 분들부터 호전되어 좋아 보이는 환자들까지 있다. 항암 치료중인 분들의 공통적인 대화는 항암 치료 후 후유증에 대한 얘기다. 서로서로 실질적인 정보교환으로 자신의 병증에 참조하려는 것이겠지만 나 자신도 가만히 듣다보면 많은 도움이 된다. 공통적인 후유증의 요지는 식사를 못한다, 구토를 많이 한다, 팔에 엄청난 통증이 온다, 머리카락이 빠진다, 체중이 감소한다 등 얘기를 듣다보면 아직 나에게는 심각한 후유증이 없음에 곧 하나씩 올 것이란 예견을 하다보면 다가올 시련이 미래의 숙제로 남게 된다.

얼굴이 시련에 시달려 고통으로 일그러진 사람들을 보면 한 번 더 웃어준다. 힘든 투병생활이지만 저런 모습으로 내 자신을 보이게 하지 않으려는 의지의 표현이겠지만 한편으로 생각하면 미래를 대처하는 아주 중요한 부분이기도 하다. 더 아픔이 심했고 미래가 막막할 때를 생각하면 현재 상황의 스승이기도 하기에 한 번씩 떠올려 본다. 처음에 암 판정받고 조직검사 최종 확인할 때는 정말 모든 것이 짜증스러웠고 얼굴 자체가 불만투성이었다. 담배와 술에 매일 찌들어 살아온 삶의 당연한 결과로 찾아온 것이고 누가 아프라고 한 것도 아닌데 곁에 있는 사람들 불안하게 만들고 아픈 나보다 더 고통스럽게 만들었다.

 어느 순간 아니 이렇게 하루하루 글을 쓰면서 내 자신이 정리되고 긍정적인 마인드로 변하여 여유와 웃음이 생겨난 것 같다. 호흡력을 증대시키기 위하여 기다시피 하면서 산을 타고 숨 넘어 갈듯이 가쁜 숨을 몰아쉬고를 반복을 하면서도 결코 짜증내지 않고 차츰 호흡수치가 좋아짐에 희망을 느꼈고 웃어야 하는 중요한 이유를 깨달았다. 옆에서 항암치료 받고 있는 분들이 공포스런 얘기를 해도 설마 숨넘어가기는 하겠어라며 오히려 의욕을 키워 나가는 여유도 가지게 되었다.

 이런저런 얘기와 생각을 하다보니 간호원이 치료약을 잔뜩 들고 온다. 간호사님 제가 2사이클 째인데 진행 횟수가 증가할수록 후유증이 심한가요? 질문에 매도 횟수가 증가할수록 더 아픈 거잖아요. 마찬가지로 1회보다 2회가 더 참기 힘들다고 느끼시면 됩니다라는 답변에 실망 반 각오 반의 자세로 치료에 임한다.

 2시간짜리 1개, 30분짜리 2개 후 항암 치료제 1시간 또 2시간짜리 1개. 30분짜리 한 개 이렇게 진행 되는데 끝나고 난 뒤 간호사가 구토나 울렁거림 없으세요라는 질문에 괜찮은데요라니까 신기하네요라는 말을 남기고 혼자만 남는 순간에 긴장이 풀린 탓인지 어지러움 울렁거림 구토증상이 한꺼번에 몰려온다. 마눌에게 표 안내려고 버티다가 SRT역 화장실 변기에 머리 처박아 똥물까지 다 올리기를 30분을 지체하고 무거운 발걸음 옮겨 울산행 SRT 막차에 자리한다. 앞으로 어떠한 난관이 나에게 닥쳐올까 근심 가득한 마음은 풀지 못 할 숙제를 잔뜩 짊어진 심정 어떻게 표현이 되지 않는다.

그래도 웃자.
나보다 더 힘들어 하고 더 고통받고 있는 분들도 잘 버티고 있는데 어차피 살려고 하는 전쟁인데 이겨내지 못하면 선택은 하나밖에 없는 것은 당연하지 않은가? 다 토해내어 비어있는 뱃속에 무엇이 들어있는지 울렁거림과 구토 증세는 계속 이어지고 입안 헹구려고 마신 물까지 다 올리고 기진맥진 상태로 집에 도착한다. 언제까지 이어질 줄 예상하지 못하는 나의 투쟁의 끝이 오늘은 암울한 미래로만 느껴진다.

그래도 이겨내야만 하는 것이 나의운명인데 끝까지 포기하지 않고 극복하리라 맹세해본다.

병원 가면서 멋 좀 부리고.

각 오

진통제, 변비약, 위 보호제, 식욕 촉진제 먹을 것은 다 먹었다.

1사이클 치료와 2사이클 치료 후 후유증은 수준이 틀리다. 속이 울렁거리고 오바이트가 나올 것 같고 그 영향으로 식사를 방해한다. 그래도 먹어야지 아침 점심까지 식구들에게 표 안내고 먹었는데 저녁 시간이 되니 속에서 너무 심하게 거부함에 식탁에 앉자말자 수저를 놓을까봐 겁부터 먼저난다. 이윽고 저녁 식사시간 조금씩 조금씩 힘들게 삼키다가 두 숟갈 남기고 먹은 음식까지 올라올 판이다. 물을 부어 후루룩 마신 후 입안에 있는 음식이 못 나오게 입을 틀어 막다가 앞에서 식사하던 딸에게 들켜서 안타까워하는 딸을 보면서 멋쩍게 웃는다.

정말 의지력의 싸움이 될 것 같다. 지면 끝나는 그야말로 절체절명의 순간이 나에게 계속 닥치고 있는 것이다. 룰을 정해놓고 나와의 승부를 벌여야겠다.

첫째, 마음을 편하게 가지고 억지로가 아닌 마음에서 우러나는 미소를 띄울 수 있게 노력하고 실천하자. 웃으면서 극복하는 거나 인상 쓰면서 버티는 거나 이왕이면 웃는 것이 백번 낫지 않을까?

둘째, 머리 속에 맛난 음식만 떠올리자. 뭘 먹지가 아니라 과거 건강할 때 제일 즐겨먹던 음식을 생각하는 것이다. 동태탕, 어탕수제비, 오리탕 등 맛있게 먹던 거 생각나면 그냥 먹으러 갈 것.

셋째, 이제부터 미세한 진통이라도 올 것을 미리 예견하고 신통제를 먹어두는 것이다. 식사 후 3번, 수면 전 한 번과 관련 약들을 정확하게 챙겨서 빠뜨리지 말고 복용할 것.

넷째, 이제부터 더욱 더 몸이 움직임을 원치 않겠고 운동을 방해함이 처절하게 진행되겠지만 적극적인 자세로 식사 후 무조건 밖으로 나가서 움직일 것.

완치 될 때까지 이 네 가지를 지키지 않는다면 나에게 미래는 없음을 인지하고 실천하는 것 외에 방법을 찾을 수 없음에 지켜 나가야 한다. 오늘도 수변공원을 걸었고 장생포에 가서 하얀 거품물고 들어오는 배들을 보면서 바다바람에 힐링하였고, 비록 가꿔놓은 것이라도 온갖 꽃들을 가슴속에 다 담아왔다. 내일도 오늘같이 할 것이고, 완치되는 그날까지 초지일관의 자세로 이 패턴을 계속 이어나가리라.

지금 시간이 새벽 2시 30분. 시간은 아침 여명으로 치닫고 있지만 잠 못 이루고 있는 나는 본래 불면증으로 병원 처방을 받아서 2년쯤 부터 수면제를 복용하고 있는데 약 복용 후 30분 정도 있으면 아침까지 푹 잤는데, 오늘은 눈은 시그러운데 정신은 말똥말똥 언제 잠들지 알 수가 없다. 이러다가 날밤 새우는 것은 아닌지 심히 걱정된다. 비록 사분의 일 적은 양의 약이라지만 아프기 전에는 수면에 충분한 양이었기에 며칠 참고 견디다가 양을 반 알로 올릴 수밖에 없을 것 같다.

비록 불면증으로 잠 못 이루고 있는 시간 일지라도 조용히 사랑함을 가슴에 품고 아픔도 슬픔도 정리하면서 편안함을 유지하고 있다. 억지로 나를 컨트롤하기보다는 이왕 잠이 오지 않는다면 이렇게 글도 쓰고 미래의 삶에 대한 계획도 다시 세우다보면 피곤함이 몰려와 원하는 시간 안에 있을 수 있다고 확신한다.

비록 육신은 질병의 터널 안에서 헤매이고 있지만 더 많은 가치로 자신을 사랑하는 지금 나의 모습이 지금까지 살아왔던 어느 때 보다 더 값지고 사랑스러워 포옹해주고 싶다. 완치의 그날이 오면, 아니 온다는 확신을 가지지만 사랑의 서사시로 한권의 책을 만들어 보리라 다짐한다.

　이제 감미로운 음악을 틀고 눈을 감고 아침까지 마지막 남은 시간 편안한 시간이 될 수 있게 정성을 쏟아 부으리라.

붓꽃

옥스아이데이지(이름도 어렵다)

인내와 노력

 요즘 나를 보고 있노라면 모든 것에 도전하고 있는 도전의 극치를 보는 것 같다.
 하루 세끼 꼭꼭 챙겨 먹는 것부터 호흡기능을 극대화시키기 위하여 만 보 걷기를 매일 달성하고 마음의 안정적인 자세를 만들어 나가기 위한 마인드 컨트롤까지 육신의 병마를 우선하여 자칫 위축되고 열등감에 빠질 수 있는 것에서 나를 지켜내기 위하여 처절할 정도로 모든 것에 인내하고 있음을 실천하고 있는 모습을 보게 된다.

 결국 이 아픔의 끝은 인내와 노력하는 자만이 극복할 수 있다는 답이 나와 있는 명제라고 처음 이 아픔이 시작되고 부터 판단했기에 목표와 계획 속에 마치 차량에 브레이크를 제거해 버린 것 같이 브레이크 없는 차를 몰고 앞만 보고 지금도 열심히 달려가고 있음을 하루하루 보고 있다. 항암치료가 2사이클 5일째가 지나고 있고 여전히 몸의 이곳저곳에서 후유증으로 인고의 투쟁을 하고 있지만 이것 또한 지나간 세월 속에 도전과 성취에 묻힐 것임을 생각하면 별거 아님으로 애써 치부하게 된다.

 선암호수공원을 산책하다가 지나치는 길에 신선산 등산로의 경사가 눈에 들어 왔다. 지금 나에게는 무시무시한 높이로 보임에 오르고 싶다는 갈망과 두려움의 상반된 두 가지에서 갈등하게 되는데 근래 호흡기능이 많이 회복되고 난 뒤 더 많은 갈등을 하고 있다. 뇌의 명령기능에서 힘들어 올라갈 수 없어라고 하기에 산만 쳐다 보면서 포기한 적이 한두 번이 아니었다.

 얼마 전 그래도 올라 가보자라며 완만한 경사로 보이는 뒷길 쪽의 보현사 쪽으로 신선산 도전 했다가 얼마 못가서 숨이 멎을 것 같음에 내려왔는데 오늘은 그 동안의 운동량과 호흡기능 상승에 탄력 받아서 재도전을 하게 되었다. 입구에서 1000m정도 까지는 급경사로 이루어져 있고, 신선파크 옆 구름다리를 지나서면 보현사 절까지 500m 오르막 후 정상까지 약 1000m 정도 급경사를 이룬다.

 3곳의 경사면을 오르지 못하면 실패하기에 단단히 각오하고 올랐건만, 500m 지점이 한계가 되어 풀썩풀썩 주저앉아 가쁜 숨을 내리쉰다. 머릿속에서 지령하는 뇌에서는 안 돼. 내려가자고 계속 유혹하지만 지금 포기하면 발전이 없음을 당연하게 받아들여야 하는 나로서는 숨이 차면 털썩 주저앉고 앞으로앞으로 전진해 나가는 것 외엔 선택의 여지가 없었다. 수 십 번을 주저앉았을까. 쌕쌕쌕쌕 목구멍에는 수명이 다 된 제트기가 날아다녔으나 결국 나는 정상에 도달하였다. 정상의 약수터의 물이 왜 그렇게 시원하고 맛있는지 이루 말로 다할 수 없었다. 이 성취의 기쁨을 느끼는 자만이 성공할 수 있다는 자부심을 느낌에 계속 나아가리라 다짐한다.

 지금 나에게는 오늘 정복한 이 산이 건강할 때 등반하였던 설악산, 월출산, 치악산, 두타산, 소백산, 한라산보다 더욱 더 값지고 이 산을 편안하게 등반을 할 수 있는 기틀을 마련하여, 예전처럼 대한민국 백두대간의 가장 힘든 산행을 사는 날까지 기필코 완주를 목표로 계속해서 나아가리라 다짐한다.

 얼마동안 올라와 보지 못한 기간 동안 소나무에는 어린 솔방울들이 노란 꽃가루를 채 털지 못한 앙증맞은 상태로 영글어 가고 각종 운동에 열중중인 건강한 사람들의 모습이 잠시 부러움의 대상이 되었지만 지금까지 발전한 것에도 과욕을 부리고 있는 나 자신의 욕심에 잠시 부끄러워진다.

 호흡을 60%까지만 끌어올린다면 우리나라 어떤 산이라도 다 올라

갈 수 있음을 생각하고 한 자국, 한 자국 조심스럽게 편안한 하산길을 내려 오면서 한 발자국, 한 발자국 조심스럽게 음미 하면서 자연이 만들어낸 모든 것을 소중하게 간직하며 조심스럽게 발걸음을 옮기면서 너무 소중하여 눈가에 이슬까지 맺힌다.

오늘 너무 잘했어. 앞으로도 완치 판정 날 때까지 최선을 다해보자!

지면패랭이꽃(일명 꽃잔디)

밀 양 댐

머리카락이 별로 없었던 것 같았는데 많이 남아있었나 보다. 차 안에 침대 위에 화장실 이곳저곳에 널려 있는데도 아직까지 빗질까지 할 수 있으니. 언제 다 없어질지는 모르겠으나 오늘도 샤워 후 머리를 정성들여 빗고 있는 내 모습을 보면서 안타까움 보다는 착잡한 심정이 된다. 머리카락이 하나도 없어서 스님 머리가 된다고 해도 슬퍼하지 말고 있는 그대로 받아들임에 힘에 겹지는 않을 것이다. 항암 투쟁을 다 이겨내고 나면 뽑혀진 자리에 새로운 머리카락이 채워질 것이고 지금보다 더 까만 색깔일수도 있다는 요망사항도 품어본다. 혹시 안 나면 또 어떠랴. 일부러 밀고 다니는 분들도 계시는데 있는 그곳에서 새로운 멋을 만들어 보지 뭐.

일요일인지라 친구 철하와 멀리 밀양댐에 갔었다. 수심 200m의 깊이로 청정수가 담수되어 있는 곳. 댐 둘레로 산책길이 펼쳐져 있고 꽃과 나무들의 아름답고 소박함까지 더해진 조화 앞에 계속 머물고 싶을 만큼 잠시 푹 빠져 댐 둘레길을 걸었다. 댐에서 본 물과 산의 조화에 한 컷, 이름 모를 들꽃의 앙증스러운 자태에 끌려서 한 컷, 하다 보니 시간 가는 줄 모르게 하루는 흘러갔다. 아프다고 집에만 있으면 하루 종일 먹는 것과 싸우고 나른함과 후유증과 부딪힘에 찌들어 가는 것에 더한 좌절감이 있을 텐데, 이렇게 산야와 강으로 다님에 내가 병자라는 사실을 망각하게 된다. 집에 있을 때 그렇게 식욕부진에 시달리건만 왕갈비가 맛났고, 딸기밭에서 금방 딴 딸기 맛에 푹 부르르 빠져 얼마나 주워 먹었는지 모른다. 배 속에는 포만감으로 방귀만 시원하게 붕붕, 그림에 주위 사람들 시선 의식해야 하지만 어떡하랴 이렇게 난 건강해지고 있는데 양해 좀 구하지 뭐.

갑자기 신진대사가 원활함에 향기 나는 차 한 잔이 생각났다. 신록이 춤추는 경치가 한눈에 크게 보이는 산정상의 카페에 앉아 코로도 마시고 입으로도 마시는 연꽃 차의 진한내음은 살아있음이 정말 감사한 순간임에 삶의 의욕 또한 더욱 더 강해지는 나를 보게 된다. 밀양댐 근처 단장을 지나 언양으로 조금 오다보면 배내골 언저리에 하얀 사과 꽃이 천지를 뒤덮어 진동한다. 울산 배내골 사과의 진원지에는 사과를 만들기 위하여 꽃들이 눈 닿는 모든 곳에 피어있고, 이 곳 저 곳 벌들은 향기를 옮기느라 분주하고 혹시 잊어 버릴까봐 나의 휴대폰 카메라도 이 곳 저 곳의 소중한 공간을 저장하기에 바쁘다.

아픈 나의 하루는 이렇게 건강하게 흘러가고 너무 소중한 자연의 스토리가 많이 담긴 나의 마음과 머리는 하루를 정리하느라 분주하다. 그래 난 이렇게 건강한 자연과 함께 건강한 육신에 보태어진 정신까지 소유하여 다시 태어날 것이고 그것은 내가 만든 소중한 꿈이었음을 알게 될 것이다.

밀양댐 둘레길

양지꽃

있는 그대로

 많이 고민하고 많이 생각하면 글도 표현도 어색하고 정리도 제대로 되지 않는다. 꾸밈없이 있는 그대로 모든 사물과 현실 속의 모든 것이 나의 행동에 따라 붙어 다님을 생각 하면서 항상 편안한 마음으로 불경 읽는 자세로 표현하면 현실 속에 이상이 떡 고물처럼 묻혀서 아름다운 언어의 조화를 이루게 되는 것이다.

 글씨를 멋있게 써야지, 표현을 아름답게 해야지, 막상 멋있고 아름답게 라는 그 생각 자체가 벌써 강박관념만 쌓이게 하여 몇 줄 쓰다가 막혀버린다. 사람들은 하루 종일 수다를 떨어라하면 밥도 먹지 않고 재잘거리다가도, 내용을 정리해보라고 하면 십중팔구 몇 줄 쓰지도 못하고 멈춰 버린다.

 글로써 표현하는 방법은 쓸 때마다 어렵고 힘들다는 것을 느끼지만, 매일매일 이렇게 투병의 시간의 미세한 부분을 정리해 나가고 있는 나는 나와의 아주 중요한 약속 때문에 시작 하였는데 어느 사이엔가 일상화가 되어 버렸다. 항암치료 후 나타나는 후유증으로 인한 통증의 변화를 정확하게 기록해야 하고, 그로 인한 심경의 변화에 대처하는 나의 모습, 각오를 다져야하고 치료시간에 비례하여 육신이 나아지는 것을 표해야 하지만 나의 요망사항일 뿐이고 더 악화 되어 예정 없는 기나긴 치료 시간을 소모 할지도 알지 못한다.

 어차피 완치가 되지 않으면 내가 정리한 이 글은 활용 가치에서 타 폐암 환자에게 도움이 되지 않는 폐기물에 불과하기에 최선의 노력으로 극복하고자 한다. 내일은 부산 해운대백병원에서 1시 30분에 짧은 항암치료 예약 날이다. 인제대학교 김일환 교수님이 계속 진료를 봐주시고 그 동안의 경과에 의해서 치료방법 및 항암제에 따른 부속치료제가 조금씩 틀림을 알 수 있었다.

혹시 육신이 약해지거나 후유증이 많이 나타나서 치료시간을 연기할까봐 운동 열심히 하여 만 보를 달성 하였고 가슴통증을 완화하기 위하여 마사지를 충분하게 하고 매운탕과 밥 두 공기를 거뜬히 비우는 식사량에도 신경 많이 썼다. 현재 진통제 복용하여 미세한 아픔은 잠재웠기에 내일의 원만한 치료를 위해 머리 속에 긍정적이고 좋은 생각만 하기위해서 마인드 컨트롤 하면서 잠을 청한다.

나에게 좋은 꿈 내 안에 건강한 공간만 남아 편안함 안에 내일이 찾아오기를 간절하게 기도한다.

산속에 제멋대로 자라는 야생화

있는 그대로

촛불이 되리라

 희망이 없는 얼굴들은 두려움에 찌들어 초점 없는 눈동자만 이리저리 굴린다.
 어떻게 자신에게 이러한 무서운 질병이 찾아온 지도 모른 채 불투명한 미래의 암울함만 머릿속을 꽉 채우고 인류가 발전시킨 의술의 힘이 자신을 완쾌시켜 하루빨리 이 고통에서 헤어나게 해주기만을 간절하게 염원한다.

 남편이 아픈 부부, 부인이 아픈 부부. 평생을 같이 살아온 연민과 사랑의 정에 안타까운 시선은 아픈 사람도 아프지 않은 사람도 서로서로를 애절한 표정으로 지켜볼 뿐이다. 처음 양 쪽 폐 수술하고 한 쪽이 터져서 피고름이 폐를 채워 재수술 한다고 할 때, 나도 잠시 삶의 의욕과 미래에 대한 불확실성으로 잠시 포기하고픈 미래가 두려운 눈동자의 소유자였으나 내가 만든 삶의 무게를 벗음에 나의 운명을 결코 남의 손에 맡길 수 없다는 생각 하나가 엄청난 변화를 가져왔고 현재 매일매일 희망의 메시지를 적어 나가고 있는 것이다. 여기 내 눈앞에 보이는 이 좌절과 슬픔의 미래를 생각하는 불쌍한 영혼에게 웃음을 찾아주고 소중한 미래의 삶을 돌려주는 한 인간의 모습으로 변하고 싶음에 나의 모든 정신과 혼을 깨끗하게 변화시킬 재생 기계를 만들어 소리 없이 시간이 허락할 때 마다 돌리고 또 돌린다. 강한 의지력을 키우고자 하는 피나는 노력이 계속되고 있다.

 병상에 있으면 잠부터 잤는데 엄청난 숙제를 안고 보니, 잠은 오지 않고 책임감으로 정신은 하나 되어 아픔이 보이는 모든 곳에 눈으로 마음으로 직시된 내용이 글귀로 옮겨 놓는다. 나의 깨달음이 정말 세상의 어두운 구석에 희망을 주는 것임을 확신하기에 나의 노력은 삶이 다하는 그날까지 계속될 것이며 자신의 몸 다 태워 불을 밝히는

촛불처럼 인생 끝나는 날 다 태워지고 없는 나의 형체가 되기를 소망한다. 견디지 못할 고통이 자신의 육신과 영혼을 무너뜨리고 있음에 많은 괴로움을 안고 있지만 부디 힘을 내셔서 아픔이 없는 곳에서 다시 만날 수 있기를 간절한 마음으로 기도합니다. 용기를 내셔요.

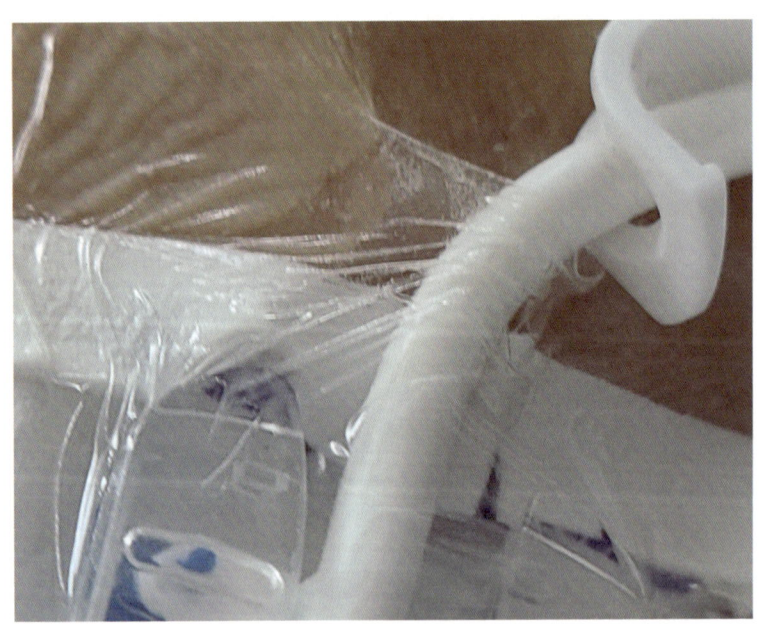

내 팔 항암주사관

희망의 소리

　그냥 일상생활을 할 때는 몰랐는데 건강에 이상신호가 감지되어 병원에 가면 어디를 가도 병자들이 인산인해를 이루고 있다. 동네의원에서는 감기환자, 소화불량 등 환자들을 치료한다면 나같이 암이라는 중병 환자들은 대한민국 빅3(서울대, 현대아산, 삼성)라는 최고의 시설의 병원에서 치료를 받기 위하여 진료 신청을 하게 되면 대기 인원수의 적체 현상으로 인하여 위중한 환자가 기다리기에 벅찬 시간을 요구함을 힘들게 감당하게 된다. 일상생활을 하면서 모두 건강하게 보여서 아픔이 없는 것처럼 보이지만 실제로 한두 가지 질병의 그늘에서 힘들어하고 있음을 내가 아프면서 느끼게 된다. 그러니까 일생을 살면서 아프지 않고 생을 마치는 사람은 없다고 봐도 과언이 아닐 것 같다. 아파서 병원가지 말자가 아니라 중병환자가 되어 생과 사의 갈림길에 서지 말고, 평소에 큰 병으로 확산되지 않게 건강관리 철저하게 하자는 게 맞는 것 같다.

　오늘은 서울삼성병원에서 지방에 있는 환자들 배려차원에서 부산에서 최고의 의료시설과 명성이 있는 인제대학교 부설 부산백병원에서 짧은 항암치료를 요할 때를 대비하여 양 병원 간 MOU를 체결하여 환자의 부담을 들어주기 위해 백병원 암센터에서 항암치료를 받게 된다. 환자의 접수 및 치료가 누락될까 봐 몇 번을 거쳐서 양측 병원에서 확인 문자를 보냄에 편안하고 깊은 믿음으로 의료진들을 신뢰할 수 있음이 많이 안심을 하게 된다. 의술이 뛰어나고 최고의 의료시설을 자랑하는 병원의 큰 특징은 간호사부터 종사자 모두가 너무 친절하다는 것이다. 일반 병원에서 느껴보지 못하는 VIP대접에 어떤 때는 몸 둘 바를 모른다. 간호사들 전부가 나이팅게일 같이 보이고 그 따뜻한 배려의 마음과 손길에 찬사와 한없는 칭송을 보낸다. 김일환 종양내과 교수님의 진료가 시작되고 2사이클에서 부터 시작된 나의 몸의 변화를 상세하게 설명한다. 머리가 빠지고 어깨와 아랫배 부분의 통증, 가슴 통증과 더부룩함을 견디기 위하여 진통제 복용 및 매일 행해왔던 운동량 등을 취합하여 미리 해 두었던 피검사 엑스레이촬영을 검토 후 선생님은 항암제 투여량 및 일반 주사제 투여량을 간호사에게 넘겨주면 중앙 주사실에 접수하여 차례대로 몸 안으로 투여한다. 오늘은 저번 달보다 피로가 많이 덜하고 컨디션 또한 좋기에 항암주사 투여 후 변기에 머리 처박고 똥물까지 다 올리는 그런 일이 없을 것 같은데 결과가 어떻게 나올지는 끝나지 않아 속단할 수는 없다. 교수님이 나의 혈액분석 상태와 엑스레이 촬영사진을 보시고 너무 좋아졌다고 하시고 계속 이렇게 관리해 나가시면 된다는 말씀에 엄청난 용기를 얻었다. 이제 나를 건강하게 할 수 있는 관리 기준이 분명하게 들어섰고 나태해지지만 않는다면 목표는 이루어진다는 확신을 가지게 되었다.

그래도 항상 내 자신에게 마인드 컨트롤로 말하는 것은 할 수 있다는 최면과 별거 아니라는 용기를 불어 넣는 것은 잊지 않아야 함을 인지해 본다.

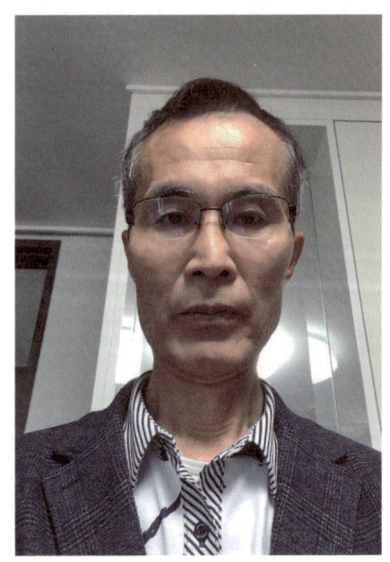

아파도 일은 한다

폐암보다 무서운 적

요즘 이런 생각이 든다. 내가 폐암이 안 걸렸어도 엄청난 위기에 생명이 길지는 못했을 거라는 생각을 하게 된다. 사실 아프기 전에 크게 삶의 의욕도 없었고, 아침 안 먹었지, 점심 안 먹는 때가 더 많았지, 영양결핍 상태에서 안주와 술이 하루의 영양분을 대신했고, 담배까지 밀어 넣었으니 결과는 뻔하게 나타났을 거야.

폐암 판정을 받았을 때 그냥 당연한 게 왔구나 생각했고 예상한 결과에 비하여 적게 나타났다고도 여겼다. 나에게 반전이 일어난 것은 어찌 보면 폐암 선고를 받고 부터가 아닌가 생각한다. 투병 생활의 고통 속에서 살아야 하는 이유를 알게 되었고 그 보다 더 중요한 게 가족이 나를 필요로 한다는 것이었다. 고통은 숨기고 기쁨만 보여야 되겠구나 라고 생각하게 되었고 혼자 서생에서 공 주으면서 엄청난 시련과 싸우면서도 극복해야만 할 이유가 있었기에 지금까지 왔고 자연스럽게 행복하게 나의 것으로 만들고 이제 정착되어 가고 있다. 이제 나에게 삶의 의미가 있고 가족을 지키고 사랑하기 위하여 나의 건강이 얼마나 중요한지를 필연적으로 인지하고 있다. 모든 환자들의 경험담을 보면 이구동성으로 밥을 먹지 못한다는 것이 공통적인 의견이었고 의사들의 질문 또한 식사 잘 하세요 인데 젊은 날 테니스 칠 때 모래도 씹어 먹을 정도로 배가 고프고 다른 사람들 5배는 먹어 치웠는데 지금 내가 어쩌다가 그 상태가 되니 끼니때 만 되면 오늘저녁 같은 날 막 설렐 정도가 된다.

오늘 저녁도 터미널식당 그 많은 반찬과 밥을 한 개도 없이 싹쓸이 하니 친구가 의아해 하면서 웃는데 난 너무 행복한데 어떡하니. 난 지금도 변함없이 생각하는 것은 술과 담배에 찌들어 있었던 시간도 있었지만 젊은 날 나의 몸의 상태를 오장육부가 기억하고 있어 정상적인 상태로 돌아오는 신호가 아닌가 생각 한다. 음식이 항상 받아주는 것이 아니고 어쩌다가 시도 때도 없이 받아주다 보니 그 타이밍을 놓치지 않으려고 많은 노력을 하고 있다. 오늘도 저녁에 이상하게 식욕이 당기는 건지, 아침 점심은 먹는다고 엄청난 시련을 겪었는데 밤 늦게 갑자기 식욕이 당겨서 라면을 끓이게 되었는데 이것도 살려는 처절한 투쟁이었음을 나 말고 그 누가 알아줄까. 밤늦게 먹는다는 것에 대하여 검색어가 있는 곳에는 다 들어가 봤지만 아무런 언급이 없어서 혹시 내가 배가 고파서 잠을 못자면 어떡하나 싶어서 의사에게 질문 한 거고 소화만 될 수 있다면 무조건 드세요 라는 말과 함께 엄마가 말하는 것 반대로 먹어야 면역이 좋아진다는 말을 믿고 무조건 먹었던 거야. 차후 밥이 아닌 대체 음식으로 충족 할 수 있는 방법을 같이 심도 깊게 의논해서 음식으로 말미암아 발생할 수 있는 부작용이 안 생기도록 노력해 보자구나.

딸과 마눌의 태클에 제 생각을 적은 글입니다.

나만이 있는 곳으로 떠나자

골 프

점심은 어탕수제비 저녁은 장터국밥 이리저리 몸에서 원하는 대로 끼니를 채우다 보면 일상이 먹는 것에서 먹는 것으로 끝나는 것 같아서 당분간은 서글플 것 같다. 문수월드컵 경기장을 한 바퀴 돌아 남부순환 도로를 지나 국궁장에서 잠시 힐링의 시간을 갖는다.

어디가도 만발하게 피어있는 꽃들을 마음에 담고 있는데 벌침을 쓰려고 꽃을 찾아온 벌들을 잡아가는 사람들을 볼 때면 한대 쥐어박아 주고플 정도로 얄밉게 보인다. 자신에게는 벌침 하나의 소중함이라지만 꽃을 찾아 이리저리 날아다니는 벌들이야말로 얼마나 소중하고 중요한 일을 하는 아름다운 자태인가.

화창한 날씨에 얼마나 뛰어 걸어 다녔는지 피곤이 몰려온다. 차량의 창문 열고 두 다리 크라시 패드에 올리고 멍 때림의 상태에 몰입함은 느끼지 못한 사람은 얼마나 편한지 모를 것이다. 비록 몸은 불편해도 골프 칠 때를 그리워하며 골프채널 관전 삼매경에 빠진다. 롯데 챔피언십 여자 LPGA 골프 경기를 보면서 부러움 반 희망 반으로 보고 있다. 페어웨이 그린 샷 하나하나에 시선이 집중되고 언제 나도 골프장에 갈 수 있을까를 생각해 보면서 그날을 손꼽아 기다리게 된다.

지금부터 6월말 까지는 골프 시즌이라 골프장마다 즐기는 사람들로 꽉 차 있을 것으로 생각되니 같이 있지 못해도 상상만 해도 충만함을 같이 하는 것 같다. 곱게 단장된 소나무 관목수에는 솔방울이 아직 애기탈을 벗지 않은 노란 색깔이 묻어있을 것이고 산처마다 깔렸던 벚꽃은 버찌를 영글게 하려고 바쁘게 변화할 것이다.

골프의 꽃이라는 드라이브는 창공에서 색색깔의 볼로 포물선을 그리며 힘차게 날아가면 굿 샷이라는 표현으로 기쁨을 만끽시켜 주겠지. 페어웨이에서 투 온 시킬 때의 짜릿함과 아슬아슬 비켜가는 퍼팅에 이구동성으로 아쉬움을 표함이 또한 정겨운 소리로 들릴 거야. 잠시 카트로 이동 시에 보이는 신록의 합창단의 연주 소리에 눈은 이리저리 시선고정 하느라 바쁘고 동반자의 찐한 농담 한마디에 웃음 속에 플레이는 무르익어갈 거야. 상상으로만 느끼고 감동하지만 말고 하루빨리 나아서 웅장한 자연 속에서 멋진 플레이를 펼치기를 두 손 모아 소망한다.

나이스 샷!
나의 드라이브에 맞은 골프공이 언제 저 파아란 창공을 가르게 될까?

빨리 나아서 골프치러 가야지

변의 시련

 사람이 건강해지기 위해서는 잘 먹고 잘 자고 잘 싸라고 했는데 먹는 것은 식욕이 없더라도 억지로라도 먹고 잘 못자면 정신병원에 가서 수면제 처방 받으면 되는데 이놈은 백약이 무효라서 하루에도 수십번을 시름하게 된다. 나오려고 반응이 와서 화장실에 들어가면 30분 이상을 앉아 있어도 영 소식이 없어서 그냥 나올 때가 하루에도 수십번이 되다 보니까 나의 항암 후유증은 아무래도 이놈을 처리하는 게 가장 급선무 같이 느껴진다.

 내용이 이렇다 보니까 언젠가부터 내 몸 중에서 오래전부터 이것을 가장 사랑하고 이것을 가장 극진히 모시다시피 하게 된다. 이놈을 위하여 과일도 야채도 최대한 많이 먹으려고 노력하고 하루에도 몇 번이고 시간 나는 대로 배를 쓰다듬어 주면서 그만 괴롭힘을 줄이라고 사정을 하게 된다. 어떤 때 며칠간 들어있어 딱딱하게 있어도 조용히 나올 때 너무 사랑스러워서 쓰다듬고 두드려주고 어떤 때는 하루 종일 수십번을 괴롭힐 때면 너무 미워서 고함도 치고 배를 갈라서 라도 쏟아내고 싶을 만큼 괴로울 때가 한두 번이 아니었다. 화장실에 가면 건강한 마눌도 이놈을 위하여 관장이라고 하면서 줄이 주렁주렁 달려있고 마눌은 이놈을 위하여 이상한 형상으로 화장실 바닥에 드러누워 있어서 너무 답답한 나머지 나도 해보려고 하면 암환자들은 감염의 위험이 있어 위험하다고 말리기에 시도하지도 못하고 퇴짜를 맞곤 했다.

 이 세상 하직 할 때까지 속 썩일 이놈만 생각하면 지금도 울화통이 치다가도 삐져서 안 나올까봐 화도 참고 달래본다 에이 더러운 놈 너 미워서 한 사나흘 굶어버리고 싶어도 항암약이 무서워서 이러지도 못하고 저러지도 못하는 불쌍하고 가련한 내 꼴이여 선암호수공원 산책 나왔다가 나오려는지 들어가려는지 입구에 똬리를 틀고 있는 이놈 때문에 40분 째 꼼짝도 못한 채 앉아있으니 다리는 저려오고 애라 모르겠다. 변기에 그대로 주저앉아 바둑 한 판 두다가 집중도 안 되고 바둑도 지고 이놈도 그대로 있고 아고 내 팔자야. 빨리 나오라고 딸도 전화오고 철하도 전화 온다. 어디든지 빨랑 가야 하니 이제 그만 개기고 나온나 제발 부탁한다. 애절하게 부탁만 해도 나올까 말까 사람 간만 보는 이놈에게 항복하고 무거운 궁둥이 힘들게 움직이면서 남은 시간을 버티는 불쌍한 존재가 되어버린다. 한번만 용서해주가 응

이것도 항암을 이겨내는데 하나의 크나큰 가정이니 어쩌겠나. 최선을 다해서 극복하는 수밖에 실천 말고는 머리로 할 수 있는 것이 없다.

이 나무들같이 시원해지고 싶다

천마산 편백나무 숲

 망원경으로 자연을 보면 눈으로 볼 때보다 너무나 많은 차이가 있음을 느낀다. 난 지금 천마산 편백나무 숲 속에서 힐링의 순간을 만끽하고 있다. 나도 몇 년 전에 다운동에서 땅주인 동생의 배려로 5천 평 규모에 편백나무를 심어 온갖 질병으로 자멸해가는 소나무를 대체하여 사업성으로 편백나무 가꾸는데 도전한 적이 있었기에 편백나무에 대해서 조금의 지식은 가지고 있었다. 사람들에게는 이롭고 해충들에게는 근접하지 못하는 악취를 풍겨서 5년 정도만 신경 쓰면 자연적으로 잔가지 없이 하늘로 쭉 뻗어 올라가서 풍요로운 숲이 만들어 대한민국의 산이 건강해 지리라는 확신 때문에 조금 투자하여 시작 하였는데 아직 어린 묘목의 옆으로 올라오는 덩굴 식물을 제때에 정리해주지 못해서 거의 다 죽여 버리는 아픔을 겪었었다.

 잠깐 책에 나온 내용을 요약하여 보면 세균에 대한 항균 및 살균 작용이 뛰어나 웰빙 용품 소재로 많이 사용 됩니다. 일본에서 최고급 내장제로 사용되어 왔으며, '히노끼'라고도 불립니다. 편백나무에는 피톤치드라는 천연 항균물질이 많이 함유되어 있어 살균 작용이 뛰어나고, 내수성이 강해 물에 닿으면 고유의 향이 진하게 퍼져 잡냄새도 없애주기 때문에 최근 도마 재질로 많이 사용되고 있습니다.

 울산 천곡에 가면 수십 년 동안 관리하여 사람들의 발길이 끊이지 않는 편백나무 숲이 울산에서 그의 유일하게 조성되어 있는 곳이 있다. 걸어서 1시간 조금 넘게 올라가면 천마산 정상까지 갈 수 있고 거리는 1.7킬로미터 정도 되지만 나의 몸 상태가 정상인들이 편하게 올라가는 정상에도 못 올라가기에 0.7킬로에서 종료하고 나무밑동에 설치되어 있는 사람 체형으로 만들어진 편백나무 침대에 누워 무아지경의 세상에 빠져서 숲의 향기를 몸으로 체험하는 것이 크나큰 즐거움이 되었다. 이따금씩 지나가는 등산객들의 말소리는 지나치고 두 귀를 모아 그냥 자연의 소리를 듣는다는 것이 정확한 표현일 것이다. 눈높이에서 보이는 고동색의 지름 30cm 정도의 수많은 나무 밑동을 보면서 시선은 쭉 뻗어 위로위로 나무줄기, 잎사귀를 찾아올라갑니다. 녹색과 청색의 조화 그리고 공간공간마다 보이는 청명한 푸른 하늘이 배경을 깔아줍니다. 그래도 더욱더 선명한 색깔을 눈앞에서 느끼고 싶어 망원경을 끄집어냅니다.

아주 가까이 꼭대기에 있는 잎사귀들이 눈앞에서 그냥 닿힐 듯이 보임에 착각하여 손을 내밀어 보지만 허공에 흔들고 있을 뿐 닿지 않지만 가까이 있는 것 같은 착각이 생동감 있게 나타냅니다. 맨눈으로 누워서 본 색깔과 뚜렷한 구분을 줍니다. 도토리 나뭇잎이 연한 연두 색깔로 약한 바람에 팔랑임이 있었고, 편백나무는 진한녹색으로 미세하게 잎사귀 들이 갈라져 있었습니다. 황홀감에 취한 가슴은 색채의 조화를 맞추느라 정신줄 놓은 것 같습니다.

이곳저곳 현실속의 사람들도 만나 먹고사는 얘기도 하고 편백나무 숲에서 치유의 훈련도 곁들인 오늘이 너무 값진 날이었고 이제 서서히 아픔과 슬픔이 모든 것을 슬기롭게 안고 가는 승리자의 모습으로 사는 날까지 세상에 남기 위하여 그 어떤 대가를 지불해도 극복해나가겠습니다.

육신과 영혼

 이상 징후 및 아픔이 극도에 달할 때 육신이 읽어내는 방법은 아주 다양하다. 전자는 실질적인 고통을 표출하여 치료하지 않으면 안될 만큼 스스로 병원으로 움직이게 만든다면 몸에 기가 빠졌다든지 컨디션이 좋지 않아 축 처짐 현상이 발생할 때면 악몽을 꾸게 되어 깊은 수면을 방해하여 다음날 생활에도 많은 지장을 주지만 반대로 컨디션이 좋고 스트레스 없이 기분 좋은 하루를 보냈다면 깊은 잠을 잘 뿐만 아니라 기분 좋고 감미로운 꿈을 꾸게 됨을 항상 경험하게 된다.

 지금까지 지금처럼 엄청난 시련과 함께 찾아온 육신의 질병이 오기까지는 육신과 정신(영혼)이 분리되었다고 생각하였고 행동과 표현을 하였는데 지금까지 투병생활을 유추해 보건데 육신과 정신은 상호 작용을 하고 떼어 놓을 수 없는 밀접한 관계에 있음을 여기지 않을 수 없다.

 그래서 건강한 육신에 건강한 정신이 따른다는 명언이 우리의 일상생활에도 많이 통용되어 지킨 사람들은 건강함을 유지하고 지키지 않은 나 같은 사람들은 혹독한 대가를 견디기 힘든 질병으로 받고 있음이 어찌 보면 당연한 인과응보로 느껴짐이 왜 나에게 라는 원망이 있을 수도 없이 당연한 것으로 받아들여진다.

 어제는 빨리자고 새벽에 글을 좀 쓰려고 저녁 10시 30분에 잠이 들었는데 새벽 3시에 깨 버렸다.
 좀 일찍 잤지만 평소 같으면 너무 일찍 눈이 떠져 짜증도 나련만 기분 좋은 꿈자리에 깊이 잠을 잔 탓인지 머리가 한없이 맑음을 느낄 수 있다. 이럴 땐 육신에 통증도 미미하고 일어나 빨리 운동을 시작하라는 신호를 보내는 것 같음에 아직 깜깜한 시간이 아니라면 집 옆 수변공원 산책길을 걷고 있었을 것이다.

몸이 예전 아주 건강 할 때로 다시 돌아오지는 않겠지만 그래도 엄청난 노력으로 최대한 건강할 때의 모습 근처까지 끌어 올려진다면 다시는 그 건강함을 생이 다하는 그날까지 이어가서 바보스런 행동으로 또다시 육신을 병마의 구렁텅이 속으로 빠뜨리지 않으리라 맹세하지만 기약 없는 이 아픔의 끝이 어디가 될지 지금 까지는 막막한 심정이다.

지금도 늦지 않았기에 하루의 태양이 동쪽 하늘에서 대지를 밝힐 때면 비록 호흡은 아직 가쁘지만 아침공기 가르며 호수의 물안개 친구 삼아 꽃이 진 벚꽃의 열매 맺는 순수한 결실의 모습을 지켜보면서 건강해지자는 다짐모아 걸을 것이다. 오늘 같은 컨디션이 항암치료 끝날 때까지 지속되기를 신에게 간절함 담은 기도드리는 것도 잊어서는 안되겠지.

오늘도 더욱더 힘을 내어 최선을 다해 병마와 싸우고 완치되어 많은 아픔과 의지를 사람들에게 희망과 용기를 주는 메시지로 전달하여 이 세상에 미비하나마 빛과 소금의 역할의 흔적을 남기고 세월이 지나 마지막 가는 날 후회스럽지 않는 생을 마감하자.

가장

파아란 바다의 중간
큰 암초 하나에 하얀 거품
부서지고 거품물고 배들
은 항구로 바쁜 항해를
계속한다

하루의 일상에 피곤한 몸
끌고 자식새끼 생각에
보람가득 담은 육신을 끌고
집에 오는 가장의 힘 빠진 모습에
손에 든 작은 가방도 무겁다

넓은 바다 겁 없이 다녔고
위험한 현장 자식 사랑에
힘들게 일한 것은 보람이
라는 단어에 다 지워진다

너무 이쁘고 소중하여 마음에 담는다

목 포

처음으로 전라남도 목포에 와본다. 세발낙지에 소주 한잔의 추억이 떠올려지는 곳과 정치인 김대중 전 대통령의 고향이기도 하고 방송에서도 많이 방영 되어서 도시의 규모가 어느 정도 클 것으로 짐작하였고 발전도 국내의 선두 그룹에 있을 것으로 예상 되었는데 막상 접해보니 작은 소도시에 불과함과 발전성이 순간적으로 봐서 그런지 별로 느껴지지 않음에 의아하였다.

내가 목포를 오게 된 동기는 나 혼자의 힘으로 투병 생활을 이어 가볼까 하는 판단으로 차량과 함께 제주도에 도착 시 가장 저렴한 비용으로 제주도에 도착할 수 있는 뱃길 이어서 목포까지 온 것이다. 새벽 1시 출발 카페리호인데 오후 5시에 도착하고 보니 시간이 많이 남아 이곳저곳 호기심으로 둘러보게 되고 처음이라는 것에 기억 속에 담으려고 항구 근처의 도시를 몇 바퀴나 돌았는지 스마트 워치에 6천 보나 찍혀 있었다.

뭘 먹나 이곳저곳 식당가를 두리번거리다가 7시가 넘고 부랴부랴 문을 연 곳을 찾으니 세발낙지와 쌍벽 유명한 목포 먹갈치 정식이 있기에 저녁을 먹고 항구에 켜지는 불빛이 항구를 밝히는 8시에 차를 실어놓고 라운지에 앉아 항구의 불빛에 취하고 야외 바닷가에서 볼을 스치는 감미로운 바람에 아메리카노 커피향이 목구멍으로 넘어가는 짜릿함에 녹아내리는 이 감동적인 가슴의 동작을 표현할 길 없어 멍때림의 자세로 배의 뒤꽁무니 한켠에 앉아있다. 스피커에서의 나오는 음악은 제목은 모르겠으나 약간 째지는 듯한 재즈 음악이 감미롭고 바로 앞에 정박해진 배들의 복잡함을 밝히는 불빛을 시작으로 저 멀리 해안선을 따라 파란색 보라색 등으로 번갈아 반짝이는 불빛의 향연이 잔잔한 물결 위에도 비침에 은은한 아름다운 향기의 소리로 들린다.

내 지프 차량과 2인실 침대방은 186,000원이었으며 오후 10시부터 입실 가능하니 만족할만한 힐링 시간과 여유로운 수면을 취하고 내일 상쾌한 기분으로 제주도에 도착할 것을 생각하니 마음은 한없이 설렘에 잠시 내 자신이 병자라는 생각을 잊어버리고 있었다. 제주도에는 나와 같이 암 투병을 하시는 분을 삼성서울병원에서 만나게 되어 서로에게 때로는 의지하고 때로는 힘과 용기도 주다보니 오랜 벗과 같이 친한 관계가 되어 그분이 대형으로 운영하는 망고농장과 어느새 정이든 그분도 보고 싶기도 하여 도착하면 망고농장으로 갈 계획이다.

망고농장에서 오래 머물 생각은 없고 서귀포 친구 형의 별장에서 기거 하면서 청정 제주의 맑은 공기와 한라산의 엄청난 기를 받아서 서울병원을 왔다갔다하면서 향후 45일 남은 항암 치료를 재발없이 완벽하게 치료함에 나의 최종적인 목적이 있다. 아마 집에서는 맛이 있거나 말거나 식사 때만 되면 꼬박꼬박 음식을 차려주는 것에 의존하였는데 이제부터 3끼 식사를 혼자서 해결해야하기에 고난의 생활을 각오 해야한다.

순간순간 적어서 정리되지 않는 시 구절을 잠시 보노라니 그냥 감동의 물결로만 흘러내림에 감정을 주체하지 못하고 가슴속으로 울컥울컥 힘들었던 순간의 생각에 눈가에 맺히는 이슬을 주체 할 수 없어 시선은 바다로 향해있다. 지금도 정박해 있는 배, 잔잔하게 언저리에 옅은 불빛을 깔고 항구로 들어오는 배, 어두운 바다를 향해 서서히 떠나가는 배들이 항구에 조화를 이루고 나의 눈길은 이리저리 그 움직임을 쫓아 쉴 사이 없이 움직인다.

살아 있음이 지금 내가 하는 행동이고 많은 깨달음으로 막연하게 생명줄 하나만 의지하지 않으려는 강렬한 의지의 표현일 것이리라. 처절한 노력과 배움의 자세로 육신도 완쾌되고 정신세계도 많은 발전을 이루어 깨달음의 미학을 기필코 완성하리라 다시 한 번 다짐한다.

 아름답고 광활한 바다여 오늘 나 이 작은 몸뚱아리 맡기니 대단한 능력과 이 우주를 다 포옹하고 있는 그 힘 조금만 나누어 내일 눈뜨면 느껴보지 못했던 힘과 따스한 희망을 안겨주오

제주행 카 페리호

2부

제2의 고향 '제주'

제주도로

새벽 한 시. 카페리오의 거대한 몸집이 항구를 조심스럽게 벗어나며 대양으로 방향을 튼다. 이 배는 파나마 선적으로 후미에 파나마 국기가 흔들거린다. 항구의 가장 자리에 껌뻑껌뻑 작은 불빛들에게 편안한 지킴이 노력하라고 일침 놓는 듯이 커다란 스크루가 돌면서 하얀 거품만 엄청나게 해안으로 날려 보내고 서서히 앞으로 나아간다. 있고 싶어도 가야하는 자리. 이 거대한 고철 덩어리는 이렇게 과학의 힘으로 아름답게 변신하여 대양을 가로질러 깜깜한 밤바다를 차와 사람들을 실어 나르고 있음이 신기하게만 느껴졌다.

라운지에서 삼삼오오 술잔을 기울이는 사람들은 오랜만에 주말을 끼어서 여행의 즐거움에 들떠 있는지 취기가 오르면서 점점 자신의 주장을 피력하느라 목소리의 톤이 높아지고 혹시 타인에게 주도권을 뺏길까봐 옆에 있는 사람들의 시선은 무시한 채 한 옥타브씩 계속 높아진다. 옆에 있는 사람들도 그러한 행동을 하는데 시비 걸 이유도 없는 것 같다. 다만 조용히 사색의 그늘에서 이 소중한 공간을 담고자 하는 나 같은 사람에게는 글을 정리하는데 엄청난 방해꾼들로 자리 잡았지만 어떡하랴 두고 보는 수밖에.

얼마 전 아니면 내면의 생활에 충실하지 못했던 그때였다면 저분들의 몇 배의 고음으로 한분이 조용히 아니면 술 취한 기분에 큰 소리로 소리 낮춰 라고 고함소리 한 번 듣고 깨갱했을 지도 모르지만 이젠 글을 쓰면서도 저분들의 대화 속에서 소재까지 찾고 있음에 대단한 발전을 한 것은 사실로 받아들여진다.

배는 이윽고 33분의 시간에 불빛하나 없는 대양으로 접어 들었다. 이 배의 평균 속도가 23노트니까 시속으로 43.5km 속도라고 한다면 항로만 따라가니까 느린 속도라곤 볼 수 없지만 밖을 보면 아주 서서히 이동하는 것같이 느껴진다. 나도 이 거대한 여객선같이 밥만 먹여주면 잠자지 않아도 피곤함 없이 이 대양의 어느 곳이든지 가고자 하는 곳이 있으면 갈 수 있는 자유가 있었으면 좋겠다.

 아픔으로 끊어버린 아니 마시면 안 되니까 애써 외면하는 맥주 한 캔이 왜 이리 당길까. 선내 편의점 맥주 저장고 이곳저곳 눈 크게 뜨고 알콜 제로 맥주 찾아보지만 어디에도 없다. 누가 비싼 세 주고 한 캔에 천 원 하는 술 아닌 음료수를 술이라고 팔까. 내 생각이 잘못된 거지.

 힘들게 밥이나 먹고 자자고 선내 식당에서 강된장 비빔밥에 김치 곁들였으니 잠은 무리 없이 오겠지만 마눌 말대로 늦은 시간에 먹어서 문제가 된다면 할 수 없음에 방법이 찾아 질 때까지 이 방법을 고수하면서 늦은 시간에 식사를 하는 습관을 바꿔볼 수밖에 없다. 어떤 방법을 써서 전이가 되었다 하더라도 나의 대처가 되지 않아 발생되었다고 쏘아붙일 테니 어떻게 하든지 내 방식대로 밀고 나가서 좋은 결과 얻게 할 수밖에 아무리 깊이 생각해도 방법을 찾을 수 없다.

 웅웅웅웅 작은 진동과 함께 배는 불빛이 보일 때까지 제주해협을 넘어 불빛이 반기는 제주도 항만에 도착할 것이고 젊음이 좋아 밤새워 술 파티 즐기는 분들은 신선한 음이온이 폭발하듯 밀려드는 넓은 배의 라운지에 앉아 이 밤이 짧다고 아쉬워하면서 아침을 맞이하겠지.

 젊은이들아 건강 유지될 때 젊음을 많이 느끼고 즐기려무나. 그렇지만 부족한 선배 충고 한마디 하다면 지금 당신들이 깊이 느끼고 싶어 하지 않는 이 순간이 자신을 찾고자 하는 미래에 커다란 산이 앞을 가로막아 절망 할 수도 있고 펼쳐진 미래의 소중한 판단의 거름이 될 수 있음을 한번쯤 생각해 보려무나.

당신과 당신의 가족과 국제적인 경쟁에서 살아남아야 하는 일말의 애국심을 위하여 조용히 파이팅 한 번 외쳐주고 얼마 남지 않은 시간 수면 안에 들어간다

새벽이니 굿모닝.

라운지안에 너무 이쁜 의자가 있다

지하칸에 나의 차를 싣고

제주도의 첫 날

파아란 바다가 바람 많은 제주도에 넘칠 거린다. 바람에 청정 해역에서 묻어진 향기가 보태어져 코끝을 스치니 행복에 겨워 눈가는 행복한 미소의 잔주름이 그려진다. 보고 싶었고 건강이 궁금했었던 반가운 분도 만나니 좋은 감정 어떻게 표현할까. 생애 처음으로 망고를 맛보았는데 그냥 달콤하면서도 뒤끝이 깨끗한 오묘한 뒷맛에 감미롭다는 표현까지 빌리고 싶어졌다.

망고는 제주도에서 고수익 과실로 3킬로에 12만 원 이상의 고가로 팔리며 농협에서 전량 처리 할 정도로 인기가 높다고 한다. 외국에서 수입해 오는 것은 향기와 당도에서 제주산에 비해 떨어짐으로 상품성에서 제주산이 훨씬 앞서고 있음에 재배자들의 많은 노력이 있었음을 짐작할 수 있었다.

망고농장 비닐하우스는 항상 온도가 10°이상을 유지해줘야 하기에 관리에 세심한 주의가 항상 뒤따른다는 설명 중에 내가 망고 수정도 벌들이 하냐는 질문에 예상외의 답변이 나와서 한순간 크게 한 번 웃을 수밖에 없었다. 망고 수정은 똥파리가 합니다. 우리에겐 똥파리가 가장 고맙고 귀한 곤충이기에 똥파리 번식이 제일 중요하다고 하시니 내 손에 잠시 붙어있는 똥파리를 그냥 물끄러미 쳐다보기만 하였다. 나도 이 똥파리가 이뻐져서.

망고 하우스 농장 너머로 저 멀리 보이는 바다위의 작은 산이 너무나 아름다워 차량으로 달려가고 바다와 바람과 뭉게구름 밑 밭둑에 푹 퍼 질고 앉아 긴 멍 때림의 시간 속에 나를 묶어둔다. 일일이 이름 찾은 들꽃의 은은한 아름다움을 담고 눈에 보이는 모든 것을 가슴과 내 영혼에 영원히 담기를 소망하며 내일을 기약하며 일어선다. 한참을 오다가 밭에 수확 뒤에 뭔가 남아 있음에 발길 멈추고 하나를 주워보니 제주산 메추리알보다 조금 큰 양파였다. 하나 까서 오독오독 씹어 먹으니 그 맛이 일품이라 한 개, 두 개 줍다 보니 빈 배낭을 가득 채우고 신난 발걸음에 하산길이 가벼웠다.

이곳저곳 사랑소리로 울고 있는 꿩 소리에 기분 맞추니 보이는 것, 들리는 것, 어느 것 하나 풍요롭지 않은 것이 없음에 청정 제주가 나의 아픔을 다 가져감을 믿어 의심치 않기에 항상 긍정의 마인드로 남은 항암 기간을 슬기롭게 이겨 나가기를 다짐한다.

소나무 가지 사이로 보이는 바다

월라봉 가는길

지미봉에 올라

목포에서 제주도까지 배 안에서 감동의 서사시를 써내러 가다가 2시간 30분밖에 못자고 제주도 사장님 만나서 즐거움에 하루 종일 망고 농장, 돌돔, 다금바리 양어장 견학, 월라봉 산행에 양파 줍는 것까지 많이 피곤했나 보다 11시에 취한수면 이었는데 아침 7시 30분까지 논스톱으로 자 버렸다.

정말 얼마 만에 꿈 한번 꾸지 않고 퍼펙트하게 이 긴 잠을 잤는지 과거 속엔 기억에 없다. 항암약물 영향으로 머리는 윙윙 거리지만 그나마 맑은 머리에 기분 좋은 출발의 아침이었다. 휴대용 버너에 불 댕겨서 생우동 두 그릇으로 시원하게 속을 채우고 제주도에서 가장 경치가 좋다고 추천한 지미봉을 찾았다.

아침에 순서대로 형제들의 염려 전화 받느라 집에서의 출발이 늦었기에 시간은 벌써 11시였고 먹을 것은 물 밖에 없음에 산에 바로 오르는 것은 무리라고 생각되어 위치만 세팅한 상태에서 점심때까지 주위 탐색에 들어갔다.

목적이 산행이 아니지 않은가? 어차피 조금 높으면 숨이 가빠서 오르지도 못할 건데 충분히 마음을 편하게 하고 저 넓은 대양의 움직임을 모두다 나의 것으로 만들어야 한다는 각오와 건강한 육신과 정신 세계를 만드는 기초 작업?

날씨가 흐린 탓에 흰 거품 크게 뿜어내는 바다에 용암이 녹아 형성된 검은 바위의 웅장한 자태에 바닷가 둘레 길을 이리저리 바람에 밀려오면 섞이지면 더 진한 냄새에 매혹되는 해초 향기를 한번 이라도 더 얻으려 숨을 길게 길게 들여 마시며 콧구멍 평수 크게 벌려 걷고 또 걷는다. 몸으로 들어오는 모든 것이 보약이고 보이는 모든 것이 인간이 감히 표현할 수 없는 예술이고 제주바다 에서만 볼 수 있는 신비의 창조물이다.

 나약하고 거기다 병든 이 몸이 받아들여 소화하고 감당할 수 있으련 마는 그냥 위대함을 칭송 하면서 담기는 마음만큼만 열심히 내안에 주워 담으려 최선을 다하고 있다. 백색의 거품이 밀려와 바위와 만나는 가장 가까운 곳에 차를 주차해놓고 항상 하는 행동 그냥 아무 생각 없이 멍 때림의 동작 외엔 가장 편안한 동작을 찾을 수가 없음에 조용히 응시한다는 표현이 맞으려나.

 그냥 여기서 이 모습 그대로 망부석이 되어 버리고 싶은 마음 금할 길 없지만 아직 접해보지 못한 지미봉의 신비를 벗기기 위하여 자리를 옮긴다. 해녀집이라는 간판과 해물메뉴에 잠시 시선고정 되어 들어가 자리 잡고 성게 비빔밥을 시키니 고소한 참기름 냄새가 진동하니 맛있다는 것이 표현 없이 맛 샘이 대신해주니 또 한 번 너무나 행복해진다. 먹는 즐거움이 이런 거구나. 빨리 치료하여 입맛도 느끼면서 먹어야겠지만 지금은 맛 샘이 코에 있는 거 같다.

 차를 달려 지미봉 정상을 향하여 비포장도로를 달리다보니 중턱에 잘 개간되어 있는 밭들이 있어 잠시 들어가 봤는데 파란 색깔의 감자 같은 것이 있어 질 좋은 밭작물 같아서 하나씩 띄엄띄엄 떨어져 있는 것을 배낭 속에 고이 주워 담고 속도 파란 것에 맛보기도 좀 그렇고 궁금해서 이리저리 물어보니 감자가 햇빛을 받으면 파래지고 파래진 감자는 독성이 있어 먹지 못 한다고 하니 어렵게 주운 것을 버리고 돌아서려는데 지천에 버려진 감자 무더기가 눈에 띈다. 족히 한 트럭은 될 만한 양이다. 버릴 것을 왜 이 토상 좋은 곳에 키웠을까 생각해 봐도 해답을 얻지 못한다.

제주도의 산들은 하나같이 깎아지르듯 급경사로 이루어진 것이 아니라 완만한 경사로 산 정상을 제외하고 군데군데 밭을 경작하여 많은 작물들을 심고 있었다. 특이하게 검은 용암석의 돌로 밭과 밭의 경계선을 만들었고 흙 색깔은 검은 색깔을 띄는 것이 특징이다. 제주도 하면 이 맘 때 고사리가 지천에 깔려 있다는 소문을 들은 바라 나 역시 등반도 하고 고사리를 꺾겠다는 야심찬 계획으로 장화에 장갑에 집게까지 완전 무장하고 길도 없는 풀과 나무 사이로 고사리를 찾으면서 정상을 향해 가고 있건만 무심하게 내 눈에 고사리는 하나도 보이지 않음에 장소를 잘못 택한 것인가를 생각하면서도 미련을 버리지 못하고 계속 앞으로 전진을 계속 하다 보니 끝내 고사리를 찾아서 꺾을 때 그 기쁨 이루말로 다할 수 없었다. 나도 제주도 고사리 찾아서 꺾었다는 뿌듯한 자부심으로 망고 키우시는 사장님에게 사진 찍어 보내 드렸더니 젠장 다 피어서 못 먹는 거라고 하신다.
에고 알아야 면장을 하지.

이렇게 하루해는 저물어가고 오늘 하루도 산과 바다에서 힐링 잘하고 도가니탕으로 배를 채우고 숙소로 돌아왔다. 앞으로 제주도 생활이 43일 남았는데 매일 어제 오늘과 같이 운동하고 좋은 생각 긍정적인 생각으로 하루하루를 알차게 보내어 질병의 터널에서 완전히 나올 수 있게 최선을 다 하리라 맹세의 다짐을 한다. 지금은 그냥 눈물 날 정도로 행복하고 이렇게 투병 중에도 행복을 만들어 나가는 나 자신이 대견하여 두 손으로 가슴을 쓰다듬어 준다. 넌 할 수 있어. 그리고 같이 아프고 있는 김재휘 사장님도 지혜롭게 잘 극복하시기를 두 손 모아 기도 드린다.

지미오름

지미봉안내판

가까워지는 제주도

마치 나의 영혼을 태우듯이 폐부의 깊은 곳까지 다 쓸어버릴 듯한 엄청난 파도가 밀려와 바위에 모래사장에 부딪치고 밀려온다. 하아얀 거품과 파아란 바다는 청명한 색채와 듀엣이 되어 계속하여 광명의 연주곡을 보이는 공간 안에 웅장하게 날리고 소름 돋을 듯 깊은 감명에 빠진 이 몸은 그 소리 잊어버리지 않으려 정신을 모으고 또 모은다.

아 신비의 자연이여 오늘 더 작아지는 이 생명에게 축복을 내리시어 내 눈에 보이는 것, 내 귀에 들리는 것 이 모든 것이 내 안에 머물러 풍족한 언어의 표현력과 감정의 표현력의 스승이 되게 도와주세요.

용암이 분출하고 땅 속 깊은 곳에서 마그마가 분출하여 굳어 만들어진 유네스코 세계 자연유산 성산 일출봉의 바다는 이렇게 그 신비스러움만큼이나 나에게 모든 것을 선물해줌에 아픔이 다 끝난 것 같은 착각을 일으키게 하였다.

성산 일출봉을 뒤로하고 5분을 빠져 나왔을까. 물 빠진 바다에 사람들이 무엇을 하는지 움집 해 있었다. 잠시 망원경을 꺼내어 보니 모두다 열심히 조개를 캐고 있는 게 아닌가. 내가 마치 오늘 조개 캐러 온 사람같이 적당한 곳에 차량을 파킹하고 장화신고 장갑 끼고 집게와 봉지를 들고 자연스러운 동작으로 물 빠진 바닷가로 들어갔다. 바구니 바구니마다 사람들은 벌써 많은 양의 조개를 채취해 놓았는데 바지락과 백합, 맛조개가 주류를 이루고 있었다. 조개 욕심에 나도 집게를 거꾸로 들고 바닥을 긁어 무엇인가 탁하면서 부딪치는 소리가 들리면 어김없이 조개가 걸려 올라왔다. 집게를 갯벌 깊숙이 넣어 끄니 팔 운동, 장화 신고 약간 빠지면서 걸으니 다리 운동, 끄는 힘에 헥헥 거리니 호흡 운동. 일거양득이 아니라 일거삼득이 되니 시간 가는 줄 모르고 몰두하다 밀물이 밀려오는 줄도 모르고 옷 다 버릴 뻔 하고서야 밖으로 나오게 되었다.
 휴 물에 빠져 큰일 날 뻔했네 조개에 미쳐서ㅋㅋ

 오늘 제주도에서의 하루는 이렇게 흘러가고 자꾸만 좋아지는 건강 상태를 직접 느낄 수 있음에 삶의 의욕이 더욱더 왕성해짐을 직감한다. 그래도 자만해서는 안 되겠지. 더욱 더 마음 굳게 먹고 자연의 선물 중에서 으뜸이라 해도 손색이 전혀 없는 천해의 요새 제주의 맑은 공기와 청명한 바다에서 뿜어져 올라오는 음이온이 가득하고 맑다 못해 약과 같은 공기를 마음껏 마시고 맑은 정신에서 우러나오는 신비스러운 표현력을 빌려 사람들 가슴속에 응어리진 모든 것을 뽑아낼 수 있는 정말 아름다운 표현을 발산하여 정리해서 멋진 책을 만들어 내리라.

 신이시여 저에게 더 많은 능력을 주시어 아름답고 소중한 글로 하얀 지면을 채울 수 있게 하시어 힘들고 좌절 속에 있는 사람 육신의 고통 속에 신음하고 있는 희망을 잃은 분들에게 진정한 힘과 용기를 불어넣을 수 있는 사람이 되게 하옵기를 간절히 기노드리옵니다.

 향후 욕심으로 나의 배를 채우지 않겠으며 나로 말미암아 살아있는 미물 하나도 아파하고 슬퍼하지 않게 하겠나이다. 오늘도 나를 아는 모든 사람들이 편안한 잠자리가 되게 하시고 시기와 다툼 없이 새로운 한주의 출발이 되게 하옵소서 사랑합니다. 모두를 있는 그대로 너무나 아름다워서 너무나 가슴속에 담고 싶어서 너무나 그 안에 거하고 싶어서.

 감동의 봄농작과 희망의 노래로 긴 숨 내뿜어 내 안에 있는 것 다 쏟아 내어도 아직 나의 의지가 부족한지 애절하게 갈구함의 정성이 적은지 온전히 모든 것을 다 내려놓지 못함인지 부족한 모습 그대로 오늘도 부끄러움만 남습니다.

 얼마나 더 많은 인고의 노력으로 두드리고 두드려진 검을 만드는 대장장이의 집념처럼 아직 내려놓지 못한 많은 것을 언제까지 다 내려놓아 이 안에 지혜의 깨끗한 샘물만이 있을까요. 지금까지 욕심으로 갖고 싶었던 그 많은 것들이 관심이 없어지고 질투로 몸이 부서지면서 까지 소유하고 싶었던 그 모든 것들이 이제 퇴색된 가치성으로 의미 없는 것들로 남습니다.

 그냥 있는 그대로 보고 있는 것이 아름답고 꾸밈없는 자태에서 껍질보다 내면만 보이고 아름답고 소중한 가치 판단 기준이 됩니다. 인생행로 바꿔서 남은 삶에 더 배우고픈 것 있다면 색채 없는 맑은 것에서 더욱 아름다운 보석을 찾는 능력을 갖고 싶습니다.

 이제 아마 시간과의 줄다리기 안에 가능하지 않을까요? 완성하기 위해 더욱더 많은 정성이 부어져야겠죠. 기필코 꼭 해내고 해내야 한다고 오늘도 나 자신에게 굳은 맹세의 언약을 합니다.

제주도 이쁜 나의 거주지

나에게 영양분을 줄 바지락

골프치고 싶어서

 맑은 날씨에 하늘은 맑고 마음은 가볍지만, 조금 아쉬운 게 있다면 바람 많은 동네에 불어오는 바람의 시샘은 어쩔 수 없다. 형님이 골프 치러 가신다고 일찍 서두르시기에 골프장도 구경할 겸 바래다주기도 할 겸 따라 나섰다. 주위 경관과 나무들이 열대 묘목들로 심어져 있어 열대 지방 같은 환경을 풍김에 이리저리 둘러보고 감상하노라니 골프가 치고 싶어 대기 중인 분들을 부러운 눈으로 지켜보게 된다. 건강해서 이 아름답고 좋은 환경에서 골프를 치니 얼마나 좋을까. 아이구, 부러워라. 공 잘 치세요.

 정신과 병원에서 수면제를 너무 강하게 처방받았나? 아침에 눈 뜨는 것도 너무 늦게 눈이 떠지고 얼마동안 어질어질한 게 머리가 맑지 않다. 제주도에 온다고 낯선 환경에서 잠을 못 잘까봐서 한 그레이드만 업 시켜 달라고 한 게 나의 불찰같이 느껴져 앞으로의 생활이 걱정이 된다. 이제 오늘은 체험 삶의 현장 어디로 갈까. 3시에 제주공항에 석겸이 마중 가야하고 앞뒤 공간에는 시간이 비었는데 일단 지도를 꺼내어 계획을 잡아본다. 언제 내가 제주도 관광지 보려고 온 것도 아닌데 뭘 어디 갈까 고민하나. 꽃이 만발하고 뻥 뚫린 바다가 보이고 바람이 내안에 잘못된 찌꺼기 다 씻겨갈 수 있는 곳이 있다면 어디라도 가면 될 것을...

 자연 안에서 아니 세계적인 청정지역 안에서 더 많은 깨우침과 사랑을 품는 법을 배워 세상에서 꼭 필요한 사람으로 거듭나기만을 바랄뿐이다. 자 떠나자 많은 사람들에게 즐거운 스토리 많이 들려줄 수 있는 곳이면 어느 곳이던 떠나자. 가다가 모르면 제주도 촌노들에게 물어보지 뭐 평생 이곳에 사셨으니까 손바닥 보듯이 아시겠지 뭐.

점심 먹으러 가야지. 어디로 갈까. 이리저리 두리번거리는데 일품순두부 돌솥밥이 눈에 띄고 사람들이 줄을 서있다. 오케이 물어볼 필요도 없이 맛집임이 직감되고 줄 서는 것도 작은 즐거움으로 차례를 기다린다.

평일에다 월요일인데도 식사하는 분들이 엄청 많다. 영양분 많은 이거 먹으면 몸이 좋아질 거라는 확신으로 열심히 먹는다. 꼭꼭 씹어서 정성들여 먹어 몸이 좋아라 할 수 있도록 최선을 다하자.

고마워요 일품 순두부 돌솥밥! 맛있어서 다 먹고 난 입 안에도 구수한 여운이 남아 있습니다. 다음에 또 올게요. 저는 보고픈 친구 마중하러 제주공항에 고고씽합니다.

골프치는 옆에서 부러움으로.

친구가 제주도에

제주국제공항이다. 정말 오랜만에 공항에 와 보았고 출발지, 도착지를 못 찾아서 3바퀴나 돌다가 겨우 차량을 파킹 하였다. 어느 사이에 나는 완전 촌놈이 되어버린 것 같다. 오고가고 많은 사람들이 이리저리 우왕좌왕을 반복한다. 공항에도 인산인해 병원에도 인산인해 사람들이 사는 곳 모든 곳은 이렇게 많이 바쁘다. 하기야 68억의 사람들이 공존하고 있으니 어딘들 빈 공간이 있을까.

예전이나 지금이나 누구를 기다린다는 것은 정말 설렘의 기분 좋은 감정의 순간임에 가슴 떨리게 소중한 시간이다. 과거 젊은 날 연애할 때는 가슴 콩닥거리면서 묘령의 아가씨를 기다림에 설렘이 있었고 지금은 울산에서 본지 며칠 되었다고 이렇게 친구가 보고 싶은 것일까. 친구 오면 같이 조개 캐려고, 조개 캐는 호미도 준비했고 같이 먹으려고 그 비싼 망고도 사두었다. 도착 10분전 기다림의 시간 안에 표현하는 나의 내면은 열심히 검지 손가락을 휴대폰 메모장 위에서 쉼 없이 움직인다. 왔을 건데, 언제 나오지 출구 쪽에 눈이 고정되어 있고 앉아서 기다리지 못하고 일어서서 출구 쪽에 서있다. 마치 내가 제주도 토박이가 된 것처럼 외지인 울산친구를 기다리는 것 같다. 이제 4일밖에 제주도에 정착하지 않은 완전 알에서 나오지도 못한 병아린데… 너무나 좋은 친구고 평생같이 하고픈 친구이기에 1달 여 동안 많은 얘기하고 몸짓하나 눈의 표정 하나로 친구를 알고 싶다. 보고 싶다. 빨리 나와라 석겸아. 도착했다고 톡이 왔다. 이제 10분 있으면 나타나겠지. 제주도에서의 우리의 여행을 영원히 추억속의 메모장에 남겨둘 수 있도록 즐겁고 행복한 스토리를 만들어 나가리라.

차를 타고 오면서 제주도 얘기를 하는데 제주도에 대해서 너무 많이 알기에 더 이상 할 말을 잃어버린다. 별장주인 형님과는 학성고등학교 선후배 사이로 인사가 곧 선후배 상견례 자리가 됨에 옆에 사시는 학성고 2회 사장님과도 자연스럽게 가까워져 버리기에 소개하고 소개 받고가 필요 없는 관계가 되어버린다. 형님들은 흑돼지 드시러 가시고 우리는 제주 해비치 해변의 광활한 환경을 우선 접수하기 위하여 사진 찍고, 거닐고 저녁 되어 다미전이라는 횟집에서 참돔 코스요리를 먹음에 오늘하루 나의 맛 샘이 행복에 겨워하는 날이었다. 회가 나오기 전에 전복, 조개 등 지금까지 이만큼 많은 쯔끼다시를 본 적이 없기에 감동 그 자체였으며 모두다 배가 불러 터질 정도에서 저녁 식사를 마쳤다.

 이렇게 석겸이가 제주도 온 날 너무 행복했고 환경과 음식의 타이밍이 너무나 좋았으매 내일도 기대되는 하루이기에 편안히 잠자리에 든다. 오늘은 수면제 먹지 말고 한번 자보는 거다. 그 힘든 항암 투쟁도 하는데 이게 뭐라고 못 할쏘냐. 도전!!!!

나와도 한컷

수면제

결국 수면제를 먹는다. 잠 못 들어 이리저리 굴러다니다가 수면제를 먹고 편한 밤이 되는 것이 더 현명할 것 같아서 수면제를 먹고 말았다. 가만히 수면제 양을 보니 이전보다 딱 두 배의 양이다. 이제 이러지도 저러지도 못하고 제주도에 있는 기간 동안에는 꼼짝없이 먹어야 한다.

마인드 컨트롤로 스스로 이겨 나가는 힘을 키워 수면제 양에는 초점을 맞추지 말고, 항암 치료에만 초점을 맞추어 우선 완치하고 난 뒤 불면증은 차후에 극복할 수 있는 방법을 강구하자. 한없이 편안하고 안정적인 밤 시간에 너무나 시간이 아까워 글 4편 써놓고 가만히 앉아 마인드컨트롤 하다가 나의 감정에 이끌려 또 다시 검지손가락은 손가락이 보이지 않을 정도로 빠른 동작으로 글을 적어 나간다.

계속 이렇게 조금씩조금씩 언어의 표현의 가치를 높여 간다면 분명히 난 육신의 치료를 뛰어넘어 대한민국이 필요로 하는 유능한 작가로 성장할 수 있음을 확신한다. 지금 가만히 나의 표정을 훔쳐보노라면 부드러운 미소가 나의 미간을 점령하고 있으며 은은한 내면의 향기가 살짝 비치고 있음을 내면이 아닌 외면에서도 조금씩조금씩 보인다. 성공했다고 성공할 것이라는 표현은 삼가 하겠지만 나의 완성이라는 표현으로 대신하여 암울한 세상의 작은 등불이 되기를 열망하며 그것이 곧 나의 성공임을 인지할 것이다. 그래 결국은 인내와 노력이라지만 그것은 결국 나 자신을 극진하게 사랑하는 것임이 아닐까?

인생 끝나는 날까시 이 표정을 조금씩 업그레이드시키기 위하여 자못 지금 이 순간의 다짐을 망각하지 말고 최선을 다하여 인생 마지막

날까지 나 자신에게 주는 사랑을 멈추지 말자. 강아! 너무나 사랑하고 멋있게 늙어가기 위하여 값진 것들로 가득 채워줄게. 이제 눈꺼풀의 무게가 느껴지고 잠을 잘 수 있음을 느낌으로 알 수 있음에 편한 밤 되고 내일 어지럽고 머리 아프지 말기를 신께 기도한다. 하나님아버지 이 탕자를 불쌍히 여기시어 계속된 환란 가운데에서도 하나님의 말씀 가운데 거하여 악의 굴레 안으로 들어가지 않게 도와주옵소서. 예수님의 이름으로 기도 드리옵니다. 아멘.

서서도 잘자는 말들이 부럽다

고성조개 체험마을

새벽 4시에 눈을 뜬다. 위장에 심한 통증이 있어 힘들어 위 보호제를 급하게 틀어넣고 가만히 앉아 통증을 가라앉히기 위하여 심호흡 크게 하면서 아픔을 조절하지만 참고 버티는 방법밖에 없음에 잠시 좌절 하다가도 항암 후유증이 이 정도면 양호한 것이라고 애써 위안을 하면서 얼굴 표정에는 미소를 띠어본다. 웃어야지 절대로 인상 찌푸려서 아픔이 가시는 그날 자욱을 남기지 말자고 다짐한다. 친구 부인이 들깨 갈아 넣고 보말국을 맛있게 끓여서 준비한 음식으로 아침식사를 하고 진통제 2알을 먹으니 통증은 가라앉아서 너무 좋은데 친구 부인에게 괜히 미안한 마음이 깊어진다. 부부간에 편하게 여행할 수 있을 텐데, 괜히 내가 방해꾼이 된 것 같다. 미안하고 미안하고 많이 미안하다. 형님이 울산 가신다기에 공항버스 타는데 태워다 드리고 거실 소파에 드러눕다시피 편한 자세로 글을 쓰고 있다. 틈틈이 보고 싶은 친구얼굴이 떠오르면 전화해서 안부 전해주고 요즘 근황에 대해서 얘기 듣고 하다 보니 편안한 마음에 저절로 입가에 미소가 번진다. 이렇게 행복해지는 생각만 하는거다. 이렇게 긍정적인 생각만 하는거다. 이렇게 조용한 사색으로 가치 있는 것들을 몸속에 계속 축적해 나가는 거다. 오후엔 성산일출봉에 가서 웅장하고 아름다운 경치를 만끽하고 물 빠져 나간 바닷가에서 바지락 백합, 맛조개를 캐서 맛있는 저녁을 먹으리라.

벌써 시간이 오전 11시 30분이기에 친구 재촉하여 성산일출봉을 향해 길을 나섰다. 석겸아, 점심은 보말칼국수 먹자고 하니 좋아라 한다. 요즘 제주도에는 보말 열풍이다. 보말칼국수, 보말성게국, 보말라면, 보말국수 처음에는 보말이 특별한 고둥 아니면 조개로 생각 되었고 매우 궁금했는데 알고 보니 울산바닷가 물 속 바위에도 많이 붙어 있는 고둥 이름이 보말이었다. 오늘도 성산일출봉 가기 전에 보말칼국수 먹으러왔다. 엄청 맛있고 식감이 조으매 제주도 생활 중에 보말을 가장 많이 먹을 걸로 예상된다. 울산에서 누가 이거 식당 차리면 대박 나겠는데 라고 혼자서 생각한다.

 오늘 날씨가 너무 좋기에 성산 일출봉은 유난히 우뚝 솟은 풍채가 더 뚜렷이 보였고 바람이 그렇게 세게 불지 않기에 잔잔한 바다는 멋진 배경을 깔아 더욱 더 파란색의 선명한 색채를 띠우매 정말 아름다운 대한민국안의 제주도를 보게 된다. 여기서 한 컷, 저기서 한 컷. 휴대폰 카메라는 바쁘게 화면 따라 움직이고 담겨진 많은 아름다움을 전달하느라 바쁘다. 이제 성산일출봉 앞 고성마을 바지락 체험 바닷가를 향해 자연스럽게 움직이고 차량에서 장비들을 열심히 챙긴다. 장화 호미 담을 그릇 등을 들고 바다로 들어간다. 여기도 파고, 저기도 파고 잡는 방법도 잘 캐는 분들에게 물어보고 열심히 노력한 결과 반 바께스 가량의 만족할만한 바다의 선물을 받음에 신나게 집으로 돌아왔다. 이거 오늘밤 해감해서 내일 맛난 바지락국을 끓여 먹어야지. 몸은 많이 피곤하고 통증이 완전히 가시지는 않았지만 정말 건강해지기 위하여 많은 노력을 기울인 하루였고 이 노력의 결과로 건강한 육신을 되찾게 됨을 믿어 의심치 않게 되었다.

덤으로 문어한마리도

많이도 잡았다

행복한 밥상

휴 너무 너무 피곤하다. 활동양이 너무 많아서 피곤한 것인지 아니면 항암 후유증의 영향인지는 모르겠으나, 정신세계가 맑지 못하고 혼탁함에 컨디션이 엉망임에 기분 아주 다운이다. 제주도에 와서 처음으로 병원에 가야 하는 날이다. 예약 없이 바로 가기에 치료는 해줄지? 혹시 안 해준다면 어떡하나, 걱정하면서 서귀포의료원에 가서 아주 공손한 자세로 접수를 했다. 염려와는 반대로 너무나 친절하게 대해주는 분위기에 염려 했던 마음은 일순간에 사라지고 좋은 환경에서 서귀포의료원에서 주사관 청소 시술 치료를 받았다. 친절한 상담과 소독치료에 만족하니 제주도가 편안한 안식처같이 생각되고 좋아진다.

치료를 마치고 병원에 같이 동행한 석겸이 부부와 망고 농장에 갔다. 망고농장 사장님도 뵙고 망고농장 견학하고 커피 한 잔에 담소를 재밌게 나누고, 월라봉에서 신비스러울 정도의 아름다운 경치를 구경시켜 주기위해 차를 달려 월라봉 정상을 향해 갔으나 포크레인이 산 중턱 비포장도로를 막고 있어 올라가지 못하고 반대편 바다는 보이지 않으나 감귤꽃이 만발하게 피어있는 감귤밭과 제주산에서 자생하는 나무와 들꽃을 보면서 자연 속에 같이 있음에 대리만족해야만 했다.

성산일출봉 앞에서 바지락을 캘까? 아님 집에 가서 쉬어야하나 잠시 고민 중 바닷가 화순항에 정차 하였는데 건너편에 삼면이 바다로 둘러싸인 황홀한 경관을 지닌 산이 보인다. 산방산이라고 제주도에서 꽤 유명한 산이기에 많은 관광객들이 벌써 자연경관과 제주의 신비의 바다를 관광하느라 정신없는 곳에 자연스럽게 같이 합류하게 되고 멀리 물 빠진 바닷가에 무엇인가를 열심히 채취하는 사람들에게 시선이 모아지고 조개 캐려고 준비한 장비를 챙겨 석겸이와 바닷가로 들어갔다. 톳 채취하는 할머니도 보이고 대부분 귀한 보말 잡는 분들이었고 바위 돌을 들어서 붙어있는 보말에 더하여 물속에 들어가니 참 소라가 지천에 있다. 성게와 문어까지 덤으로 잡으니 저녁 해먹을 기대감에 부풀어 집으로 돌아오는 발걸음 가볍다.

문어숙회, 참소라회, 군수에 해삼, 보말국까지 행복한 밥상에 얼마나 먹었던지 움직이는데도 방해를 받는다. 돼지 같은 놈이 되어버렸다. 오늘도 보람차고 행복한 하루는 이렇게 지나가고 편안한 잠자리에 행복한 꿈꾸기를 간절히 소망한다.

사랑해 . 너무 사랑해. 건강해져서 행복하게 살자.
남은 인생 행복에 겨워서 아까워서 눈 못 감을 정도로 가치 있게 살기 위하여 이 질병을 극복하는 거다!

굴농장에서 셀카찍는 부부

참소라

통증과 친구사이

어제는 수면제 복용 않고 편안하고 깊은 수면을 한 날이다. 일찍 일어나서 하루 종일 엄청난 양의 운동을 한 결과로 몸은 녹초가 되어 그냥 나가 떨어져버린 것이었다. 오늘도 아침 일찍 일어나서 어제만큼의 운동량을 소화한 결과 다운될 것으로 예상했으나 8시에 잠자리에 들었으나 10시가 넘은 이 시간까지 눈이 말똥말똥 쉽게 잠이 오지 않는다.

어떤 방법으로 이번 기회에 수면제 복용하지 않고 잠을 잘 수 있는 길을 터득해야하는데 잠이 오지 않을 것 같은 불길한 예감이 든다. 먼저 잠이 올 듯이 편해야 하는데 등짝이 쑤시는 듯이 아프고 불편한 동작만 취해지니 바닥이 돌덩이같이 느껴진다. 이리저리 자세도 바꾸어 보다가 한 개 남은 베개를 꼭 껴안고 누워 있어도 보지만 시계는 밤 11시를 향해 치닫고 있어 수면제 복용하자는 결정을 할 수 밖에 없었다. 의지가 약하다고 치부해 버리기도 뭐하고 그냥 항암 끝나면 다시 도전 할 수밖에 뚜렷한 해결 방법이 없는 것 같음에 현재는 서글픈 항복이다.

7시 30분에 눈을 뜬다. 아직 남아있는 수면제 성분의 영향으로 머리가 어질어질하고 며칠째 위에 심한 통증으로 허리를 반쯤 구부린 할머니 동작으로 움직인다. 왜 이럴까 지금까지 위가 아파서 고생한 적은 없는데 너무 아파서 움직이는 것에서도 이렇게 제약을 받고 있다. 오늘은 서울삼성병원에서 CT 및 피검사 날이라서 아침 8시까지만 음식물을 섭취할 수 있기에 7시 40분에 햇반 한 개, 누룽지 끓인 거 한 그릇을 8시 되기 전에 빨리 먹고 금식에 들어가야 한다. 한 8시간 정도인데 거창하게 정치인들이 자주 사용하는 금식이란 단어를 굳이 쓸 필요가 있을까. 어찌 되었건 지금 가장 시급한 당면 과제는 위의 통증을 조금이나마 해소시켜야 하기에 진통제 한 알 복용 후 양반다리를 해서 마음 깊은 곳에 기를 불어넣게 하기 위하여 심호흡 깊게 하면서 묵념하고 있다.

 친구가 공항까지 태워주기로 했기에 넉넉한 시간이라 커피 타임도 가지고 시간 맞춰 나오는데 이게 무슨 청천 날벼락 차가 방전이 되어 시동이 걸리질 않는 게 아닌가. 마음을 가다듬고 우선 콜택시를 부르고 롯데자동차보험에 긴급 출동서비스를 시켜서 처리하고 공항으로 택시로 이동해서(요금 45,000원) 간신히 비행기에 탑승할 수 있었다. 휴 큰일 날 뻔 했고 또 한 번 경험을 하게 된다. 다음부터는 일찍 일어나 차량부터 점검 해봐야겠다.

 정말 오랜만에 타보는 비행기다. 아마 몇 년은 되었기에 감회가 새롭고 앞으로 제주에서 서울을 몇 번을 왕복해야만 이 질병의 터널을 벗어날까 손가락으로 짚어 봐도 숫자는 파악되지 않는다.

 항상 편안하게 여행 간다. 생각하면서 극복해 나간다면 어느 사이에 나의 몸은 완치되어 있을 것이고 정상적인 생활 안에 놓여있을 것이라는 확고한 믿음을 가지게 된다. 하늘을 난다는 것은 너무 기분 좋다. 창공에 두둥실 앉아서 하아얀 하늘 중간을 날아간다. 비행기 긴 날개가 움직일 때마다 이리저리 세심하게 방향도 잡으면서 목적지를 향해 나는 계속 떠있다. 위로만 보였던 구름이 나의 눈 밑에 있고 비행기 동체가 구름 가운데를 가로지를 때면 비포장도로를 달리는 자동차처럼 조금씩 요동치는 동체에 작은 스릴을 느낀다. 이렇게 하늘에 앉아 서울로 날아가고 조금 있으면 목적지에 도착 하겠지.

 잠시 감정을 옮기다보니 어느새 하강하는 동체에 서울김포공항에 도착했음을 알게 된다. 멋진 하늘 멋진 공간에서 한 시간을 보내고 지하철역으로 바쁘게 움직임에 먹지 말라고 할 때가 배는 더욱더 고프다. 치료다 끝날 때까지는 참아야 된다. 끝나고 나서 맛난 거 배부르게 먹자.

7호선과 9호선의 갈림길에 서서 시간은 1시를 넘어가고 마음은 급하고 큰 누님에게 전화를 걸어서 물어본다. 누님 9호선 탈까요? 7호선 탈까요? 본인도 잘 모른다고 하시면서 급행 완행 얘기를 하는데 더 헷갈려서 끊어버리고 지하철노선 지도보고 9호선타고 고속터미널에서 3호선 갈아탐을 숙지하고 타고 가다가 옆자리의 숙녀 분에게 다시 확인하니 급행 타야하는데 완행으로 잘못 탔다고, 가양역에서 내려 갈아타라는 조언에 얼마나 고맙던지. 역시 모르면 계속 물어야 되는 거야라고 스스로를 칭찬하며 가양 역에서 급행열차로 갈아탔는데 좌석이 만원이라 앉아있는 분들이 이렇게 부러울 수가 없다. 2정류장 쯤 갔을까 내 앞에 계신분이 내리시는데 정말 큰 은혜를 입은 것같이 너무나 고마움에 절이라도 해주고 싶은 심정으로 잽싸게 자리를 차지한다. 위도 아프고 긴장을 해서인지 머리도 어질거림에 평생 살면서 빈 의자 하나에 이렇게 큰 고마움을 느낄 줄은 정말 몰랐다.

시간은 1시 50분으로 치닫는데 병원도착 시간은 오리무중이라 답답한 마음 이루 말할 수 없다. 2시 30분까지 갈 수 있으려나. 휴 그동안 내심 똑똑하다고 했는데 바보 중의 상바보다. 다시 열심히 네이버 검색 창을 두드려 소요 시간을 열심히 계산하고 있다. 고속터미널 1시 52분 도착, 3호선 갈아타는 데까지 5분 소요, 일원역까지 9개역을 계산하면 18분 소요, 일원역에서 병원까지 12분 소요까지 계산하면 정시 도착인데 CT 찍는 날이라 좀 봐 주겠지.

에고 일원역에서 셔틀버스 탄 시간이 병원예약 시간인 14시 30분이다. 병원 영상의학과 접수 14시38분 물 3컵 마시고 22번방 앞에 번호표 뽑아서 대기하라는데, 내 앞 대기인원 7명이며 이제야 긴장이 풀리고 마음에 평안이 찾아온다. 아프게 했으니까 이런 벌이 나에게 내려서 대가를 치루지 않고는 다시는 정상적인 상태로 만들어 놓지 않겠다는 것이 당연한 인과응보의 이치이기에 이보다 더 가혹한 형벌이 있다고 하더라도 꿋꿋하게 이겨내어 새로운 육신으로 거듭나서 새로운 인생으로 생이 끝나는 날까지 가야한다.

이윽고 22번방에 호출되어 피 뽑고, 오른팔에 주사기 꼽고 주의사항 듣는다. 복부에서 부터 밑으로 전체 CT 촬영 할 거라는 것과 검사 후 집에 가서 물을 2리터 정도 마시라는 것과 메스꺼움 및 구토 증세가 나타나면 22번방으로 즉시 들어오라는 안내 후 검사 대기실 앞에 대기 중이다. 지금까지 그 힘든 시험을 치른 결과가 오늘 채점표로 나옴에 다시 긴장의 끈을 놓지 못하게 하고 아직 위가 아프고 따가움이 좋지 않은 결과로 나타날까봐 두렵다.

어차피 결과는 5월 7일 나오는 것. 최선을 다해서 노력했으니 어떤 결과가 나오더라도 겸허하게 받아들이리라 생각한다. 채혈실에서 피를 5통이나 뽑았다.(지금까지 제일 많이 뽑음) 아이구, 아까워라. 병원에 오면 내 몸의 피는 전부 병원거다. 기진맥진 진통제를 먹지 않은 관계로 아픔은 계속되고 정시에 도착 못할까봐 취소비까지 감수하면서 비행기 표까지 2시간을 뒤로 미뤘는데, 제기랄 공항에 도착하니 30분이나 남는다. 아까워서 한참을 서 있다가 불고기덮밥으로 허기를 채우고 진통제 한 알 먹고 대기실 제일 편한 의자 골라서 비행기 시간 맞춰 휴식을 취한다.

힘든 하루였다. 내가 참 바보같이 행동한 하루였기도 하고 그래서인지 평소보다 많이 피곤하다. 바보같이 이 세상에서 영원히 홀로 된 느낌에 많이 외로워짐에 슬프다. 슬픈 영혼의 나, 외로움에 고독한 나. 제주공항에 바람이 불어 20분 정도 공중에서 선회하다가 도착함에 석겸이가 몇 바퀴 공항주차장을 돌은 것 같아서 많이 미안했고 고맙고 나의 외로움이 많이 해소되어 주거지에 돌아왔다. 조지아 커피 한 잔에 마음을 정리하고 내일은 더 좋은 날을 기대하며 마음을 추스린다.

　내일은 아픔도 덜하고 더 좋은 날에 살아 희망을 품고 있을 거야.

　그래도 오늘 엄청 잘했어!

제주에서 서울로

거주지 인생

김포 출발 제주. 제주도가 집이 되어 버렸다. 아직 위는 많이 아프고 아프면 외로워지고 외로워지면 슬픔이 배가 된다. 그냥 이 지구 안에 혼자가 된 이 느낌을 어떻게 표현해야 하나. 그냥 혼잔데 무슨 이유와 말이 필요할까. 혼자 사는 법을 배워 깨우치고 그 방법대로 살아가야 하는데...

그래도 이 육신의 아픔이라도 좀 덜 했으면 좋겠다. 눈떠 있을 때는 계속 이 아픔과 싸워야한다. 잠자기 직전까지 싸우다가 잠들면 잠시 잊혀 지다가 눈 뜨면 다시 싸우고 얼굴에 아픈 자욱 남을까봐 애써 아픈 표정 짓지 않으려고 미소 짓고. 이렇게 오늘도 하루는 저물고 무거운 걸음으로 집이 아닌 거주지로 돌아간다. 언제 내가 집이 있었나, 거주지 밖에 없는 걸 아마 난 평생을 내 집이 아닌 거주지에서 살다 가겠지 거주지라도 좋다. 정말 사랑하는 사람이 기다리고 보고픔에 가슴 뛰는 현실 안에 살고픈 마음 간절하다. 오늘도 바람으로 끝나더라도 간절한 마음을 품고 돌아간다.

복부 CT 찍는 날은 항상 물 2리터 이상을 마시고 자야 하기에 물배는 차고 새벽 2시가 되어 가는데 할당량을 채우지 못하여 잠 못 들고 있다. 바지락 끓인 거 다 까서 냉장고에 넣어두고 골프채널 LPGA 재방송 박인비 선수 8언더 선두 경기 다 보고 남자경기 볼륨은 제로 상태에서 눈으로만 글 쓰면서 한번 씩 힐끔힐끔 보고 있다.

이제 한 컵 300cc만 마시면 된다. 오늘은 벌써 금요일이다. 석겸이가 펜션 얻어서 나간단다. 그냥 공짜로 있으니 부담스럽다는데 어쩔 수 없다. 식사 때마다 챙겨주는 것에 나 역시 많이 미안했고 둘이 있으면 여행도 자유로울 텐데 몸 아픈 사람과 같이 생활하고 같이 활동해야 함이 부자연스러웠을 것임에 백번 이해하고도 남는다. 이제부터 시장 봐서 음식도 열심히 만들어 먹고 이곳저곳 바람따라 구름따라 마음 끌리는 데로 다니면서 인생 공부와 삶의 깊이를 더 많이 깨달아 보지 뭐.

 물을 많이 마셔서인지 복부에 가득고인 물의 영향으로 위 아픈 것이 못 느껴진다. 지금 이 상태로 아픔이 멈춰 준다면 너무 좋으련만 내 뜻대로 되지 않는 것이 같이 붙어있는 한 몸인지라 아침에도 지금과 같이 통증이 없기를 기원한다. 오늘 잠시 나약해졌던 것에 나 자신에게 미안하고 더욱 강한 삶의 의욕으로 재무장 하자고 다짐한다. 석겸이는 부인과 같이 제주도 지인 만나서 즐거운 시간 보낸다고 나가고 난 LPGA 위민스 월드챔피언십 중계방송 틀어놓고 방울토마토 먹으면서 소파에서 가장 편한 자세로 누웠는지 앉았는지 헷갈리는 포즈로 있다.

 잠시 마당에 나갔더니 금계국이 너무 활짝 피어 있고 꽃 냄새가 천지를 진동한다. 100미터 정도 앞에는 며칠 전부터 하얀 백로 한마리가 기다란 목을 쭉 빼고 이리저리 어슬렁거린다. 정말 평화로운 환경이고 환상적인 광경이다. 이 아름다운 곳에 내가 있고 살아 숨 쉬고 있다고 생각하니 소름끼칠 정도로 행복하다. 아픔만 없다면 더 좋으련만...

 편하게 쉬어서 그런지 위의 통증도 많이 가라앉았고 마음도 너무 편안하기에 간단한 복장으로 집 근처의 힐링 공간을 찾으러 걷는다. 흙길 따라 10분, 아스팔트 20분 걷다보니 용암의 검은 바위가 쫙 깔린 바위가 나온다. 어디를 가도 뻥 뚫린 공간에는 출렁이는 바다가 있다. 거품물고 바위 향해 돌진하는 파도가 있다. 정말 아름나운 풍경에 푹 퍼질러져 앉아 멍 때리기 좋은 자리가 지천에 깔려있다. 폐부에 스며들어 있는 아픔을 다 씻어 내어줄 해초 냄새 머금은 신비의 공기가 있다. 사랑한다라고 말하면 오염된 나의 육신 곳곳에 조용히 들어와서 나쁜 것들을 싹 몰고 나간다.

어느덧 태양이 빛을 조금씩 소멸해가는 저녁이 오고 있고, 나는 내일을 기약하며 조용히 일어선다. 신이시여. 지금 저에게 주신 맑고 신선한 선물을 아파하는 모든 분들에게 골고루 나누어 주시어 질병의 고통에서 삶의 희망을 잃어버린 수많은 사람들에게 살아야 할 이유를 깨닫게 해 주시어 세상의 희망으로 거듭나게 도와주시옵소서.

제주도 곳곳에 금계국이 지천이다

소중한 친구

비가 온다. 주룩주룩 소리가 구슬프다. 어제 밤에는 소리도 없이 조용히 내리더니만, 오늘 밤에는 비 내리는 소리가 크게 들림에 더 격하게 감정은 소용돌이를 만들고 정서적으로 메말랐던 가슴이 물기로 촉촉하게 적셔진다. 아직 나의 몸엔 뜨거운 피가 흘러 나이와 상관없이 감미로움이 밀려와 따뜻하게 나를 감싸고, 감성의 깊은 호수에서 애틋함을 품은 한 마리의 커다란 백조가 된다. 차이코프스키의 백조의 호수가 잔잔히 나의 가슴에 울러 퍼짐에 혼자 말한다. 나이가 62이야. 웬 감성이 이렇게 강하게 남아 있는 거야.

이 풍요롭게 뿜어져 나오는 감정도 글로 표현해야 하고 30분 전에 수면제를 복용하여 천근만근이 되어가는 눈꺼풀도 들어 올려야 되고 쉽고도 어려운 2가지 일을 하느라 매우 바쁘고 정신적으로 강한 노동을 하면서도 이 감미로운 환경이 너무 좋아서 창가에 서서 연한 불빛에 내려지는 가는 물줄기를 보고 있다.

마치 길이도 측정 할 수 없는 수많은 구슬이 꿰어져 대지에 흘러내려 부서지듯이 정원 보도 블록에 떨어지면 수많은 작은 구슬로 또 다시 부서져 흩어진다. 이 빗물들은 신록의 풍부한 양식이 되어 더욱 파란 자연의 아름다운 장관을 연출할 것이고 그 푸르름을 먹고 동식물들은 더 강한 모습으로 강력한 자태로 변신할거야. 나도 그 안에 같이 포함되기를 간절하게 소망할 것이고 그렇게 되어 정열과 열정의 계절 안에서는 이 아픔이 다 씻겨 나가 소멸되기를 간절하게 기도한다.

내일이면 지금 느끼는 이 소중한 것들이 묻혀서 기억나지 않을 것 같아서 기를 쓰고 정신을 집중하여 다 표현으로 기록하고 잠들려고,

혼신의 노력을 기울이고 있다. 내일이면 석겸이가 서귀포 펜션으로 이사를 간다. 아들이 부모님들 편하게 계시라고 요즘 유행인 펜션형 호텔을 얻어 주었단다. 정말 마음 씀씀이가 예쁘고 자식농사 잘 지어 놓았음에 가버린 아들이 많이 보고 싶고, 부러웠지만 친구 마음 다칠 까봐서 표현은 할 수 없었다.

아들은 1일28일 호텔형 펜션에서 딸은 29일, 30일까지 아버지 생일 선물로 제주 유명 호텔을 예약해 뒀단다. 오늘 많은 얘기도 하고 제주도 여행에 대해서 의견도 교환하였다. 아니 나에게 의견이라는 게 특별히 없기에 석겸이의 얘기에 귀 기울여 도움을 받았다가 맞는 것 같다.

도보여행의 장점부터 차량 여행의 장점까지 많은 얘기도 듣고 도보 여행에서 필수적인 대중교통 앱도 깔고 이동방법에 대해서도 많은 얘기 들었다. 얼마 전 부부끼리 한 달을 걸어 다니면서 여행을 했으니 그 경험이 풍부함을 내가 전수 받아야 하기 때문이다. 이제 석겸이는 내 차로 자동차 여행을, 나는 도보 여행으로 하기로 하고 한 번씩 유명한 둘레길 같은 데는 같이 가는 것으로 의견 조율을 하였다.

이런들 어떻고 저런들 어떠랴. 어차피 난 여행온 게 아니고 항암 치료하러 왔고 석겸이는 보궐선거의 그 힘든 순간에 만신창이가 되어 있는 육신과 정신을 맑게 하려고 이 청정지역의 환경과 공기로 순환 시키려고 와있다. 정말 우리 둘 뜻하는 바도 얻고 서로의 더 나은 우정을 쌓는다면 중요한 그 모든 것을 얻어감이 아님인가.

맛있게 끓인 된장찌개, 계란말이 부드러운 우산나물 등으로 맛있는 아침 식사를 마치고 아메리카노 커피타임의 자연스러운 행복에 이 편안한 마음에 몸에 남아있는 암세포가 다 박멸된 느낌이다.
이렇게 편안한 휴식이 많아질수록 싱싱해지는 회복 속도가 빨라져 일상으로 돌아가는 시간이 빨라지겠지.
 그날을 위하여 항상 마음 편히 가지고 그 습관이 몸에 배어 앞으로 살아갈 날에 내 몸에 안착될 수 있도록 최선을 다하리라 다짐한다.

 더 살고 싶다는 마음이 간절하도록 멋진 인생 만들어보자!

내먹일려고 지극정성 이다

청정지역 제주

아침에 눈을 뜨니 8시 30분이다.
어제는 많이 피곤하지도 않았고 운동량도 적당했는데 어떻게 이렇게 늦게까지 잠을 자버렸을까.
친구 부인에게 미안하고 쑥스럽게 아침상에 마주 앉았다. 된장국을 끓였는데 너무 맛있게 잘 먹었다. 커피 타임에 방울토마토 디저트를 먹고 나니 10시 30분이 넘어간다. 오늘은 오후에 친구가 다른 숙소에 이사 가기에 별 일정 없이 집에서 편안하게 오전 시간을 보내면 된다. 특히나 좋아하는 여자골프 3라운드를 하기에 즐거움이 더하다. LPGA 골프 3라운드 박인비, 박희영 등 우리나라 여자선수들이 TOP10에 5명이나 들어 있어 마치 국내대회를 보는 듯이 카메라에 우리나라 여자 선수들이 많이 클로즈업 된다.

양잔디는 표면이 부드러워 시각적으로 보면 아주 편편하게 보임에 국산 잔디에 비해 편안하게 보이지만 실제로 골프를 쳐보면 국산 잔디는 볼이 약간 떠있어 훨씬 샷이 양잔디에 비해 편한 샷이 되지만 초보자 일수록 양 잔디에서 라운딩 하면서 낭패를 보는 경우가 더 많다.

국산잔디는 쓸어 쳐도 볼이 날아가지만 양잔디는 쓸어 쳤을 때 거의 100% 탑볼로 볼이 굴러서 바로 앞에 떨어지기에 우드로 칠 때도 찍어서 쳐야한다. 처음 골프에 입문하여 제주스카이힐 골프장에서 친구들과 2조 맞춰 라운딩을 하였는데 페어웨이가 마치 스펀지 같이 부드럽고 편편함에 연습장 생각이 나고 자신감이 넘쳐 볼이 쉽게 날아갈 것 같아서 아이언도 우드도 쓸어 치는데, 볼이 탑볼로만 맞고 날아가지 않고 전혀 뜨지도 않고 굴러만 다님에 부킹 잡아준 친구가 롯데스카이힐 대표이사라 이틀 동안 전속 캐디를 붙여 놓아서 스코어가 100을 넘기니까 친구에게 엄청 미안했던 기억이 생생하다. 캐디도 대표이사가 싱글공이니까 엄청 잘 칠 걸로 생각 했는데 너무 엉망이니까 의아해함이 얼굴에 나타났었다.

 오늘은 내가 거주하고 있는 신풍 쪽에 바람이 너무 거세어서 계획도 없지만 바깥출입이 염려되어 나갈 엄두를 못 내고 집에만 틀어 박혀 있다. 잠시 마당에 나가도 몸이 흔들릴 정도로 바람이 거세기에 산책 나갈 엄두를 내지 못하고 혹시나 하는 마음에 나갔다 들어왔다만 반복하고 있다. 마당에 활짝 피어 있던 금계국도 저녁이면 잎을 오므리고 아침부터 서서히 피다가 10시 정도엔 활짝 피어 저녁에 다시 오므리는데 오늘은 바람이 세게 부니까 아예 오므린 상태에서 피어날 생각 자체를 하지 않음에 너무 신기하여 한참을 보고 있다.

 식물도 자신을 보호하려고 이렇게 까지 오묘하게 변신 하는데 만물의 영장이라는 인간의 모습으로 태어나서 육신에 해로운 짓은 다하여 이런 병마에 시름하는 내 자신이 많이 부끄럽다.

 LPGA 위민스 월드챔피언십 마지막 조도 15홀로 접어들어 마지막으로 향해 가고있고 석겸이도 새로운 숙소를 향해 떠났다.

 이제부터 정말 혼자 모든 것을 해결해야 하기에 마음가짐을 다시하게 된다.

 16번 홀에서 선두를 달리고 있던 박인비, 박희영 선수 두 명 다 해저드에 볼이 빠져서 박인비 선수는 더블 보기, 박희영 선수는 트리플 보기로 무너져 선두 자리를 외국선수 한나그린에게 내어주니 안타까움 마음이 컸으나 18번 홀에서 박인비 선수 버디에 그나마 조금의 위안을 삼는다. 박희영 선수는 18번 홀에서도 보기로 우승 경쟁에서 아깝게 멀어짐에 많이 아쉬웠다. 이렇게 집중해서 보았던 3라운드는 끝나고 내일 파이널 라운드를 기대하게 되었다.

 바람이 많이 잔잔해졌고 시간도 2시간은 충분히 운동할 수 있음에 작은 배낭에 물 한 병, 수건, 선글라스 3개 딸랑 넣어서 집을 나섰다. 여기저기 두리번거려 봐도 보이는 집은 거의가 펜션 밖에 없는 것 같다. 특이하게 지은 펜션도 눈에 띈다. 돔 형식으로 한 개씩 구분되어 있음이 이색적이고 이름도 좀 특별하다. [건축학계론펜션] 문이 닫혀서 내부는 들어가 보지 못하고 외부만 사진도 찍고 구경했는데 전국방송에 특이한건축양식이라고 소개가 되었다고 하니 보이는 것 같이 특징이 있는 건물양식임에는 틀림없는 것 같다. 다음에 건물 주인에게 부탁하여 내부 구경도 해봐야겠다. 길이 있는 곳이면 다 들어가 본다. 한참을 숲길을 가다보니 막혀서 돌아 나오고 옆에서 데이트 중이던 꿩들이 놀라서 날아오르기도 하고 하얀 백로도 보여 살금살금 사진 찍으려고 다가가니 후다닥 하얗고 긴 날개 펼쳐서 잽싸게 날아간다. 아직까지는 자연과 함께하는 청정 지역임을 증명해주는 풍경이었다. 오히려 날아오른 짐승들이 놀란 게 아니라 진작 놀란 것은 나였다는 표현이 맞는 것 같다.

 막히면 다시 나오고 또 다시 길을 따라 가기를 30여분을 걸었는데 왕복 4차선 아스팔트길이 나오고 버스 정류장을 찾으러 20분쯤을 걸었을까 양쪽으로 정류장이 보였다. 201번과 731-2번 2개 노선이 있고 첫차 시간이 201번 버스를 타야함이 맞는 것 같다. 사진 찍어 메모해서 집에 가서 확인하기로 하고 멀리 바다가 보이는 길을 따라 한참을 걷다보니 벌써 저녁 6시가 되었기에 집으로 발길을 돌렸다. 제주도는 섬 전체가 일부 도심을 제외하고 숲과 청정해역 그리고 오래 전 마그마가 분출하여 용암석으로 형성되어 있기에 어디를 가더라도 치료하기는 최적의 공간임에 제주도에 거주 하면서 매일 오늘 코스로 돌아도 충분할 거라는 생각이 들고 버스노선을 익혀서 이곳저곳 버스로 이동하면서 직접운전 할 때의 피로감을 느끼지 않고도 제주 전역을 다닐 수 있다는 자신감을 가졌다. 천천히 아주 천천히 걷고 편하게 주위 경관을 감상한 탓인지 피로감이 덜하고 운동량도 충분한지라 오늘은 아주 대만족을 한 날이었다.

 이렇게 조금씩 익혀 나가면서 운동하고 맑은 공기 많이 마시면서 새로운 육신과 가치있는 정신세계를 소유한 사람으로 다시 태어나는 거다. 육신의 병도 치료하고 정신줄 놓고 다녔던 정신세계도 새롭게 구축할 필요성을 절실하게 느낀다.

 잘하자.. 이번에 정신 바짝 차려서 완치해서 새로운 인생 착실하고 멋있게 살다가자.

제주도의 밀림

열대목이 제주도에

시내버스 타기연습

 지금 제주도에는 비수기인데도 불구하고 빈 펜션 및 숙소를 구하기가 매우 어렵다고 한다. 코로나 여파로 해외여행을 가지 못하는 원인도 있지만 국내에도 모든 곳이 청정지역이 없고 그나마 제주도에도 발생은 되고 있으나, 아주 미비하게 확진자가 발생하기에 사람들이 제주도로 밀려오다시피 하는 것 같다. 제주공항 김포공항을 가봐도 제주도 여행객들로 북새통이고 어제는 도착 비행기가 바로 고객을 태워 김포공항으로 날아가는 상황도 보게 되었다.

 친구도 펜션 하나 빌리려 제주 전 지역을 이 잡듯이 찾아도 결국 찾지 못하여 호텔에 숙소를 정하게 되었다. 심히 코로나19의 여파가 걱정이 안 될 수 없다. 전국 단위로 확진자가 쏟아지다 보니 개인사업 하는 분들 중 특히 음식점 유흥업소등의 경기에 민감한 나같이 주차장업을 하는 사람들은 매출 감소가 너무 심하여 월세 나갈 때는 목돈을 보태어줘야 하기에 언제까지 버텨 나갈지 예측을 할 수가 없다.

 국가에서는 백신 수급에 문제가 있어 화이자백신 투여가 중단 되었다고 하니 이 심각성은 이루 말할 수 없는 근심으로 가득 찬다. 6월까지 주차장 계약 날인데 어떻게 해야 하나. 근심걱정이 가득하다. 마음 속에는 그만 하자고 결정은 했으나 13년을 유지해 왔음에 미련과 애착이 없다고 하면 거짓이겠지. 언제 끝날지 알 수 없는 이 전쟁터에서 살아남는다는 엄청난 고통과 노력이 동반되어야 함에 만감이 교차됨을 어떻게 말로 표현할 수 없을 만큼 많은 고민이 된다.

 직장인들을 제외하고 자영업 하는 분들은 모두가 나와 같은 고민을 다 안고 있음을 알기에 주위에 힘들다고 하소연 할 데도 없다. 기약이라도 있으면 계획이라도 세우지만 언제 끝날지 아무도 모르기에 백신 접종 세계 꼴지 나라다보니 접종을 끝내고 마스크 벗어던지고 일상으로 복귀하는 나라들을 보노라면 부러움에 더하여 분통이 터진다. 50조 이상 선심성으로 선거 표 사는데 퍼주지 말고 몇 조만 장기적으로 백신 수급을 준비 했더라면 지금과 같은 비상시국은 피하지 않았나 생각된다. 투병생활 하면서 스트레스는 무조건 피하라고 하기에 화도 낼 수도 없고 그냥 시간만 답답하게 먹고 있음에 안타까움 표현할 길이 없다.

그냥 오늘은 모든 시름 내려놓고 걷고 또 걸었다. 날씨가 너무나 청명하고 바다는 에메랄드와 같이 맑은 푸른빛이 수정하고 똑같다. 어쩜 이렇게 맑을 수가 있나. 너무나 청명함에 빨려 들어갈 것만 같다. 조글조글 작은 돌들 사이로 파도가 들어와서 지나가며 소근소근 마치 생명체같이 서로서로 속삭이는 것 같다. 그래 이 아름다움이라도 보면서 힘든 것을 삭여 나가는 것 외엔 지금 방법이 없지 않은가. 내일 버스를 타고 공항까지 가서 병원에 가야 하기에 버스 타는 곳과 공항까지 소요시간을 계산하느라 바빴다. 정확하게 1시간 50분이 소요됨을 꼼꼼하게 체크하고 기록해 놓고 표선 하나로 마트에서 장을 보았다. 사과, 참외, 사골, 된장, 호박, 요플레 등을 사서 총 40분을 들고 걸었는데도 호흡이 견디기 힘들 정도로 힘들 지가 않기에 엄청 기분 좋은 귀가시간 이었다. 냉동포장 도가니탕 한 그릇 뚝딱 먹어치우고 냉장고에 차곡차곡 양식을 정리하니 갑자기 엄청난 부자가 된 느낌을 받았다.

내일은 3차 항암치료 날짜 받는 날이기에 의사 선생님 결정이 나의 신상에 아주 중요한 역할을 하기에 잠도 푹 자야하고 컨디션도 최대한 업을 시켜서 가야한다. 지금 충분히 컨디션이 업이 되어있고 예상하건데 내일도 똑 같으리라 생각되며 3차 항암 치료는 힘들이지 않게 받을 것 같음에 설렌다.

요번에는 80만 원짜리 백혈구 촉진제는 맞지 말아야지. 마늘 돈도 안주고 구걸 하면서 말하기도 싫고, 조금 고통이 더해도 한번 참아보지 뭐. 선생님이 왜 안 맞으세요 라고 하면 돈이 없어서 못 맞는다고 하는데 설마 공짜로 주지는 않겠지.

벌써 10시가 훨씬 지나 11시가 다 되어간다. 빨리 자야 한다고 생각은 하는데 검지손가락은 계속 움직이는 게 너무 좋은가 보다. 주인 잘 맞는 줄 알아라 이렇게 줄줄 나오는 사람 별로 없다. 거의 다 미사여구만 많이 넣어 읽는 사람이 현실적인 내용이 없음에 전문가가 아니면 몇 장 읽다가 책갈피에 표시해주고 몇 년을 치장 도구로 먼지투성이 되는 거야. 몇 명 인정 해주어도 인정받는다는 것은 기분 좋은 답신이지 않니. 앞으로 엄지손가락 관리 잘해서 내 머리 속에서 품어져 나오는 내용 일목요연하게 잘 정리해줘 8월 말 경에 책으로 출판될 거니까 그때 우리 작은 보람이라도 느끼며 자화자찬 하자꾸나.

제주민속촌도 들어가 보고 땟배도 보고 잠시 옛날로 돌아가지 않았니 언제 하루 날 잡아서 심층 분석 해보자꾸나.
할 수 있지? 화이팅!!!

버스시간표   버스시간표부터 꼼꼼히 챙기고

나는 바보

　나는 바보였다. 이 나이 되도록 버스도 제대로 못 타서 우왕좌왕 본래 계획은 6시에 집에서 출발하여 신풍마을 앞에서 201번을 타고 표선에 도착하여 20분 정도 도보로 표선 제주민속촌에서 121번을 타고 제주공항에 8시 도착하여 수속 후 김포로 출발 계획으로 어제 사전 시뮬레이션까지 했는데 맞는 게 하나도 없었다. 먼저 신풍마을 입구에서 201번을 6시 20분에 타기로 했는데 7시 경에야 첫차가 신풍마을 입구에 온다는 것과 표선에서 출발하는 121번은 무려 1시간 15분 간격으로 배차가 되기에 시간을 정확히 맞추지 않으면 1시간 이상을 기다려야 하는데 나는 출발 및 도착 시간만 계산하다 보니 처음부터 맞는 게 하나도 없었던 것이었다. 아차 하는 순간 착오를 빨리 깨달았기에 신풍에서 표선 콜택시를 불러서 표선까지 7000원 주고 타고 갔고, 택시기사님의 조언으로 제주터미널까지 가는 222번 완행으로 터미널에 도착하여 택시로 요금4500원 주고 공항에 도착할 수 있었다. 비행기출발시간은 8시45분인데 7시45분에 도착하였기에 아침식사로 성게미역국 한 그릇 먹고 천천히 움직여 비행기에 탑승하는 여유도 있었다.

　순간적으로 판단 미스를 파악 못했다면 오늘 병원치료는 힘들었을 것임을 생각하니 지금도 아찔하다. 그러니까 자가용에만 의존하지 말고 평소 대중교통도 한 번씩 이용해야할 필요성을 절실히 느꼈다.

　그래도 컨디션이 아주 좋아서 신속하게 움직일 수 있었으며 불과 얼마 전 상태였으면 움직임이 둔하여 순간적인 판단 능력이 되었어도 몸의 움직임이 뒤따르지 않아 힘들었을 것임에 호흡기능 상승으로 인히여 원활하게 움직이고 있는 현재의 상태에 대하여 감사 또 감사의 마음을 가지게 된다.

오늘은 3사이클 일정 배당 받는 날이다. 나의 상태가 좋지 않으면 중지 또는 연기될 것임에 긴장도 되지만 컨디션이 이렇게 좋은데 설마 연기 판정이 나올까하는 자신감으로 가득 차 있다. 오늘 일정 받으면 일주일 정도에 3차 항암 치료가 끝나기에 3주만 더 항암 후유증을 견디내면 4사이클 마지막 치료를 하고 결과만 기다리면 된다.

아무쪼록 최선을 다하여 극복해내어 더 이상 아픔으로 힘든 세상 살아가지 말자. 아프면 외롭고 슬프고 괴롭고 살아가면서 안 좋은 것은 전부 다 몰려오는 것 같다. 항암치료의 고통이 얼마나 큰지는 경험자의 사례로 몇 번이고 생을 마감 하고픈 유혹이 있을 정도로 힘든 상황이 있음을 알게 되고, 초기에 호흡이 10%정도였을 때 나 역시 그런 유혹을 경험 하였었다.

이제 내호흡 상태 및 폐와 장기부분의 통증을 생각할 때 하루 3번 진통제를 복용하기는 하지만 컨디션이 1달 전에 비하여 현격히 좋아졌음을 느끼기에 4사이클이 끝나면 완치가 될 것임을 스스로 인정할 정도임을 직감하게 된다. 일정도 예상대로 딜레이 없이 잡혔다. 5월 7일 3사이클 항암 6시간짜리 접종, 5월 14일 제주대학병원 30분짜리 짧은 항암접종 스케줄이 잡혔고 80만 원짜리 백혈구 주사는 안 맞겠다고 했더만, 힘들 거라는 의사선생님의 말씀이 계셨고, 향후 이로 인하여 항암치료계획에 차질이 있을 수 있다는 말씀은 있었지만 더 힘든 시기가 있어도 아쉬운 소리 하기 싫음에 힘들어도 내가 안고 가야함에 어쩔 수없는 판단이었다.

오늘 병원에서의 일정은 너무 힘들었다. 12시 10분에 진료시간이 잡혀있어 점심도 못 먹고 진료 전 준비해야 하는 채혈 및 방사선 촬영을 하다 보니 배는 고픈데 밥 먹을 시간도 없이 뛰어 다니다보니 호주머니에 먹지 못한 카스텔라 빵만 슬프게 쥐고 있다. 김포에서 제주도 오는 비행기도 겨우 타게 되었다.

다음부터 이 시간에 오면 티케팅 안 됩니다. 하는 말만 귓가에 여운으로 남는다. 식사 때를 놓치니 그렇게 배가 고프던 게 쓰리고 아파오고 식사를 하고픈 마음이 없어졌다. 공항에 마중 나온 석겸이가 저녁을 억지로 먹이지 않았다면 그냥 점심 저녁까지 먹지 않고 잤을 것임에 친구에게 한없는 고마움을 느낀다.

얼마나 잤을까 씻지도 않고 양말마저 그대로 신고 계속 잤나보다. 다음날 12시에 눈을 떴으니 도대체 몇 시간을 잔거야. 아침도 굶고 점심도 지금먹지 않으면 넘어갈 것 같지 않음에 벌떡 일어났다. 바깥에는 강풍과 강한 비가 내리고 있다. 흔들리는 나뭇가지와 떨어지지 않으려 애쓰는 꽃잎들이 애처롭게 보인다.

하나로 마트에서 일회용으로 준비해놓은 곰국과 된장찌개를 렌지에 데우고 열무김치 막 썰어 김치 꼴뚜기 젓갈로 허겁지겁 배를 채우고 소파에 앉아 조지아 커피에 어제 점심시간에 먹지 못했던 원한에 사무친 점심대용 카스텔라 빵까지 먹고 참외까지 하나 썰어 건강해지기 위하여 천천히 먹는다. 가만히 지금까지 항암 투병하면서 정리해둔 글을 읽어나가다 보니 가슴이 울컥 눈시울을 적신다. 내가 힘이 없어질 때 적어둔 글귀들이 나에게 힘을 주고 용기를 줌에 소중한 가치로 남겨진다.

그래 내가 기록해두었고 용기를 주었던 이 글귀의 내용같이 오늘처럼 몸이 좋지 않고 힘이 없을 때 지치지 말고 더욱더 힘을 얻어서 꿋꿋하게 완치되는 그날까지 용기를 잃지 말자.

리강 에세이

이 꽃이 나를 바보라 한다

슬픈 애창곡

비바람이 거칠게 불고 있다. 쓰러지지 않으려 휘청이는 꽃나무들이 안쓰럽다. 낮인데도 마치 밤같이 껌껌한 하늘은 으스스하기까지 하다. 그냥 밤같이 느껴져서 일어나지 못했나 낮에 눈을 뜬 내 자신이 부끄럽고 병 나으려고 공기 좋은 제주도에 왔는데 오늘같이 행동하면 몸을 더 악화시키는 것 같아서 후회하고 있다. 중간중간에 일어났으면서도 몸이 피곤하다는 핑계로 이불속으로 들어가지 않았나 그리곤 아침도 먹지 않고 아픈 병자라는 것도 망각한 채 건강한 사람도 하지 않는 게으른 자의 몹쓸 모습을 보였다. 울산에서 염려하는 친구 전화가 없었으면 저녁때까지도 잤을지도 모름에 일주일 노력을 아니 그동안의 노력을 수포로 돌릴 뻔하였음에 부끄럽다. 일어나서 할 수 있는 모든 노력으로 골병들게 한 육신을 다독이고 어제 병원에서 10분의 시간이 없어 먹지 못했던 원한에 사무친 카스테라 빵까지 먹었다. 지금까지 먹어본 카스테라빵 중 최고로 맛있는 빵이다. 실제로 나는 빵을 별로 좋아하지 않는데 어제는 급하기는 급했던 모양이다. 바람만 불지 않으면 빗줄기만 거세지 않으면 창문 열어 시원한 공기를 느끼고 싶지만 들어오는 빗물을 감당할 재간이 없어 창가만 응시하고 있다.

에라 모르겠다. 거실 창문 열어 밖을 보니 순간적으로 빗물과 찬바람이 몰려들어온다. 으스스 찬 기운에 두꺼운 겨울 패딩 걸쳐 입고 잠시 맑은 공기 들이켜고 문을 닫는다. 거실에 남긴 물 자국을 훔치며 무서운 자연의 섭리에 경계와 두려움을 느낀다. 오늘 병원 가는 날이었으면 꼼짝없이 치료를 받지 못하는 불상사가 발생하였기에 제주도에 생활하고 서울병원에 치료하러가는 상황이면 평소 일기예보를 유심히 메모하는 습관이 생활화 되어야함을 느낀다. 울산에 있을 때는 건강할 때, 골프 치러 갈 때를 제외하고는 일기예보에 관심이 없었는데 아픈 몸을 치료해야만 하는 현재의 상태에서는 정말 중요한 게 일기예보인 것임을 오늘 날씨를 보면서 많이 느낀다. 이글을 쓰는 순간에도 오늘 제주도에 호우 경보와 산사태 경보가 제주 재난국에서 문자로 날아오고 있다. 지역은 우리나라지만 마치 타국같이 느껴지는 곳에 와서 이런 악천후 속에서도 쉴 수 있는 공간이 있음에 감사하게 생각하며 아주 편안하고 긍정적인 생각으로 내 안에 희망의 불꽃이 항상 활활 타올라 있기를 노력하자는 다짐을 한다.

아마 비바람 거센 제주바다의 모습은 어떨까? 성난 바다의 파도와 검은 바위에 부딪쳐 하얗게 부서지는 파도의 장관은 아마 굉장할 거야. 그 광란의 기와 힘을 내 안에 조금이라도 넣을 수만 있다면 바다가 내품는 음이온을 조금이라도 더 나의 폐부에 담을 수만 있다면 이 거센 비바람 보다 더한 환경에 있다한들 가만히 있지 못했을 것임에 비옷 입고 집을 나선다.

광란에 춤추는 바다를 보기 위하여

비오는데 넌 뭐하니

신풍 바닷가

 신풍마을 앞 제주올레 03코스 대광야를 연상시키는 목장 앞에 바다 향해 차량을 정차하니 바람과 맞닿는 각임에 차량의 윈도우 브러쉬는 쉴 새 없이 움직이고 바람에 탄력 받은 빗줄기는 더욱더 거세게 때린다.

 멀리서부터 하얗게 밀려오는 파도의 부서짐에 바닷가 근처에는 아예 전체가 하얀 거품들이 서로서로 춤 대결을 벌인 것 같이 환상의 하얀 파도를 공중으로 날린다.

 탁한 회색빛의 하늘에 전체가 바다같이 느껴져 물과 하늘의 경계선은 무너져 없어졌고 어제 본 맑은 날의 에메랄드빛의 바다는 회색의 하늘에 묻혀 버렸다. 검은 바위에 하얀 거품 덮어 쉬우면 바위는 가만히 그 자리만 지키고 있다. 태곳적부터 이어진 이루 셀 수 없는 파도와의 부딪힘은 조각가가 되어 이렇게 예쁘게 형형색색, 제각각의 크기와 모양으로 다듬어진 아름다운 자태에 오늘같이 하얀 거품 덮어쓰고 있음에 더욱 고귀한 자태로 남고 기억된다. 또 다른 수억 년의 세월 뒤의 모습은 자연만이 알겠지만 나의 상상의 그림으로 잠시 생각속의 형태를 만들어 보지만 답이 없는 문제지가 되어 버린다.

 창문 열어 잠시 비바람 얼굴에 맞다보니 음이온 섞인 바닷바람에 폐의 움직임 활발하게 깊은 숨 쉼으로써 들이킴에 살고 싶은 강렬한 욕망까지 더해져 이 성난 자연의 모습은 살아야 한다는 커다란 외침으로 와 닿는다.

 심오한 자연의 웅장함에 잠시 그 안에서 자연과 함께 움직이고 감동받고 내 안에 작은 부분이라도 안고 싶어 하는 이 간절함이 아직 살아 있음을 느끼는 생명 있는 자의 의미 있는 절규로 들림에 이 시간이 소중하고 이 거친 파도가 내뿜는 바다의 강렬한 내음이 비를 맞으면서도 너무나 소중하게 느껴짐에 감동의 서사시는 가슴 깊은 곳에서부터 울려 나온다.

 이 자연이 주는 소중한 메시지를 항상 기억하고 거대한 기와 힘을 가슴에 간직하여 아픔에 슬퍼하는 여린 작은 인간의 마음속에 희망을 주고 희망을 노래하는 이 아름다운 광경을 2021년5월4일 제주도 서귀포 신풍바닷가라 메모하고 기록으로 남긴다.

 사랑해 제주도.

바위에 파는는 부딪치고

성난바다를 배경으로

많이 먹자

　많이 먹자. 아침 안 먹은 것까지 두 그릇 먹자. 많이 먹어야 사는 병이다. 더 많이 먹어야 항암 주사의 독성을 이겨내고 이겨내야만 건강을 회복 할 수 있다. 된장찌개, 열무김치, 오징어 젓갈, 도리묵찌개 막 썰어 김치에 밥그릇도 크게 한 그릇 먹고 요거트 한 개, 참외 큰 거까지 하나 깎아서 먹는다. 몸무게도 계속 늘려야만 3차 항암도 이겨낼 수 있다. 특히 이번에는 백혈구 주사도 맞지 않음에 더욱 건강해야 한다. 많이 먹기 위해서는 많이 움직여야한다. 최소 하루 만 보 이상은 걸어야 배고픔을 많이 느끼고 충분한 양을 섭취할 수 있다. 아침 먹고 걷고, 점심 먹고 걷고, 계속 걸어야 한다. 제주도도 이제 청정지역이 아니기에 관광객들로 인산인해를 이루고 있는 곳에는 아예 가지 말고, 신풍마을 앞 바닷길 따라 목장길까지 산책로를 따라 매일 걷는다고 해도 별문제가 없을 것 같다. 많이 걷고 많이 먹어서 살이 찌지 않는다 해도 별문제가 되지 않는다. 운동 살이 붙으면 그냥 움직이지 않고 찐 살보다 훨씬 탄력이 있고 건강한 체력으로 단련되었다는 것으로 입증되었기 때문이다. 과거 20대 때 하루 종일 테니스치고 다른 사람들 식사량의 5배정도로 많이 먹고도 60킬로밖에 체중이 안 나갔는데도 감기 한 번 안 걸렸던 기억이 있다. 많이 먹고 그만큼 운동량이 많으면 체력은 그만큼 단단해져서 항암치료제의 독성쯤은 거뜬히 극복해 낼 수 있을 걸로 확신한다. 지금까지 다른 사람들에 비해 후유증이 훨씬 덜한 것만 봐도 알 수 있다. 일반적인 후유증으로 헛구역질, 팔통증, 장기통증, 식욕부진 등의 후유증이 나에게는 거의 없음에 나의 노력이 먹혀 들어가고 있음을 입증하는 결과라고 생각한다. 다만 하루에 3번씩 먹는 진통제가 문제가 되지만 다른 사람들은 진통제 복용하고도 후유증은 지속된다고 하니 항암 치료 후 일정기간 성과 뒤에는 진통제 복용도 안 해도 되리라고 판단한다.

오늘같이 아침먹지 않고 늦잠 자서는 결코 안되겠다. 늦게라도 정신 차려서 많이 먹고 비바람 거센 바닷가에서 음이온 많이 마시고 점심에 이어 저녁도 많이 먹었기에 이 만큼 컨디션을 회복했지 계속 누워서 점심까지 굶었다면 거의 실신 상태까지 갔겠지 저녁은 더욱더 못 먹었을 것이고 큰 그릇 한 그릇 저녁 밥 먹고 과일 한 개 다 먹고 요거트에 우유까지 마셨으니 체력이 유지되는 느낌이 옴에 기분 또한 좋다.

아침 9시 40분 소화기 내과 백용환 교수님 CT촬영 및 전체 소화기 부분 판독결과 면담 있고 오후 2시 30분부터 3사이클 6시간짜리 항암약품 주사 투입 후 끝나는 시간이 오후 9시인 관계로 당일 비행기를 타지 못 하기에 익일에 제주도로 올 수 밖에 없는 상황이라 서울 숙박업소에서 하루를 쉬어야 한다. 비행기 예약 시간은 보면 제주도 출발 5월 7일 6시 30분 비행기 김포출발 5월 8일 11시 50분 비행기 예약을 하고보니 마음의 안정을 조금 찾는다.

고요하다 너무 고요하다. 적막강산을 이것보고 말하는 것 같다. 비바람이 없으면 풀벌레 소리라도 들려 친구가 되어 주더만 아무 소리도 안 들리니 으스스 무섭기 조차하다. 누군가가 갑자기 문을 열고 들어올 것만 같음에 소름이 돋는다. 이 나이에 무서움을 타다니 아직 많이 여린 것 같다. 글 그만 쓰고 자야겠다. 푹 자고 내일 일찍 아침 먹고 운동해야 항암 후 고통을 덜 받겠지. 수면제 먹고 잤는데 아침 3시 30분까지 눈만 말똥말똥 잠이 오지 않는다. 늦잠 잔 영향이 이렇게 몸에 변화를 주어 잠 못 들게 함에 나쁜 버릇 하나가 몸을 망가뜨림을 절실히 깨닫는다. 그래도 짧은 시간의 수면에도 기분 좋은 꿈을 꾸고 3시간 뒤에 눈이 떠진 뒤 더 이상 잠이 오지 않는다. 아니 잠이 온다 해도 일어나야한다. 정상적인 사이클을 만들기 위해 일어나서 움직이고 저녁에 잠자고 내일 또 일찍 일어나는 사이클을 정착시켜야 한다.

6일 날은 아주 중요한 날이지 아니한가. 컨디션을 최대한 끌어올려 7일에 3차 항암치료를 무사히 극복해야 제주대학병원에서 14일에 치료를 받을 수 있기 때문이다. 일어나 큰 그릇에 어제 남은 된장에 열무김치 썰어 넣고 팍팍 비벼서 한그릇 먹고 머리감고 세수하고 목적지는 나가서 정하기로 하고 일어선다. 며칠 안 봐서 보고 싶은 김재휘 사장님도 보고 망고도 얼마나 컸는지도 보고 화순으로 갈까? 자유로운 영혼은 항상 많은 장점을 가지고 있다. 가고 싶은 곳은 언제든지 갈 수 있다는 것!

비맞고 서있는 불쌍한 말들

가파도

　오늘은 많이 피곤하다. 14,000보 걸었고 제주도 여기저기 많은 곳을 다닌 것도 있지만 사람들이 너무 많이 붐벼서 모여 있는 곳을 피해 다니다 보니 정신적 육체적으로 피곤이 많이 쌓여 버렸다. 어제는 비가 왔는데 비온 뒤의 화창함이라는 말같이 오늘은 청명한 날씨에 제주도 서귀포 가파도란 섬으로 나들이 갔다. 가파도란 섬이 있는 줄도 몰랐는데 석겸이가 작년에 가 봤는데 섬이 정말 아름답다고 해서 무작정 따라나섰다. 특히 청보리가 제철인 요즘이 절정이기에 꼭 다시 와보고 싶었다는 말에 기대감을 많이 가지게 되었다. 신풍에서 1시간 40분 운전하여 운진항에 도착하니 여객선이 마라도와 가파도 두 곳의 운행코스가 있고 가파도까지는 왕복 요금이 5900원, 운행 시간은 20분 소요되었다. 11시에 출발하여 가파도로 향하고 일부러 붐비는 객실을 피해서 배 후미에 자리를 잡으니 서 있다는 불편함보다는 더 큰 장점으로 시원한 바람 맞으며 스크류에서 하얀 물살을 뿜어내면서 하얗게 거품으로 바닷길을 만듦에 속이 후련하고 뼛속까지 시원함을 느꼈고 싱그러운 바다내음과 강하게 와 닿는 공기를 폐부에 들이킴에 육신의 활력을 다시 받아들였다. 호흡량이 엄청 많아지고 폐활량이 증가됨을 최대한 입도 크게 벌려서 밀려오는 바닷바람을 있는 힘껏 빨아들여 쌓여있는 나쁜 공기를 토해내니 가슴속은 상쾌함으로 꽉 참을 느낀다.

　어제는 비바람의 영향으로 진한 회색빛의 바다에 우중충한 날씨에 침울했다면 오늘은 맑은 하늘에 푸른 바다, 푸른 파도 넘실넘실 에메랄드빛으로 눈부시게 변신하여 출렁이고 여객선의 좌우로 파도는 쪼개어져 갈라져서 철썩이는 소리와 함께 양쪽으로 흩어져 후미의 하얀 거품과 합류하니 하얀 바닷길이 아름다워 따라오는 갈매기의 환영을 보태니 연신 휴대폰 카메라에 초점을 맞추었다. 멀리 빨간 부표 의지한 해녀들의 뿜어내는 숨소리에 또 다른 바다에서의 삶의 현장을 피부로 느끼게 하였고, 바다나 육지나 현실 속에 사는 사람들은 똑같이 먹고 사는 것에 집중해야함을 느낀다. 해녀들이 잡아 올린 해산물들은 여행객들이 가파도에서 먹고 가니 세상은 서로서로 도우며 살아가는 미덕으로 공존의 미학을 쌓아 나간다. 가파도 선착장에 여객선이 가쁜 숨을 몰아쉬며 정박하니 여행객들은 일제히 섬으로 쏟아져 들어갔다.

대여용으로 일렬로 나열된 자전거를 빌리려 줄을 선 사람들에 의해 금방 동이 나버리는 자전거를 보면서 얼마나 많은 여행객들이 왔는지 짐작이 갔다. 1인용 5,000원, 2인용 10,000원 자전거 대여로 먹고 사는 사람들의 까맣게 탄 얼굴에 웃음꽃이 넘치고 한 움큼 지폐를 쥔 손에 기쁨의 힘이 들어있다. 자전거를 타고 사람들은 빠르게 사라지고 우리는 천천히 걸어 섬 마을의 이곳저곳에 나있는 길을 따라 이동하였다. 오늘 가파도는 섬의 많은 부분이 청보리로 둘러 쌓여있고 스피커에서 보리밭에 들어가지 말라는 방송이 들려도 얼마나 많은 사람들이 보리밭에 들어가서 사진 촬영을 했는지 보리밭 이곳저곳에는 벌써 반들반들 길까지 나 있었다. 석겸이도 석겸이 부인도 경고 무시하고 아니 벌써 나있는 길에 당연하게 들어가서 보리밭을 배경으로 휴대폰 카메라의 초점 맞추느라 분주하다. 찰칵찰칵 청보리의 바람 불어 일렁이는 모습은 이렇게 찾은 이들의 기억 속에 차곡차곡 담겨지고 있었다.

곳곳에 관광 상품으로 청보리 미숫가루며 국수 등을 만들어 판매하고 있었으나 그냥 보는 것은 재미있었으나 어릴 적 먹기 싫어도 먹어야 했던 꽁보리 밥 생각이 나서 구미가 당기지 않음에 공짜 시음도 마다하고 그냥 지나친다. 요즘은 웰빙 식품으로 각광 받을지 몰라도 아직까지 까만 꽁보리밥은 질색이다. 마침 점심시간이라 가파도 용궁정식 이름도 거창한 음식집에서 1인당 13000원짜리 용궁 정식을 시키니 밥과 성게미역국을 합하니 30가지나 됨에 입이 쫙 벌어진다. 한상 거하게 먹고 남은 코스로 열심히 발길을 옮긴다.

 오늘은 어린이 날이라 가족 단위의 여행객이 많아서 인산인해를 이루었기에 코로나 위험에 특히나 조심해야만 했다. 특히 항암 치료중인 나로서는 코로나에 걸리는 순간 죽음을 의미함으로 특히 조심하지 않을 수 없었다. 가파도는 가구 수 127호, 227명의 제법 큰 섬 마을로 초등학교도 있고 섬 곳곳에 금계국이 노란 꽃을 활짝 피어 집집마다 없는 집이 없을 만큼 많이 자라고 있었다. 제주도는 금계국의 꽃밭이라 해도 과언이 아닐 정도로 곳곳에 금계국이 엄청나게 피어있다. 이 아름다운 꽃들과 집집마다 담벼락에 벽화로 그림을 그려 지나는 길에 신선한 이미지를 주게끔 치장되어 있었고 글씨로 일일이 유래 설명까지 해 두어서 마을 사람들의 작은 곳까지 관광객을 위한 배려를 엿볼 수가 있었다. 가는 배편까지 2시간동안 섬 전체를 둘러보기에는 시간이 촉박함을 느꼈지만 부지런히 걸어 이곳저곳 경치 구경에 빠진 즐거운 순간이었다. 1시40분에 가파도를 빠져나와 40여 분을 달려 석부작 박물관에 갔다. 개인이 운영하는 것으로 입장료는 6000원이었으며 어떻게 표현할 수가 없을 만큼 섬세하게 꾸며 놓았음에 놀라움 그 자체였다. 작은 돌 위에 나무도 심고 난도 심고 꽃도 심어 하우스 안을 가득 채워 놓았는가 하면 온갖 종류의 나무들을 아름답게 키워 예쁜 형태로 다듬어 전체를 정원으로 꾸며놓았으매 그 정성에 감동받아 이리저리 정신없이 돌며 감상 하느라 정신 줄 놓아 버리기에 충분하였다. 며칠을 꼬박 둘러봐도 다 볼 수 없을 정도로 엄청나게 꾸며 놓았기에 적당하게 눈에 확 띄는 식물들만 감상하는 수준에 머물러야만 했다.

 가파도의 청보리 청명한 하늘에 파랗게 일렁이는 파도에 부딪쳐 하얀 거품 부서지는 바닷가 분재에 각종 난에 피워진 꽃들을 어떻게 표현하고 정리하려니 너무 많은 것을 보았기에 기억 속에 오늘의 아름다운 모든 것을 정리하여 일단 담아둔다. 아마 오늘만큼 사진 많이 찍었던 날도 없었을 것이고 본 것이 지식이 짧아 정리하지 못했던 날도 없었음에 사진으로 남겨진 것들을 하나하나씩 끄집어내어 시간 날 때 숙지해야겠다. 그냥 있었으면 집 가까이 바닷가에 산책 하는 걸로 하루일과를 보내었을 텐데 이 귀한 곳까지 데려가준 친구에게 너무 고맙고 제주도 생활에서 작은 은혜를 베풀어 줌에 너무 감사하고 성의를 봐서라도 꼭 완쾌 되리라 다짐한다. 서귀포 올레시장까지 구경시켜주고 비록 찍어먹는 멸치와 다시 멸치만 샀어도 기분 좋은 쇼핑 이었고 이이 좋아서 2지 갈치도 뼈까지 씹어 먹는다고 사가는 친구를 보면서 이가 좋지 않은 나로서는 많이 부러웠다. 추가로 도너츠와 메밀빵 산 게 전부였지만 그래도 장은 봤기에 뿌듯했고 파스쿠치 커피숍 아메리카노 커피도 분위기 있었다. 집에 와서 다시 멸치로 다시내고 다시마 한 조각 없어서 조금 아쉬웠지만 호박, 두부 남의 밭에 수확 뒤에 주워온 꼬맹이 양파 넣고 재래식 된장 넣어 끓인 된장을 맛나게 먹었다.

내일이 지나면 항암 3사이클 투여하는 날이라 오늘 푹 자고 내일 몸을 편하게 하여 점검하여 모래 항암 치료 후 후유증을 최소화 시킬 수 있게 지혜를 모으자. 그래도 염려는 되지만 잘 되겠지. 이거 못 이기는데 이 치열한 경쟁 사회에서 무슨 사업을 할까 기분 좋게 버텨 나가서 완치 되더라도 얼굴에 찌든 모습 남기지 말자.

가파도 청보리

가파도

마음의 기도

왜 이러지 몸이 으스스 춥다. 방안 온도가 26도를 유지하고 있는데도 겨울 점퍼를 꺼내 입게 만든다. 다리가 풀려 일어서는데 방해를 받고 육신이 힘을 잃어 착 깔리는 게 정상인의 범주를 벗어남을 인지한다. 기침도 나고 열은 없는데 콧물이 계속 흐른다. 아침에 일어나지 못해서 12시 멀리서 온 친구 종쇄와의 서귀포항에서 만나서 점심 먹자던 약속도 몸이 아파서 도저히 움직이지 못하겠다고 캔슬내고 어제 올레시장에서 사온 메밀빵 6개를 간신히 먹고 또 드러눕는다. 내일 항암주사 맞는 날인데 심히 걱정 정도가 아니라 패닉 상태까지 몰고 가기에 한숨 쉬며 멍한 상태가 된다.

몸은 무리하면 자신이 먼저 아는 것 같다. 피곤할 때 잠시 아니라 편안해 질 때까지 쉬어야 하는데 어제 가파도 갔다가 7000보쯤 걷고 피곤하다고 느꼈을 때 집에 와서 쉬어야 하는데 두 군데 더 들려 7000보 이상을 더 걸으면서 제주의 도심 안에서 사람들과의 부대낌이 오버되어 몸에 엄청난 무리를 준 것 같다. 거기다 왕복 3시간이 넘는 운전을 했으니 당연하게 정상인에게도 버거운 일인데 치료중인 환자에게 무리가 되었겠지 하지만 이대로 무너질 수는 없다. 오늘도 5000보 정도는 걷고 저녁에 영양식으로 충분히 먹어야 물 2리터를 넘길 수 있을 건데, 이렇게 축 쳐져 있어서는 내일 항암 후에 후유증으로 쓰러질 것은 불 보듯 뻔하게 생각된다.

일어나야 하는데 생각밖에 없고 몸이 움직이지 않는다 그냥 잠깐 잠든 사이에도 악몽이 덮쳐 몸을 망가뜨리고 한참을 악몽의 후유증에서 헤어나지 못함에 식은땀까지 흐른다. 차를 몰고 가는데 어느새 차량 뒷좌석에 탄 악마의 모습을 한 인간이 이상한 몰골로 나의 목을 조르고 있다. 간신히 뿌리치고 내려서 창문을 다시 닫고 차량을 운행

하였지만 어느 사이에 악마는 다시 타서 똑같은 행동으로 목을 조른다. 계속 반복되는 행동에 기력과 힘은 계속 소멸되고 어떻게 해야 할지 방향 감각을 상실해 버렸다. 몸이 아프고 의지가 약해질 때 발생하는 현상임을 예전에 류마티스로 고생할 때 수많은 마귀가 밤새도록 몸을 만신창이로 만들고 수면을 방해하여 체력이 급속도로 고갈되었던 경험을 기억하기에 방법이 없음을 알기에 안타까움으로 밤낮을 지새웠다.

어떡하지 마음만 안타까워서 동동 구르고 따라오지 않는 몸은 또다시 축 처져서 아예 악몽에 시달릴 준비를 하고 있음에 방법은 간절한 기도밖에 없음을 알기에. 성경에 마귀를 쫓아내는 것은 간절한 기도밖에 없음을 신앙생활 열심히 할 때 방언기도까지 한 경험이 있는지라 마음을 모아 기도한다.

전능하신 하나님 아버지 그 외아들 독생자 예수님을 이 세상에 보내시어 십자가에 못 박혀 죽음을 맞게 하시고 죽은 자 가운데 3일 만에 부활하게 하시어 그 보혈의 피로 인간을 구하시게 하신 주여 이 여리고 한 많은 자를 불쌍히 여기시어 죄를 용서하여 주시고 이 어두운 질병의 터널에서 깨어나게 하시어 새로이 태어난 몸으로 사회에 꼭 필요한 사람으로 생의 마지막 그날까지 책임감으로 더욱 봉사 하면서 살아갈 수 있게 하여 주옵시고, 지금 이 고통이 일순간 주님이 나에게 주는 채찍이라면 그 채찍이 아무리 힘든 것이라도 겸허히 받겠나이다. 증표로서 주의 자비를 내리시어 이 아픔을 극복하게 하시어 이 죄 많고 불쌍한 영원을 구하여 주시옵소서. 이 시험이 생의 마지막 채찍임을 암시하는 것이 아니기를 간절한 마음으로 기도 드립니다. 사랑이 많으신 주님의 은총을 믿사오며 우리 주 예수그리스도의 이름으로 간절히 기도드리옵니다.

아멘.

너무 이쁘서 기억속에 오래 담는다

살아야 한다

 약간만 약해지고 몸에 이상 징후만 보이면 걱정이 앞선다 혼자 있으니 걱정되고 혹시나 병이 더 깊어진 것은 아닌가 하는 조바심에 어쩔 줄을 모름은 빨리 치료를 끝내어 완치판정 받고픈 과한 욕심에 의한 것이겠지만 어제 너무 무리한 탓에 감기몸살같이 기침콧물에 다행스러운 것은 열이 나지 않음에 조금 안심을 했어도 그러나 일어나지 못해서 식사도 제대로 하지 못함에 엄청난 딜레마에 빠졌었는데 친구 종쇄가 찾아와서 용기를 내어 일어나 사과, 참외, 한라봉 등을 같이 주워 먹음에 기력을 조금 회복하여 성산포항에 업무상 가는데 같이 데리고 나가서 커피 마시면서 사람들과 인사하고 대화하면서 밝아진 마음에 5가지가 넘는 갈치조림, 갈치구이와 이름도 생소한 열기보다 좀 큰 붉은 색깔의 고기였는데 너무 맛나게 먹었고 식사 후 기력이 많이 회복되어 집으로 돌아옴에 걱정한 내일의 항암치료를 이겨내는데 엄청난 보탬이 되리라고 판단되어 종쇄에게 말로 표현할 수 없을 만큼 고맙고 차후에 친구지만 은혜를 갚아야 함을 생각한다.

 어디 있어도 멀리까지 찾아와서 건강을 염려해주고 이것저것 억지로 라도 먹이려고 하는 친구의 배려에 너무나 고마움을 느꼈다. 신세진 걸 어떻게 다 갚을까. 다 갚기 위해서는 최선을 다해서 항암 치료에 매진하여 완치하는 길 밖에 없음에 정도를 걸어 현실안의 생활을 해야 함을 다시 한 번 맹세한다. 오늘 기본 3000보 정도는 걸어야 하는데 1500보 밖에 걷지 못함에 호흡에서 금방 느껴지기에 옥에 티로 생각된다.

 내일 독한 항암주사 맞고 와서는 더욱 더 정상적인 패턴으로 일정한 시간 타임을 지키자고 스스로 맹세하고 수많은 맹세를 해도 실천하지 않아 순간순간 힘든 환경에 내 몰릴 수 있음에 약속을 앞서 지키는 것에 초점을 맞춰야 함을 다시 한 번 깊이 깨닫는다.

물 2리터를 마셔야 하는데 저녁 식사를 많이 해서 배가 너무 불러 힘든 데 이걸 언제 다 마시나 물병만 쳐다보고 조금씩 마시고 있는 처량한 신세 이 밤 다 갈 때까지 다 마실 수는 있으려나 한숨만 나온다. 저번 2차 때 같이 물 먹는 것 까먹어서 변기에 머리 쳐 박고 똥물까지 다 올린걸 생각하면 힘들어도 내일을 대비하여 숙제는 다하고 자야겠지. 이 글 전에 마음 약해져 쓴 글이 후회스럽고 차후에도 더욱 강한 모습으로 약한 모습 보이지 않기를 마음 깊이 되새기고 나의 약한 모습으로 딸에게 근심을 주어 전화까지 오게 한 것에 부끄러운 아빠의 모습을 깊이 반성한다 걱정 끼친 사랑하는 친구 재동이에게도 미안한 마음 금할 길 없는 부끄러움에 전화로 미안함을 전했다. 빨리 이 물 다 마시고 자야만이 내일 아침 아니 새벽 3시 40분에 일어날 수 있음에 걱정하면서도 천천히 쉬지 않고 물을 마시고 있다.

, 강하니까 잘 해낼 거야!

이쁜것만 담아두자

이쁜것만 생각하자

출발 서울로(3사이클)

 새벽 3시 30분, 밤새 2리터의 물을 마신 영향으로 자다 깨다를 반복하고 보니 잠을 잤는지 계속 깨어 있었는지 알쏭달쏭한 상태. 그래도 어제 많이 잔 영향인지 어지러운 증상은 없음에 3차 항암 치료를 위해서 서울삼성병원 갈 준비를 서두른다. 저번 2차 항암 치료할 때 콤비를 입고 가서 불편함을 많이 느꼈기에 이번엔 그냥 편한 복장에 1박을 위하여 배낭을 준비하고 세면도구 및 물 등을 챙겨 넣고 친구 종쇄를 깨워서 공항까지 태워 달라고 부탁한다. 내차는 석겸이가 가져가고 돌아올 때 공항에 태우러 올 것이다. 여기에서도 이렇게 친구들의 신세를 지니 미안하면서도 너무나 고마운 나의 친구들에게 꼭 완치되어 신세 갚아야 한다. 본래 계획은 공항에 일찍 도착하여 성게 미역국 한 그릇 먹고 비행기 타는 계획이었는데 공항 식당 문을 7시에 연다니 아침은 예상도 없이 굶게 생겼다. 김포공항에 도착하여 어떻게 하던지 식사를 할 수 있는 방법을 찾아 보기로 하고 출국 수속을 하는데 등산 가방에 과일 깎아 먹는 과도가 들어 있는 것을 깜빡하여 출국수속 보안검색에 걸려 버려서 맡길 수도 없고 난감한 상황이 되어 화물로 부치는 것으로 일단 정리를 하였다.

 아침식사에, 과도 사건에 걸리는 것이 벌써 2가지가 되어 버렸다. 정신 차려야지. 일찍 도착했기에 망정이지 빡빡한 시간에 도착 했으면 탑승하는데 문제가 생길 뻔 했기에 차후 이러한 문제가 발생하지 않게 하기 위해서 꼼꼼한 체크가 필요함을 절실히 깨닫는다. 아시아나 비행기가 국내 타 항공사보다 자리가 좀 넓은 것 같아서 편했다. 나 혼자의 생각인가 비행기에 내려서 지하철 9호선 정류장에 오자말자 급행이 대기하고 있음에 기분 좋다. 작은 것에도 기분 좋으면 오늘 기분 좋은 일만 있을 것 같다. 항상 첫 스타트에 의해서 그날의 모든 것이 실타래 풀리듯이 술술 풀리니까 서울 올 때마다 느끼는 것은 지하철에는 거리두기도 없고 사람들도 콩나물시루를 연상시키는데 지하철에서 코로나19 감염되었다는 뉴스는 한 건도 없음에 코로나19는 지하철이 무서워서 피하나 하는 생각을 하면서 혼자 웃는다. 임산부, 노약자석은 비어 있는데 당당하게 앉을 수 있음에 아픈 것이 모든 것에 불편한 것만은 아닌 것 같다. 누가 거기 앉으면 안됩니다 라고 했을 때 할 말 있으니까 당연한 권리마냥 앉는다.

9시 40분에 소화기내과 진료가 있는데 몇 개월 전 간 쪽에 쌀알만한 물혹이 있는데 암 확률로 의심되어 만약 90일 뒤에 CT 촬영 시 크기가 커졌다면 암일 확률이 높다는 섬찟한 말을 했는데 확인필요하다는 의사 선생님의 말씀이 괜히 신경 쓰였다. 혹시 간 쪽에도 이상이 있으면 어떡하지 하는 불안감을 감출 수 없었다. 출근 시간이라 사람들은 계속 많아지니 마음은 계속 불안해진다. 마치 전부가 코로나 환자로 느껴지며 경계의 눈빛 감출 길 없다. 걸리면 끝이다. 조심 또 조심해야 한다. 2번 쉬어야 할 숨 한번만 쉬자. 헉! 힘들다. 9시 40분만 무사히 이상 없음으로 밝혀지면 2시 30분 항암 주사만 극복하면 되는데 살고 죽는 것도 하늘의 섭리인걸 혹시 간에 이상이 있다고 한들 어떡하랴 전부 관리 못하고 아무렇게나 살아온 나의 잘못인걸. 마음 편하게 가지고 모든 걸 내려놓자 애 닳아 해봐도 마음만 쪼개지고 힘들어지는 것을 모든 것에 극복의 미학으로 헤쳐 나가는 것이다. 지하철은 고속터미널 정류소로 달려가고 3호선으로 갈아타면 9정거장에 한 정거장 2분 잡으면 18분, 셔틀버스 10분. 토탈 28분이면 병원에 도착한다. 채혈과 방사선 촬영 있으면 잠시 뒤 운명을 판단할 선고가 내려질 것이고 좋은 결과면 안도를, 나쁜 결과면 또 다른 고행의 길이 열리겠지.

그러나 저러나 아침 먹을 시간은 있으려나 여유시간을 체크해 보지만 빡빡하기만 하다. 모르지, 오늘 스타트가 좋으니 시간이 톱니바퀴 물리듯이 딱 떨어질지도 요망사항이기도 하지만 혹시나 굶을 걸 대비하여 일원역 셔틀대기 장소에서 월과 요구르트 큰 거 하나씩 구입하여 마셨다. 암튼 어제 많은 걱정을 했는데 컨디션은 아픈 것에 비하면 좋은 것 같다. 종쇄가 와서 과일도 많이 먹고 5지가 넘는 갈치를 양껏 먹었고 밥도 한 공기 가득 비웠음에 오늘 힘든 항암 주사도 거뜬히 이겨 나갈 것으로 예상된다. 아니 꼭 이겨내야 한다. 더 이상 지체해서 시간을 끌어서는 안 되기 때문이다. 삼성서울병원 온지 처음으로 채혈 검사, 방사선 촬영 없이 의사선생님 진찰에 바로 들어간다. 4월 28일 CT 촬영이 오늘결과 보려고 했음에 계속 긴장하고 있었다. 오늘도 병원에는 환자들로 붐빈다. 항상 느끼는 거지만 대한민국에 병원 출입 없이 건강한 사람들이 과연 몇 명이나 될까. 의심스러워진다. 가는 병원마다 초만원이니? 그러니까 내 몸만 잘 챙기면 된다는 결론이다. 님 들어오세요. 간호사의 호출이 있고 의사선생님의 입만 보고 있다. 호흡은 어때요? 괜찮은데요. 간 때문에 CT 찍었는데 아주 깨끗합니다라고 말한다. 휴 간은 깨끗하단다. 이상이 없다는 의사 선생님 말씀에 안도하면서도 시간만 낭비 했다는 불만도 있다. 항암치료 오전에 했으면 오후에 집에 갈 수 있었을 터라고 투덜거리는 내가 우습다. 암이라고 했으면 어쩔 뻔했나,

어제 물 마신다고 잠을 못 잔 이유로 서서히 잠이 쏟아진다. 자면 되지만 요즘은 잠자는 시간이 너무 아깝다. 억지로 머리를 흔들어 잠을 깨우면서 글을 쓰다 보니 글귀의 앞뒤가 맞는지 체크할 겨를도 없다 일단 몽롱한 상태에서 계속 스토리는 이어지고 나중에 정신 맑을 때 교정할 요량으로 계속 적어나간다. 어느새 시간은 계속 흘러가고 1시간 45분 남아있다. 모두 보호자와 둘인데 나만 혼자 앉아있다. 혼자서도 할 수 있어 여유를 가지면서 마음을 다잡는다. 이제부터 난 혼자다 모든 것을 혼자 헤쳐 나가야한다. 결코 외로워해서도 안 되고 외로울 겨를도 없다. 투병 생활도 해야 하고 글도 써야하고 지금부터 해야 할 일이 너무 많다. 마치 장편소설 쓰는 것처럼 글이 자꾸만 길어지니 1부, 2부로 나누어 글을 적어야할 필요성을 느낀다. 지루한

기다림 나만 기다리는 것이 아니라 빈자리 없이 많은 사람들이 기다리고 있다. 그래도 말없이 조용한 분위기라 글 쓰는데 방해받지 않았는데 옆 자리에 50쯤 되어 보이는 여성과 비슷한 또래의 남성이 앉은 뒤로 글을 못 쓸 정도로 시끄럽게 떠들고 있음에 스트레스 받고 금방이라도 한마디 하고 싶지만 분쟁으로 더 많은 스트레스 받을까봐 꾹 참고 있다. 여기서 오랜 기다림까지 1부로 정리하고 항암주사 맞을 때부터 2부로 정리하여야겠다.

질병의 굴레에서 힘든 생활을 하고 부터 같이 아프고 만나는 사람들에게는 불쌍하다는 느낌은 들지 않는데 묶여있는 개를 본다든지 굶주린 고양이 등을 볼 때면 한없는 동정과 애처로움에 가슴 아프다. 생각 없이 태어나 운명이 사람들의 손에서 자지우지 됨에 깊은 연민을 느끼고 불쌍해서 똑바로 쳐다보기조차 힘들다. 갑자기 같이 대기하고 있는 환자들을 보다가 가여운 생명들이 떠오름이 웬일까. 부를 때까지 지금부터 조용히 편안하게 졸면서 기다리는 거다.

비행기 날개는 하늘에 걸려있고

3차 항암치료

 2시 30분에 항암주사 투여 하는데 30분 당겨서 2시부터 항암주사 투약 하였다. 식당에서 우거지 해장국으로 배를 든든히 채워 치료 받으려고 열심히 먹고 있는데 어디냐고 간호사인데 항암 주사투약 시작하니까 빨리 오라고 우거지 해장국 다 먹었는데 전화 와서 망정이지 식사도 못하고 꼬일 뻔 했으며 첫 수액부터 먼저 투여하는데 10분쯤 몸에 수액이 들어가고 있는데 삼성병원 파트너즈 센터에서 전화가 왔다. 시간 되시면 잠깐 와서 상담 좀 하자고 한다. 아차 또 중요한 것을 까먹었다. 6시간짜리 항암 치료는 서울삼성병원에서 투여하고 짧은 항암주사는 병자의 편의를 위하여 가까운 협력병원에서 치료 받을 수 있게 배려했는데 내가 그동안 울산에서 거주하다 보니까 부산해운대백병원에서 치료하였으나 6월 중순까지 제주도에서 거주하면서 요양 겸둘인 치료를 해야 함에 부산 백병원에서 제주대학병원으로 바꿔야 하기에 CD 및 기본데이터를 준비하여 가져가야 하는데 9시 40분 간 진료 마치고 4시간30분 동안 시간이 있었음에도 불구하고 준비물 체크를 해놓지 않아 글 쓰면서 의자에서 꾸벅꾸벅 졸고앉아 있었으니 얼마나 대책 없이 행동했음이 여실히 드러남에 그냥 내 머리통을 한 대 쥐어박고 싶었다. 그래도 천만 다행으로 내일 11시50분에 비행기를 예매해놓은 관계로 병원에 와서 자료를 가져 갈 수 있는 시간은 되었다. 왜 내가 비행기티켓을 일찍 예약하지 않고 11시가 넘어서 예약 했는지 이해가 가지 않지만 늦게 예약한 덕분에 큰 문제를 해결했음에 로또 맞은 기분이었다. 로또보다 더 소중한 건강을 얻었으니 때로는 바보가 되어 이익 될 때도 있음에 그냥 바보같이 웃는다.

 바보같이 행동해서 덕을 보았는데 이것을 뭐라고 표현해야 하나? 오늘 항암주사 투약하는 룸은 212번 룸으로 전체가 오픈되어 있는 방에 비해서 조용하며 총 8명이 치료를 받고 있으며 얼굴색깔 및 동작을 하는 모양새가 경증 환자군으로 표시 할 수 있을 것 같고 특히나 다른 방에서는 서로서로 정보교환을 위하여 왁자지껄 약간 시끄러운데 8명 다 말 한마디 없이 누워 있으매 적막하기까지 하다. 조용하니까 글 쓰는 나로서는 이것보다 더 땡큐가 없지만 암튼 입술에 본드 붙여 놓은 것 같이 아주 조용한 분들이다. 우연히 눈길 부딪치면 표정 없이 소와같이 눈만 껌뻑인다. 사회생활을 너무 많이 하여 사람들과 대화하고 인사 하는 것이 귀찮은 것일까. 그 뒤에도 한결같이 조용했다. 정말 병의 종류도 많고 그중에서도 가장 무섭다는 암 종류만 다 외우라고 해도 며칠 걸릴 정도로 많음에 나의 병명인 폐암 말고는 나 역시도 신경도 쓰기 싫음에 조용히 글만 쓰고 있었다. 저들이 나의 글의 밥상에 올라와 있음은 모르겠지만 다들 보기에는 평온하게 보인다. 휴대폰으로 무엇인가 열심히 보는 사람 3명, 자는지 아님 눈만 감고 있는지도 모르지만 4명, 그리고 글 쓰고 있는 나. 그러니까 정확히 뭐하는지 아는 사람은 나밖에 없다. 이것도 군중 속의 고독인가? 고독하지 않은데 무슨 군중 속의 고독이란 거창한 표현까지 빌려올 필요는 없고 여기서도 나만 잘 적응하고 잘 견뎌서 현재 상태를 계속유지 하는 게 제일 바람직하다가 맞는 것 같다.

화장실에 나 혼자 가는 것 같다. 몇 번을 왔다 갔다 했는지 대충의 숫자도 세지 못하겠다. 나 말고 7명은 토탈 1번 밖에 안 갔는데 난 이루 셀 수 없을 만큼 자주 간다. 간호사님 저는 왜 화장실에 이렇게 많이 가죠. 라고 물으면 소변 많이 나올 거예요. 라고 대답한다. 그럼 똑같은 주사 맞고 있는 7명도 화장실에 가는 게 나만큼 바빠야 되지 않는가? 말이 안 된다? 가만히 생각해보니 화장실에 많이 가는 내가 정상적인 것 같다고 판단된다. 물을 그 만큼 마셨지(대충만 잡아도 3리터는 마셨을 것으로 사료됨). 식사에 국까지 그리고 지금 독한 항암제 놓기 전에 희석시키려고 수액만 2리터 그 외 보조 치료제 0.5리터 이것들이 기존 내가 마신 물과 믹싱되니 전부가 소변으로 쏟아져 나오는 것이 아닌가?

 소변 색깔도 그 야말로 맹물 색깔 그대로다. 독성이 희석되어 줄줄 나와야 후유증을 줄일 수 있다는 해답을 낼 수 있다. 이제 1시간 50분 남았다. 구역질 안 나오고 어지럼증만 없으면 일단은 성공이다. 오늘 자고 내일 큰 문제가 없다면 제주도 가서 산책으로 몸을 단련시켜 후유증이 이 육신의 어느 곳에도 존재하지 못하게 만들어야지.

 7시 30분에 제일 독하다는 항암 주사를 투여 받고, 8시에 치료를 마쳤다. 전같이 구역질에 변기통에 머리 처박고 뱃속 똥물까지 다 올렸던 기억하기 싫은 순간이 왔다 갔다 했지만 오늘은 아무 반응이 없고 배만 엄청나게 고팠다. 평소답지 않게 육고기도 먹고 싶고 생태탕, 해물탕 등 머릿속에 그림으로 진열되지만 일단 택시타고 인피니 호텔에 가서 체크인 해놓고 나왔는데 머릿속 그림 같은 메뉴는 보이지 않고 나주곰탕이라고 크게 보인다. 그래도 곰탕 정도는 끼워줄 수 있기에 특나주곰탕에 공기밥 2그릇으로 배를 채우고 호텔의 욕탕에 적당히 따뜻한 온수로 고생한 육신을 달래니 세상에서 최고의 온천탕에 있는 것 같이 따뜻함이 좋았다.

 나만의 온천탕에서 나오니 눈꺼풀이 천만근으로 덮혀온다. 이제 다 나아가는가 관리만 최선을 다해 한다면 아주 건강한 모습으로 변화될 것 같은 이 자신감을 베개 삼아 기분 좋은 5월 7일 금요일 밤을 마감한다. 오늘밤은 정말 행복하고 기분 좋은 꿈나라에 가고 싶다. 나를 아는 모든 분에게 좋은 꿈 꾸시라는 메시지를 날린다. 굿나잇.

이쁘게 만들자

여 유

얼마나 잤을까. 얼마나 깊은 잠을 잤을까. 얼마나 좋은 꿈을 꾸었기에 눈을 떠 몽롱한데 핑크빛의 광채가 환하게 이불속을 비추었다. 정신이 조금 돌아오니 태양의 광채에 의해 하얀 이불 커버에 반사되어 핑크빛으로 밝혀졌음을 알게 된다. 너무 늦잠을 잤나? 이렇게 환하다면 11시정도 되었을 텐데 후다닥 휴대폰을 더듬는다. 이게 뭐야. 5시 20분이잖아 해가 이만큼 길어진 줄도 모르고 현실 안에 있었음이 부끄럽고 시간만 빠르게 먹어가고 있었나. 근데 여기는 어딘가 너무 따뜻하고 포근하고 하얀 침대 커버가 푹신하게 나를 감싸고 있는 여기는 어딘가?

5월 7일 서울삼성병원 항암치료 후 양재동 근처 딸이 예약해 준 인피니호텔까지 기억이 난다. 순간적으로 너무 오랜만에 깊은 잠을 자버린 탓에 아름다운 핑크빛 선율의 고운 아침에 취해서 현실까지 돌아오는데 시간이 좀 걸린 것 같다. 순간적인 기억상실증이었지만 너무나 아름답고 황홀한 아침이었으매 통증 없고 구토증세 없고 너무나 편안했던 잠자리였기에 살아있음을 감사하게 생각하고 이런 기억상실증은 매일아침 걸려서 느낌으로 마치 더듬이로 더듬듯이 아침을 맞아도 새로운 하루하루에 즐거움이 피어나 새로운 날의 출발을 감상할 것이다.

점점 더 맑아지는 머리에 가슴은 오래 아침을 기다린 것 같이 꼬르륵 소리내며 아침 먹이를 기다리는 어린 새끼 새들 모양 아침밥을 기다린다. 7시 30분에 일어나기로 하고 알람을 맞춰놓은 기억이 떠오르고 또 다른 아주 이른 아침부터 기억을 정리하는 나를 보면서 살아있어 즐거워하는 희망을 느끼고 새롭게 태어나기를 간절히 바라는 한 인간의 소중한 모습을 보게 된다.

고운 빛의 태양은 핑크빛에서 하얀 백열등으로 대지와 공간을 계속 밝게 비추고 새벽 찬 기에 추워서 움츠렸던 육신에게 일어나라 명령한다. 안 그래도 더욱 더 조금씩 태양의 열기가 지구를 조금씩 데워 따사로움으로 따뜻해지는 육신은 조금씩 아직 두꺼운 이불을 걷어내고 하루를 맞을 준비를 하고 있다.

오늘도 중요한 일이 아주 많지 않니. 서울삼성병원 파트너즈 센터에 가서 제주대학병원에 가져갈 자료를 챙기는 것은 무엇보다도 중요하며 그 자료를 토대로 제주도에서 치료를 받아야 됨에 하나라도 안 빠뜨리고 꼼꼼하게 챙겨서 문제가 발생하지 않게 해야 한다. 8시 30분에서 9시 사이에 약속을 잡아 놓았기에 7시 30분에 기상하면 될 것 같다.

이제 눈을 감고 조용히 묵상의 시간 안에 아침의 기를 불어넣어 건강한 시작의 발걸음을 떼어보자. 알람이 울릴 그 시간까지.

여유

여유1

귀 가

 전주콩나물국밥에서 아침 배를 채우고 항상 항암 후 3일 동안 아침에 먹는 16개 알약을 먹고 스탠바이, 서울삼성병원으로 간다. 택시비 6,000원을 내고 파트너즈센터로 들어갔다. 8시 30분 정확하게 약속시간에 도착했고 5월 3일 안면이 있는 상담사가 반갑게 맞아준다. 타병원에 삼성서울병원 환자들이 치료를 부득이하게 받아야 할 시 치료했던 데이터를 취합하여 보냄으로서 충분한 정보 제공에 의한 의료사고를 미연에 방지할 목적과 환자의 상태를 연계 병원에서 정확하게 파악하여 본 병원에서와 동일한 환경에서 치료를 받을 수 있게 배려 차원에서 이렇게 섬세하게 준비시킴에 안심도 되면서 너무 감사함을 많이 느낀다. 특히 연계병원 선정 시에도 그 지역에서 의료수준까지 파악하여 가장 믿을 수 있고 본 병원과 의료수준이 가장 비슷한 수준의 병원을 선정한다는 것이다. 울산·부산지역에서 2차 짧은 시간 치료 받을 때 울산·부산지역에서 의료수준이 가장 뛰어나다고 정평이 나있는 부산해운대백병원(인제대학교 부속병원)을 선정시킴에 믿음이 갔었는데 이번에 제주도의 경우 국립제주대학병원을 연계하여 치료받게 해줌에 더욱 더 감사하게 생각하였다. 그동안 치료자료 두 묶음과 영상자료 CD 한 개를 받아 제주로 내려간다. 병원셔틀(토요일에는 12시까지만 운행) 타고 일원역에 내려서 3호선 지하철 타고 고속터미널에서 9호선 환승하여 공항까지 급행으로 가면 된다.

 지하철에 타면 요즘 항상 마스크 2개를 끼게 된다. 올 때도 그랬지만 이렇게 사람들로 발 디딜 틈도 없는데 코로나 전염병이 한 명도 없다는 게 상식선에서는 도저히 이해가 가지 않는다. 그래도 나 같은 경우 만반의 조치로 마스크는 항상 2개를 착용하니 조금 안심이 된다. 언제 한 번은 시하철에서 발생자가 나와서 더욱 심각한 문제로 대두될 것 같음에 잠시 근심에 잠기는 촌놈의 생각이 짧은 것인가 짧으면 좋고. 예전에는 5월 8일이면 가슴에 카네이션 꽃을 달고 자랑스럽게 외출한 분들을 심심찮게 보게 되었었는데 오늘은 어디를 둘러봐도 1명도 안 보임에 문화도 많이 바뀌었음을 느끼게 된다. 딸애가 9시쯤에 전화가 와서 아빠 꽃 보내줄까. 라는 말에도 기겁 하면서 보내지 말라고 부탁했다. 그냥 딸애가 지금까지 성인으로 커서 이 각박한 세상에서 본인이 자립한 것만으로도 대견하고 더 많이 지원하지 못했던 것에 미안하고, 서럽고 요즘에는 폐암이라는 중병에 걸려 염려만 보태고 있는데 꽃이고 선물이고 정말 그 어떤 것이라도 받고 싶지 않다. 부디 건강하게만 살아준다면 그것으로 족하다.

아침부터 긴장도 하고 바쁘게 움직이고 해서 많이 피곤했나보다. 갑자기 졸음이 몰려오고 있다. 목적지에는 다 와 가는데 잠이 든다면 그 뒤에 일어 날일은 생각만 해도 끔찍한 대형사고인지라 될 수 있으면 검지를 열심히 놀린다. 잠잘 듯하면서도 무슨 습관같이 검지손가락에 지령은 열심히 내리고 있기 때문이다. 혹시 어리해져서 지령을 잘못 내렸다면 맑은 정신에 교정하면 되지 뭐 겨우 잠 안 자고 버티다 보니 다음 역이 목적지임에 안심한다. 김포공항은 오늘도 제주 가는 고객들로 붐빈다. 아시아나 셀프 티켓팅으로 예약 티켓을 스스로 처리함에 몇 번 사이에 많이 발전했다고 스스로를 치켜세운다. 올 때 적발되어 휴대 할 수 없는 과도와 지프 나이프를 화물로 부치고 출발지에 앉아 또 다시 부지런히 검지손가락을 놀리고 있다. 20분 출발이 딜레이되었다는 문자가 뜬다. 나 때문에 늦은 점심이 될 친구들의 얼굴이 떠오르고 미안함에 마음이 급해진다. 도착하면 1시 30분이나 되어야 할 텐데 그냥 먼저 먹으라고 하는 게 낫지 않을까. 머리 굴리는 소리가 소리 없이 들린다. 이제 비행기를 탑승하면 제주까지 1시간 조금 더 걸리겠지 오늘 하늘은 황사가 왔는지 뿌연 게 맑지 않아서 청명한 하늘 위에 떠가는 모습을 본다는 것은 무리인 것 같기에 눈감고 상상의 맑은 날에 하늘에 두둥실 떠가는 모습을 그려 봐야겠다. 이러나저러나 어차피 생각 차이 아닌가.

길게 늘어선 탑승 줄 맨 뒤에 붙는다. 이제 이렇게 3사이클 항암 치료도 무사히 마쳐 귀가함에 모든 것이 감사하고 제주대학병원에서 14일 치료도 무사히 감사함으로 마쳐지기 위해 귀가하는 이 순간부터 최선의 건강관리를 하리라 다짐한다.

베리굿, 삼성병원.
베리굿, 파트너즈센터 상담사.

제주도 귀가길(수서역)

일상생활

1박 2일은 건강할 때는 일상적인 일이었지만 이번에 나에게는 아주 기나긴 여행같이 느껴졌다. 아니 3차였으니까 더욱 더 길게 느껴졌겠지. 한 번 남은 마지막 4차를 위한 분기점일 것이니까. 긴장 속의 24시간이 이렇게 피곤한 정신과 육신으로 변모시키는 것이리라. 하지만 난 잘 적응했고 독한 항암 성분이 곳곳을 헤집고 다니면서 괴롭혀도 단호하게 이겨 나갔다. 제주공항에 도착하니 시간이 2시인데 점심 식사도 하지 않고 기다리는 친구둘이 있음에 가슴 뭉클 외롭지 않았다. 석겸이는 마중 나와 있고 종쇄는 제주 유명 바다예찬이란 상호의 지인 집에 기다리고 있었다.

코스 회 요리가 제주에서 아주 유명해서 벽에는 국내 유명인들이 찾아온 흔적이 사진과 덕담과 사인으로 도배가 되어있을 정도니 맛집으로 정평이 나있는 집임에는 분명하지만 친구들이 장소를 잘못 선택한 것 같다. 이 맛집은 제주산 활어 코스요리 전문 집인데 나같이 날고기를 먹지 못하는 이가 와서 먹을 것이라곤 내가 제주 와서 매력에 빠져있는 모말 미역국에 돌솥밥에 눈길이 갈 수 밖에 없는데 어쩔 수 없이 두 친구는 따라올 수밖에 없는 것에 조금 실망스런 눈빛이나 늦은 점심 맛나게 먹고 표선 근처에 와서 차 한 잔에 당연히 서울병원에 갔다 온 내가 주제가 되어 두 친구에게 건강 브리핑만 장장 3시간 동안 듣고 귀가했다. 일단 건강한 사람은 아픈 자에게 건강을 회복하기 위한 조언과 투병 방식에 대해서 말할 충분한 자격이 있다. 하지만 한편으로는 어느 날 찾아온 나의 아픔같이 나를 아는 모든 분들이 조언은 해도 본인이 아프지 말기를 간절히 기도한다.

집에 오니 하루 동안에 내가 좋아하는 참외를 냉장고에 잔뜩 넣어놓고 자랑으로 3개 꺼내 깎아주니 덥석덥석 귤까지 양념으로 주워 먹다

보니 과일로 배 채우고 피곤과 작은 통증이 몰려와 7시에 잠자리에 든다. 종쇄는 내일 새벽 5시 30분에 지인들과 제주CC에서 골프치고 오후 3시 비행기로 제주공항을 떠난다니 오늘 저녁이 마지막 보는 날 같다.

아래께부터 수면제 먹지 말고 자기 시작했는데 어제 오늘까지 계속되고 있다. 마지막이다 생각하고 어제 5시간 자고 하루 일정이 빡빡했으니 오늘도 성공할 것이란 자신감으로 7시부터 누웠는데, 1시간 수면 후 눈이 떠져 버렸다. 계속 편안한 마음 가지고 누웠으나, 밤을 꼬박 새워 버림에 오늘밤이 영향 있을까봐 아침 7시에 벌떡 일어나 아침 식사 준비를 한다. 오늘부터 또다시 나의 일상은 하루 세끼 꼬박 챙겨 먹고 제주 바닷가 만 보씩 걷는 것이 될 것이고 건강해져서 회가 맛있는 집에서는 같이 회를 먹을 수 있어야겠다.

친구들아 고마워 그러고 보니 우리끼리 어버이날 멀리 제주에서 자축했네.

바다예찬 맛집 방문록

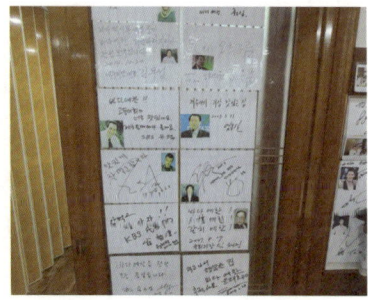

연예인들 한마디씩

바뀌는 일상생활

  평화로운 일요일 그냥 투병 생활만 하고 있어도 휴일은 왠지 여유가 있는 것 같다. 나에게는 항암 끝날 때까지 평화롭다는 표현은 고통스럽지 않다는 것이 맞을 것 같은데 오늘이 정말 이 표현이 어울릴 것 같이 무통증에 마음도 아주 편안하니 행복하다. 중국발 황사가 제주도까지 내려와 어제 비행기 타고 올 때도 고도 높은 위에만 파란하늘 보이고 사람들이 숨 쉬는 공간에는 황사 색깔로 뿌옜으매 오늘도 외출 하는 것은 바람직하지 않다고 판단된다. 특히 폐암으로 투병중인 나에게는 더욱더 조심해야 함에 일기 예보를 간간히 보면서 환경이 좋아지면 산책하기로 하고 빨래하고 청소하고 샤워하고 골프채널 우승자를 뽑는 일요일 라운딩에 시선이 집중된다

  그냥 아플 때 말고라도 오늘만 같아라 라는 말을 하고 싶을 만큼 현재 나의 육신이 무통증의 상태(비록 진통제는 먹었으나)에서 컨디션 또한 최상이다 보니 이 순간을 영원히 잡아 놓고 싶은 욕심이 생긴다. 샤워로 깨끗해진 얼굴에 생기가 넘치는 것이 확연하게 보임에 셀카로 찍어 초딩 동창 회장 약사에게도 보내고 딸에게도 보내어 반자랑 하는 것 같이 반응을 물어본다. 혹시 너 얼굴 엉망이야. 라고 말하면 어떡하려고 이런 모험을 할까? 얼굴이 엉망이라고 하면 더 열심히 운동하고 관리해서 좋게 만들면 되지 뭐. 내가언제 작은 실망에 좌절 할 때가 있었나.

  냉장고에서 아껴 두었던 애플망고 하나 꺼내고 참외도 한 개 사르르 녹아내리는 제주산 애플망고의 달콤하면서도 상큼한 뒷맛은 환상적이라고 할 수밖에 없다. 애플망고 뒤에는 시원한 참외도 빼 놓을 수 없다. 시간이 어느덧 낮 12시가 넘어간다. 점심 먹어야 하는데 과일 배가 차서 속에서 거부감이지만 난 환자다. 무조건 먹어야한다. 된장

데우고 돌김 준비 꼴뚜기 젓갈 우유 한잔에 밥 조촐한 점심이지만 행복하게 먹는다. 중요한 것은 복용해야하는 약은 거르면 안 된다는 것이다. 속이 허한 것보다 포만감에 꽉 차있는 느낌이 훨씬 항암주사의 독성을 이겨 내는데 도움이 된다는 걸 깨달았기에 끼니를 거르는 일은 차후에도 하면 안 된다.

 간간이 친구들 안부 톡이라도 오면 붙잡고 한참을 반가워서 묻고 또 묻고 요즘은 작은 것 하나 까지도 잊고 넘어가지지가 않는지 내가 너무 예민해진 것일까 아님 혼자 있으니 외로움을 타는 것일까. 이렇게 오늘도 평범하지만 평범하지 않는 하루가 시간과 함께 지나가고 있다. 어느 사이에 나는 이것을 나의 일상인양 편하게 받아들이다 보면 현실의 환경이 바뀔 것이고 건강한 육신과 정신세계가 자연스럽게 구축되어 남은 생은 더욱 의미 있어지리라 판단한다.

 , 이대로 쭉 가는 거다!

매일 바다와 친구

제주도의 강태공들

제주민속촌으로 유명한 표선은 현대해비치호텔로도 알려졌고 표선 해수욕장의 맑은 모래사장에서 이어진 주상절리의 절경은 사계절 관광객들의 발걸음이 끊이지 않는 곳이기도 하다. 요즘에는 내 숙소에서 차량으로 10분 거리에 있다 보니 이 해변이 나의 산책로가 되어 차량주차 시켜놓고 해안을 따라 걷는 것이 건강도 회복하고 파도의 재잘거림에 같이 말동무를 하는 것 같이 정겹게 다가왔다.

오늘은 표선 해안가를 한참을 걷다가 항구 외곽에 진을 치고 고기를 낚고 있는 표선항 강태공들 옆에 앉았다. 바다 속 깊은 곳까지 훤히 보이는 청정해역 제주도는 이렇게 강태공들을 유혹하여 길게 일렬로 깊은 곳의 고기들을 기다린다. 멀리서 파도가 밀려오면 삼각형 시멘트 구조물이 완충 역할을 하면서 선착장의 파손을 방지 하려고 수천 개의 구조물이 배들어 오는 데를 제외하고 둥글게 쌓여있고 파도들은 그 안에서 재잘재잘 거린다. 강태공들은 고기 낚고 제트보트 놀이에 빠진 젊은이들은 굉음을 내면서 스릴을 만끽하고 해비치호텔에서 산책 나온 관광객들이 한 명, 두 명 선착장으로 모여 기웃기웃 거린다. 멀리서 주인 따라 나온 반려견들은 기분 좋아 혓바닥 헥헥거리며 좋아라 이리저리 뛰면 울산 있는 콩이가 간절하게 보고 싶다.

제법 큼지막한 벵에돔이 낚여 올라오고 강태공은 바다에 그냥 살려준다. 살림망에 들어갈 줄 알았는데 예상외의 행동에 미덕같이 보여 기분은 좋았으나 갑자기 저 강태공의 의도가 궁금해진다. 그냥 손 맛 보러 온 건가? 암튼 기분은 좋은데 여러 마리 낚아 올려도 그대로 바다에 던져줌에 사람까지 좋아진다. 이번에는 너무 커서 뜰채로 건졌는데도 그냥 놓아준다. 저분도 나와 같이 제주도를 낚으러 오셨나?

낮에 그렇게 뿌옇게 황사가 심하더니만 저녁 시간엔 그 먼지들은 어디론가 사라지고 맑은 하늘 투명한 푸른빛의 파도가 선명하게 바다와 하늘을 구분한다. 맑은 공기 음이온 가슴속에 들어가니 시원한 숨소리는 나의 희망의 소리로 바뀐다. 모든 것에 깨끗하고 청명함에 죄의 씨앗 없었고 정도의 삶을 지킴에 질병에 허덕임 없음을 이제야 깨닫는 이 멍청이는 나이만 실컷 먹고 삶의 가치 철학은 어디다 두고 다녔는지 한심한 자로 대변된다. 저분들은 오늘 제주도 고기를 낚고 난 오늘 제주도의 이 청명하고 깨끗함을 욕심쟁이라 손가락질 당해도 다 낚아 가리라. 욕심쟁이라고 말 들어도 건강하게 의미 있는 삶을 살다가 가고 싶다. 느끼지 못했던 새로운 차원 안에서 소중함을 꼭 품어보고 인생 정리하고 싶다. 소중했는데 못 느끼고, 못 품었던 모든 것을 찾기 위해서 노력하리라. 제주도 해물뚝배기 한 그릇에 감사하고 계란과 쿠키, 생우유 등을 들고 귀가함에 오늘도 평안한 잠자리 꿈꾼다.

해녀상인지 인어인지

또 다른 숙제

나에게는 고질병이라고 해야 할 것인지 일반인과는 반대의 생활습관 때문이었는지 편안한 밤 되는 것이 가장 큰 숙제로 항상 잠자리에서 고통스러운 시간을 보내었기에 어쩔 수 없이 23년 전부터 정신과에서 정기적으로 지어주는 수면제 처방으로 잠을 자고 있었다. 서울 삼성병원 폐암수술 중에도 삼성병원에서 지어주는 수면제를 계속 복용했었고 수면제와 별도로 인체에 해가 되지 않는 보조약 처방으로 지금까지 잠자기 전 30분전에 복용하여 잠을 자 왔다.

제주도에 와서 규칙적인 생활을 철저하게 하다 보니 저녁에는 피곤이 몰려와서 눈꺼풀이 천근만근 될 때면 수면제 복용이 느낌으로 중요하지 않다고 판단되어 4일 전부터 수면제를 복용하지 않고 잠을 자는 걸로 스스로 결정하여 시행해 온 결과 2일은 성공적으로 수면을 취할 수 있었기에 이제부턴 수면제를 복용하지 않고 편안한 잠자리가 될 수 있음을 확신하기까지 했는데 3일 어제 4일 째까지 낮 시간에 낮잠을 10분도 자지 않았는데 아래는 뜬 눈으로 어제는 잔 건지 만 건지 머리만 어질어질 역시 오래된 습관은 금방 고쳐지지 않음을 뼈저리게 느낀다.

그래도 4일 동안의 노력이 아까워 오늘 하루 깊이 생각해보고 최종 결정하는 게 맞을 것 같기에 복용할까 말까는 한 번 더 고민하기로 하고 정상적인 생활로 들어간다. 하지만 깊이 고려해야 할 사항 중에 하나는 지금 나에게는 불면증 치료가 아니라 폐암 치료가 우선 되어야함을 우선 과제로 숙지해야 한다.

항암 치료 후 하루 16알씩 3일 복용하는 하얀 알약은 오늘로서 마지막 분을 복용하고 마무리했는데 현재 가장 심각한 후유증으로는 통증 종류는 진통제 처방으로 견디고 있으나 심한 변비로 최대한 빠른 시일 안에 해결해야할 과제로 생각된다. 관장 좌약은 간염 위험이 있어 금지하니 처방약을 뒤져서 변비약을 복용하여 문제점을 해결해보고 안되면 병원에 가서 처방받아야겠다.

 항암 치료 후 항상 느끼는 것 중에 후유증이 없을 때가 없다는 것과 후유증이 있을 때마다 스스로 해결방안을 현명하게 찾아내야 한다는 것이다. 채소와 과일을 최대한 많이 먹을 수 있게 노력하고 해안가 산책 시간을 조금 더 늘리어 몸에서 스스로 배출하려는 의지를 만들어 내야 한다는 것이다.

 오늘도 최선을 다해서 건강을 회복하는데 총력을 기울이자!

사랑의 독침

잠은 못 자서 머리는 어질어질 집에 있으니 까라져 누울 것 같고 누우면 오늘 하루는 그냥 컨트롤 안 되는 여객기가 되어 항로 이탈 후 지 멋대로 날라 다닐 것 같음에 억지로 일어났다. 표선에 가서 보말칼국수로 점심을 해결하고 편하게 바닷가를 삥 둘러 산책하는 거다. 올레국수집인데 인기 너무 좋아서 번호표 뽑아서 기다려야 한 그릇 먹을 수 있는 집이기에 맛을 떠나서 위험하다. 제주도에 요 며칠 사이에 코로나19 확진 추세 상태가 장난이 아니기에 나 같은 사람들은 특히 긴장의 끈을 놓아서는 안 되는 경보발령 수준까지 와 버렸다. 내가 좀 빨리 와서 그런지 번호표는 뽑지 않았으나 홀에는 식사 중인 사람 대기 중인 사람들로 꽉 차 있다. 최대한 사람들과 접촉되지 않는 곳으로 어렵게 자리를 잡는다.

계획대로 보말칼국수로 점심을 해결하고 나오니 문 앞에는 번호표 뽑아 대기 중인 사람들로 붐비기에 계산대에서 가게를 벗어나는 지점까지 숨도 쉬지 않고 빠르게 벗어났다. 휴 힘들다.

혹시나 하는 마음에 민속촌 화장실에 가서 큰 거 한 번 해결해 보려고 앉았으나 30분 동안 깜깜무소식인지라 어쩔 수 없이 일어선다. 이번에는 딱 걸렸다는 불안한 마음에 일순간 무거워지는 마음을 끌고 현대해비치호텔을 지나 표선에서 계속 이어지는 바닷가 길을 끝까지 갈 것 같은 기세로 차량의 창문과 천정문도 시원하게 열고 달린다. 그래도 차량만 운행하고 다녀서는 안 되겠지 라고 다독이며 해변을 걷다가 드라이브 하다가를 반복 하다 보니 어느새 6,000보를 넘어선다. 표선항 큰 바다 방향으로 강태공들이 일렬로 서서 제주도 고기들에게 열심히 떡밥을 던지고 있다. 어제 마음 좋은 강태공은 보이지 않고 새로운 강태공들이 자리를 잡아 제주도 고기들을 유혹하고 있었다.

 어제 본 마음 좋은 강태공처럼 낚은 고기 놓아줄 사람들같이 보이지 않아 건너편 선착장에 제트보트, 바나나보트 등 바다 물놀이 영업하는 곳으로 가서 스릴이나 같이 하려고 건너가니 햇볕 쨍쨍 뜨거운 선착장 시멘트 위에 못생긴 고기들을 잡아서 권리 주장하는 주인은 없고 버려져 살려고 마지막 발악을 쓰고 있음에 혹시나 주인 있을까봐 한 마리, 두 마리 방생하는 심정으로 조심조심 바다에 던지다 보니 20마리 정도 살렸나 싶었는데 이 고기에 독침이 있다는 것을 모르는 상태에서 고기의 독침이 오른손검지를 깊게 찌르고 말았다. 순간적으로 피가 솟구치기에 입으로 피를 빨아내었는데 이 동네에 사시는 분으로 보이는 어떤 아줌마가 보름 전에 나도 그 고기 독침에 찔려서 지금도 고생하고 있다는 섬뜩한 말에 부산 초딩 동창 회장 약사에게 조언을 구하니 빨리 내과에 가서 항생제 주사 맞으라는 말에 근처병원 조회하니 해비치 내과가 나오기에 병원에 달려가니 의사 선생님 이 고기 독침에 찔렸죠? 라는 질문에 또 한 번 바보가 된 느낌을 어떻게 표현할까. 이 병원에 이런 환자들 많이 옵니다. 라고 내가 온 게 아주 당연한 것인 양 얘기한다. 내심 해비치 의원은 독 쏘는 고기 엄청 좋아하겠다는 냉소를 흘리고 주사 두 방 맞고 내려왔다.

 3일분 약 타고 터벅터벅 차 있는 곳까지 걸어오면서 인생사 많이 배워야겠다고 생각했다. 오늘 만약 대수롭지 않게 처리하여 지나치다가 곪기라도 하여 안 그래도 간염에 취약하여 회도 먹지 말라고 하는데 병균이라도 돌았으면 항암 치료에 엄청난 영향을 줄 뻔 했다.

 미련 남은 바닷가에 이번엔 아주 깊숙이 들어가서 먼 수평선 바라보며 앉는다. 한참 동안 멍 때리고 가야만이 오늘 마음이 좀 풀릴 것 같아서 정말 아무 생각 없이 파도소리와 부딪힘에 폭발하는 하얀 거품 담고 긴 호흡만 연신 뿜어내면서 한참을 앉아 있다가 저녁도 밖에서 먹고 가려던 계획도 철회하고 집으로 돌아와 참외 한 개, 우유 한 병, 보리쿠키 3개, 바나나 한 개로 저녁을 대신하고 일찍 잠자리에 든다. 오늘은 수면제와 싸우지 말고 그냥 편하게 복용하리라 결심하고 오늘을 정리한다.

그래도 바다로 살아간 그놈들은 제주의 바다에서 잘 다니겠지 나에게 독침을 찌른 놈도 혹시 아나, 나만 모르게 고맙다고 인사했는지 알 수 없지. 독침치료 경험 많은 의사가 치료 했으니 별 이상이야 있으려고.

고기들아, 이제 잡히지 말고 수명 다 할 때까지 제주 바다에서 힘차게 지느러미 박차고 살아나 가려무나. 제주 바다만 보면 너희들이 생각나고 그 때 되면 나의 아픔도 다 끝나 있겠지.

넌 뭘먹니

동전의 양면

그냥 비 내리는 바닷가에서 차량에 내리지도 못하고 자연의 오케스트라 연주만 감상 하고 있다. 쏴악 쏴악 우루루루 철썩… 중간 바위에 부딪히면 취휘 몰려오는 검은 구름과 흩날리는 빗줄기만 치럭치럭 소리 내며 내린다. 아침부터 이어진 하루가 이렇게 마무리를 하면서 비 때문에 걷지도 못하고 차량에 앉아 빼꼼히 작게 열린 창문으로 들어오는 바닷바람 마시면서 저녁 시간이 다가오는 곳에서 위안하고 있다. 맑아서 눈이 부셨어, 너무나 청명하여 제대로 쳐다보지도 못하는 바다를 보다가 이렇게 어두 충충한 날씨에 하루가 저무는 시간에 자연과 함께하는 그것도 멋지고 커다란 삼다도 제주도에서의 운치는 어떻게 말로 표현 할 수 없는 포근함을 만들어준다.

오늘도 아침부터 많이 다녔다. 네이버 검색하여 지프 지정 서비스 센터를 찾고 편도 1시간을 넘게 달려서 제주 지프 서비스정비에 가서 엔진오일 교환하려고 갔더니만 너무 바빠서 예약하지 않으면 안 된다는 얘기에 전화부터 할 걸, 목요일 2시 30분에 예약 잡아놓고 하는 푸념은 어린아이의 넋두리와 같다. 전화했으면 이런 수고 없지 않았냐 하는 질책을 하다 보니 동전의 앞뒷면 생각이 나 괜히 부질없는 생각했음에 생각이 바뀐다. 언제 내가 목적지를 찾아서 투병 생활했고 힐링했나하는 아주 단순하고도 작은 생각 차이에 일순간 변해 버리고 차후 제주시를 찾아야 할 곳으로 차량의 핸들을 돌린다.

집에 갈 때 배에 차 실고 가려면 목적지와 이용요금 알아야지 그 외 앞으로 한 달 이상을 있어야 하는데 제주도 근방의 섬 여행을 알아보려면 당연하게 여객 터미널을 와봐야 하는데 오늘 잘 왔지 않은가. 제주도에는 연안여객터미널과 국제여객터미널 두 군데로 나눠져 있었으며 국제여객터미널에서는 일본과 부산을 연안여객터미널에서는 제주도 근교 유명세로 잘 알려진 우도 비양도 등과 올 때 경황이 없어서 보지 못했던 목포 여수도 보이며 제주도 근처 섬 여행을 위한 배편이 주류를 이루었다. 배에 차량을 싣고 갔을 때 요금 등을 꼼꼼히 확인 하고 나니 제주시에 온 게 후회스럽지 않았다.

집으로 귀가하는데 눈에 확 들어오는 게 있었다. '성읍민속촌' 표선에 제주민속박물관은 가봤어도 너무 생소하여 민속촌 안으로 들어갔다. 제주도의 옛날 초가집 생활상과 관원들이 머문 곳 등 심지어는 주막까지 생생하게 있는 그대로 표현해 놓았으매 옛날 제주인들의 생활 모습이 묘사되어 있음이 너무 인상적이었다. 마을이 통째로 초가집으로 이루어져 있고 심지어는 현재 사람들이 거주하고 있었다. 돌로 된 성벽도 이리저리 만져보고 이 집 저 집 기웃거리다가 주막에 들려서는 마치 조선시대에 탁배기 한잔하던 사람 모양 처마에 걸터 앉아 작은 소리로 주모라고 불러도 본다. 제주도는 이렇게 예상하지 못한 곳에 관광지를 만들어 많은 이들이 찾게 하고 여행 온 보람을 느끼게 만듦에 정말 풍요롭고 여유가 있는 곳이라 여겨진다. 5,000보만 더 걷자고 집 앞 신풍바닷가 말들을 키우는 목장 앞에 왔건만 조금 굵어진 빗줄기에 걷는 것은 엄두를 내지 못한 채 감상만 하고 집으로 돌아온다.

오늘은 구수하고 약간 달달하게 된장찌개를 끓여 먹자고 시작하였으나 유통기간이 오늘까지인 두부 두 모를 내일 버릴 수가 없어서 다른 첨가 야채도 조금 더 넣었더니 한 냄비로는 부족할 것 같아서 작은 냄비 하나 더 꺼내어 숫자로는 두 냄비의 된장찌개를 끓일 수밖에 없었다. 내일 식으면 봉지, 봉지 싸서 냉장고에 넣어 두었다가 하나씩 꺼내 먹어야지. 오늘도 된장찌개 덕분에 맛난 저녁 먹고 일찍 잠자리에 든다. 이렇게 건강하게 움직이면서 내 몸에 아직 잔재하고 있는 질병과의 싸움에서 꼭 승리 하리라.
새롭고 희망에 찬 미래의 삶을 위하여!

긴 장

 고요한 아침 블라인드 사이로 희미하게 밀려오는 여명의 상쾌한 새벽 공간에 스스로 빠뜨린 시험에 지친 사람은 더욱 건강해지려는 객기를 부린다. 마음은 마음대로 몸은 몸대로 심각하게 망쳐놓고 항복 선언을 하고 회복되는 시간을 감내하면서 그냥 푹 수면의 깊은 골짜기로 빠져들게 한다. 오늘부터는 아침을 일찍 보기 위하여 닫아둔 블라인드도 완전 개방해 놓고 먼지가 날려들면 운동 삼아 최선을 다해서 청소 한다면 온몸 운동에 많은 도움이 되리라 생각한다. 병원에서 의사선생님에게 나의 노력을 얘기해도 그냥 건성으로 들으시는 것 같아서 질문하기도 부담스러워 지는 걸 어떻게 답을 내릴 수 있겠나. 오늘은 생각 없이 늦잠을 잤다. 중간에 깨는 것도 없이 논스톱으로 계속해 자 버렸다. 늦게 잔 영향도 인정해도 01시09시 30분까지 잤다는 것은 평소 수면 습관으로 볼 때 정상적이지는 않음에 빛이 아주 미비하게 방 안으로 흡수하게 되어 아침임을 파악하기에 눈을 떠야 하는데 따뜻하고 작은 빛에 인지하지 못함에 그냥 이불속으로 들어간 것 같다. 이틀 동안 수면제 복용을 하지 않고 자려고 하다가 된통 만나서 날밤을 꼬박 새워버린 탓에 육신의 피로가 누적되어 있었던 게 긴 수면으로 나타난 것임을 알 수 있었다. 부랴부랴 된장찌개 데우고 아침 식사를 하고나니 10시 좀 넘은 시간이라 일단 참외, 우유, 요플레 등 영양식을 충분히 몸에 넣어주었다. 건강해지려고 애쓰고 먹지 않던 것들을 섭취하고 있으니 처음에는 놀라겠지만 시간이 흐르면 적응되면서 나의 건강을 지키는 일상으로 정착하리라 확신한다. 충분한 영양식을 디저트로 먹고 나니 아직까지 쌓여있던 피로가 더 쉬어라 명하며 몸이 또다시 스르르 깔리고 2시간을 흔적 없이 수면으로 까먹어버렸다. 오후 12시 30분인데 몸은 일어나지 말라고 개기고 있었다. 일어나야 한다 나쁜 습관은 이렇게 호시탐탐 나의 게으러 질려는 빈 공간을 점유하여 바람직한 생활 습관에 브레이크를 건다. 안 된다. 어떤 희생을 감내 하더라도 하루의 정상적인 일과는 마무리해야 한다는 의무감으로 정신일도 하사불성 이대로 잠들어 망가지면 안 되기에 일어났다.

 어디로 가지? 일단 밖에 바닷가로 나가는 거다. 라고 생각하니 무미건조한 생각이 들이 성산일출봉으로 방향을 계획한다. 나의 신나는 두부 두 모 들어간 된장찌개 퍼떡 데워서 김치하고 오이무침을 맛나게 먹고 우유도 한 잔, 과일도 2개 먹고 옥의 티라면 사과를 먹지 않았음에 조금 부족했으나 내일 먹지 뭐 긍정적인 생각으로 대체한다. 우유와 빵, 과일, 요플레 등 점심 한 끼 식사로 부족함이 없을 정도로 챙겨서 배낭에 넣고 바지락 잡으러 갈 준비를 하였다. 긴 장화, 호미, 바구니, 모자 등으로 무장하여 성산일출봉이 크게 보이는 고성 바닷가에 마치 이 일이 익숙한 사람의 자세로 작업 중인 사람들의 사이에 자리를 잡았다. 이곳은 밀물 썰물 차이가 많은 곳으로 바닥은 갯벌이기 보다 잔모래가 깔려 조개들이 서식 하게하고 여러 가지 조개들이 생존하고 있었다. 맛조개, 바지락 그리고 요즘 제주의 대세 보말이 매일 사람들을 이 곳 바닷가로 모으고 있었다. 맛조개는 아주 깊숙한 곳에 자리하여 일반 호미로 잡을 수 없는 곳에 있기에 잡기 위해서는 고도의 기술을 요함에 전문가가 아니면 잡을 수 없어 나는 주로 바지락 아니면 작은 돌 밑에 붙어있는 보말만 잡는다. 작업할 때 쪼그리고 앉아 있으면 다리가 엄청 아프기에 표선 바닷가에서 주워 온 둥근 스티로폼을 깔고 앉으니 작업시의 고통이 없음에 편하게 바지락을 캘 수 있었다. 벌써 3번째 경험자라고 이리저리 막 파헤치지 않고 살짝살짝 조개만 파내는 것이 대견스럽고 많이도 발전했음을 스스로 인정한다. 저녁 5시 30분 밀물이 들어오고 정신없이 있다 보니까 사람들은 빠져나가고 흥건한 물에 작업하고 있었다. 나 혼자 충분히 먹을 만큼의 바지락을 캔 것 같아 일단 깨끗이 씻어서 해감 하라고 바닷물을 조개가 잠길 만큼 조심조심 담아서 일어섰다. 배가 많이 고팠다. 항상 배가 많이 고프면 건강해지고 있다는 신호 같아서 기분은 아주 좋지만 찾는 메뉴가 수수께끼가 된다. 쌈밥이 먹고 싶은데 혹시나 하여 성산항부터 성산일출봉 상가밀집 지역까지 뒤졌으나 거의가 다 해물 위주의 음식점 식단이라 포기하고 성산 하나로마트에서 직접 쌈밥재료를 구입하여 집에서 해먹기로 계획하고 이것저것 구미에 댕기는 재료를 구하니 만족한 결과다. 특히 내가 제일 좋아하는 갈치 젓갈을 구입할 수 있어서 상추쌈 먹을 생각을 하니 군침이 올라왔다. 이왕 쌈밥 재료는 구입하였으니 조금 더 산책량을 늘리기 위하여 성산일출봉으로 향했다. 주차장에 차량을 파킹해놓고 이리저리 바다가 내려다보이는 곳에서 낚시중인 사람들이 보이는 곳까지 왔다 갔다를 반복하며 운동량을 채운 뒤 집으로 발걸음을 옮겼다. 볼 때마다 감상문을 쓰게 되고 아름답다는 표현이 가슴속 깊은 곳에서 부터 밀려 올라온다. 지금 시간이 지나면 배고픈 것이 사라질까봐서 부랴부랴 집으로 향한다. 된장찌개 데우고 삼겹살 굽고 야채 다듬고 이따금씩 마음이 급해 씻던 오이도 한 조각씩 입으로 가져간다. 먼저 갈치 젓갈에 배추쌈과 된장찌개 올리고 한 입 크게 들어감에 세상 부러울 게 없을 정도로 맛나게 먹는다. 직접 준비한 쌈밥이 너무 맛있게 먹어 식곤증으로 소파에 드러누울 정도로 많이 먹고 한참을 누워 있다가 정신 차려 겨우 일어섰다. 앞으로 너무 무리하게 먹지 말자고 포스트잇도 하나 붙이고.

이제 나는 항암치료 막바지에 들어와 있다. 항상 생각하고 실천해야 하는 것은 규칙적인 생활을 하자는 것이다. 자칫하면 밸런스가 무너진 행동으로 완치되어 가는 몸에 다시 병마의 씨앗이 발병할 수 있기에 오늘과 같은 상황 발생 시 몸을 일으켜 움직일 수 있는 여건을 만들어줌이 제일 중요하다고 여겨진다. 내일모레 제주 대학병원에서 짧은 항암 주사 맞고 나면 마지막 한 번 남았다. 결코 조그만 방심으로 인하여 내 몸을 회복 불능이 상태로 몰고 가게 할 수 있기에 긴장의 끈을 놓아서는 안 된다. 일어나 보면 아름다운 제주는 나의 눈 안에 있고 숨을 쉬면 아름다움이 맑은 공기가 되어 폐 안에 기쁨의 주머니를 만들어준다. 눈에서 보는 것 기쁨의 주머니에 채워지는 것으로 미래의 나의 행복이 채워질 것이며 희망의 새로운 삶 안에서 아름다운 꽃 한 송이는 예쁘게, 예쁘게 피어날 것임을 믿어 의심치 않는다.

옛모습담은 초가집들

생명이 있는 곳

새벽 2시에 눈을 떠 버린 후에 잠을 자지 못했다. 이리 굴러 저리 굴러 자려고 노력해 봐도 눈은 더 말똥말똥 해지고 에라이, 모르겠다. 편하게 쉬자고 거실 소파에 앉았다.

냉수 한 잔을 들이켜고 찬 우유 한 잔 마시니 머리가 맑아지고 자연스럽게 머리는 지령을 내리고 검지손가락을 열심히 움직이게 된다. 어느 순간부터 글을 쓴다는 게 습관화됨과 동시에 아주 큰 즐거움이 되어버렸다. 의식불명으로 쓰러져서 동강병원 응급실에 실려 가서 피검사 심전도검사 CT, MRI, PET-CT 찍고 조직 검사를 남겨둔 시점에서 폐암으로 의심된다고 할 때부터 이글은 시작되었다. 서울삼성병원 암 연구 센터에서 조직검사 후 폐 양쪽에 두 개의 암 세포가 크고 있다는 최종 판정을 받고부터 마치 나와의 전쟁 치르는 것 같이 전투태세에 돌입한 심정이었던 것으로 기억난다. 수많은 검사를 거치면서 2기니 3기니 심지어 어떤 의사는 4기라는 말까지 하였으나, 난 별 의미를 두지 않고 1기라고 생각하며 나을 거라는 의욕을 다졌었고 지금까지 최선을 다해서 투병 생활을 이어오고 있다.

오른쪽 2겹짜리 폐 50% 절단, 왼쪽 3겹짜리 10% 절단. 토탈 30% 절단 수술 후 의사 선생님이 두 군데 수술 환자는 회복이 거의 어렵다고 말씀하심에 순간 심한 좌절감을 느끼게 되었었고 전체 10% 정도의 호흡 기능으로 움직일 때 숨이 가빠서 몇 발자국 움직이고 주저앉아 얼마동안 가쁜 숨을 몰아쉬었을 때가 가장 힘든 시기였고 스스로 뼈를 깎는 고통을 감내하면서 힘든 시기를 극복해 나갔었는데 낙엽 밭에서 호흡 훈련하다가 호흡곤란으로 쓰러져 굴렀던 수많은 순간들이 파노라마 같이 뇌리에 스쳐 지나갈 때면 지금도 눈물이 쏟아진다.

엄청난 노력의 결실로 이제 평지를 걸을 때는 호흡이 아니라 피곤해서 쉬었다가 갈 정도로 이제 호흡기능이 50%선까지(나의추측) 아니면 그 이상까지 올라 왔음을 느낌으로 희망이 나의 곁으로 다가와 그 힘든 고비를 기억나게 하는 수술부위는 안정을 찾았으나 검사 상으로 보이지 않는 임파선 림프관 속에 잔류 암세포의 박멸을 위하여 항암 치료에 의한 후유증에 대비에 모든 역량을 쏟아 붓고 있다. 혹시 작은 불씨같이 어느 곳에 남아 있다가 다른 장기로 전이가 된다면 처음부터 다시 시작하는 것보다 더한 위기가 도래할 것이 뻔하기 때문이다.

나 같은 경우 보이는 암세포에 표적 수사를 하지 않고 폐의 전체에 항암 치료를 하기 때문에 표적처리에 비해서 후유증이 많이 나타날 수 있기에 영양분을 골고루 섭취함은 물론 항암 독성을 견딜 수 있는 양만큼 3끼를 충분히 섭취하고 있다. 하지만 의료진에서도 놀랄 정도로 변비 외에는 특별한 증상이 현재 3차에는 없음에 너무나 감사하게 생각한다.

한 번씩 허가 난 바닷가에 가서 해산물도 채취하여 먹고 있는데 어제는 몸의 독성을 제거하는데 탁월하다는 바지락을 직접 바다에서 잡아와서 하루 해감 후 국을 끓여먹고 틈틈이 온갖 종류의 과일을 주섬주섬 주워 먹는다.

섭취한 음식은 적당한 운동으로 배출하고 제주도 둘레길에서 하루 만 보 정도 바닷바람 마시며 걸어서 신진대사를 촉진 시키는데 오늘은 엔진오일 및 밧데리를 교체해야 하는 차량수리 때문에 제주시에 갔다 온 관계로 평소보다 운동량이 적음으로 집에서 가까운 신풍 올레길에서 모처럼 청명한 바다의 푸르름을 의지한 채 파도와 친구하며 걷다가 일부러 파도가 닿지 않을 만큼의 위치에 내려앉아 가만히 눈감고 자연이 나에게 던지는 메시지에 귀를 기울였다.

 고귀하게 사는 법, 청명함을 마음속에 넣을 수 있는 법 새로운 인생을 준비하는 마음의 자세 등 많은 부분에 귀 기울여 배움에 자연은 영원한 인간들의 스승임을 알게 했다. 눈을 떠 저 멀리 수평선 너머까지 이어진 출렁이는 파란 바다에 현혹되어 이 풍요롭고 멋진 그림을 보여 주시는 하나님께 감사기도 드린다. 아름답다 정말 신비스럽다. 그 아름다움에 반해서 파란 바다 속으로 빨려들어 가는 것 같은 착각에 빠졌다. 시간은 흘러 7시를 가리키고 내일 제주대학병원의 치료 때문에 자리에서 일어섰다.

 오늘도 많이 먹고 자야한다. 독성이 강한 항암치료제를 극복해 내려면 많이 먹어야 한다. 어제 캐 와서 해감 시켜놓은 바지락을 몇 번이고 빡빡 씻어 쪽파, 마늘, 소금 약간 넣고 국을 끓이고 된장국 데워 갈치속젓, 상추쌈 하여 맛나게 먹는다. 의사 선생님은 나의 생각이 잘못되었다고 하실지 모르겠으나 나의 지론은 맛있게 먹는 게 최고의 음식 이라는 소신에는 변함이 없다. 내가 좋아 하는 거 다 모아봐야 야채밖에 없음에 양껏 먹는다고 무슨 문제가 있을까. 호박, 두부, 된장, 오이, 갈치속젓, 열무김치, 배추김치, 미역줄기 그리고 틈틈이 직접 잡아서 먹는 바지락국. 바지락 된장국에 3일에 한 번씩 먹는 삼겹살 구이. 후식으로 참외, 밀감, 망고, 딸기, 간간히 마시는 우유 등이 나의 건강식이 아니라고 한다면 어쩔 수 없다고 생각한다. 오늘도 카톡 소리에 깨어나서 하루를 정리 하고나니 기분 좋고 첫째 나에게 실망 주지 않는 사람으로 남도록 노력하고 형제들에게 인정받는 사람으로 거듭나리라 맹세한다.

 모두 굿나잇!
 제주도 에서 이가 늦은 시간에 보냅니다!

오늘 저녁 너무 맛나게 배부르게 먹었기에 내일 항암 치료제도 거뜬히 극복해내리라 믿어 의심치 않는다. 물도 특별히 많이 마셔서 독성이 충분히 희석되리라 생각한다. 내일 치료하고 나면 항암치료는 2번 남았다 현실 안에 있으려면 이제 물러설 자리도 없다. 6월 15일까지는 치료를 마무리 짓고 삶의 현장으로 복귀해야 하기에 더욱더 고군분투해야한다.

건강하게 다시 태어나기 위하여 있는 힘을 다 모아보자.

모든것이 아름답다

제주 주상절리

제주사람

저녁 바다를 보면서 어떻게 표현해야 할까. 너무 아름답고 깨끗하고 눈이 부시면서 웅장하게 밀려오는 고귀한 자태를 인간이 만들어낸 그 어떤 단어로도 신비의 아름다움을 표현 못해 감동으로 그 안에 있다. 낮 보다 하늘과의 경계선이 더욱더 뚜렷이 구분되어 있고 크게 보였던 자연의 색상이 조밀조밀 작은 장남감 같이 바닷가 바위 속을 드나들며 재롱 잔치를 즐기는 것 같다.

조심조심 아슬아슬 물기가 튀어 오르는 곳에 자리 잡아 가까이에는 밀려오는 파도 친구 삼고 멀리 수평선 너머는 가슴 열어 커다란 희망을 품고 바라만 보면서도 커다란 희망이 열리는 것 같이 가슴 둥둥 뛰고 있다. 내가 제주도의 이 아름다움에 도취되어 하루를 멀다하고 같이할 수 있는 현실이 실감이 나지 않는다. 제주도는 가깝고도 먼 우리나라라고 항상 생각 하였으니까.

바닷가에는 자연스럽게 파도의 물결에 깎이어 지천에 깔려있는 동그랗게 모나지 않은 예쁜 돌 하나를 주워 올리다 보니 별로 무겁지 않음을 느끼게 된다. 한 번 잘라보면 엿가락 같이 구멍이 숭숭 나 있으리라 생각되고 서로 맞물려 놓으면 서로를 꼭 껴안고 있을 걸로 판단된다. 모두 다 색깔이 까만 돌 그리고 크기보다 가벼운 돌은 울타리로 쌓아두면 서로서로 용암으로 녹아 있었기에 표면이 거칠어서 서로를 꼭 물고 무너지지 않고 버티고 있는 모양새인 것 같다.

돌담은 어디에도 있고 아무렇게나 쌓아둔 것이 아니라 각과 줄이 똑바로 세워져서 어떠한 바람에도 끄떡하지 않을 뿐만 아니라 일딘 들이 가볍고 서로서로 돌기 부분으로 꽉 잡고 있어서 심한 태풍에도 무너지지 않은 견고함까지 갖추고 있었다. 재료가 없어서 울타리를 세운 것이 아니라 이렇게 견고하고 운치 있는데 굳이 다른 재료로 돌담을 만들 필요성을 못 느끼기에 제주 사람들은 지금도 제일 선호하는 게 돌담벽 같이 느껴지며 삶의 지혜로 받아들여진다.

만만디 제주 사람들을 관찰 하다보면 중국 사람들로 착각할 때가 많이 있다. 이분들은 일상이겠지만 항상 보면 여유가 넘치는 것 같다. 물질이 많아서의 여유일까, 아니면 세상 급하게 살 필요가 없다는 자연스런 습관에 의해서 형성된 자세일까. 암튼 이분들의 여유는 운치 있어 보이기도 하고 게으름이 몸에 베여 자연히 표현되는 것인지 감을 잡을 수 없지만 나름대로의 결론을 붙이자면 오랜 습관에 의해서 형성된 것이라고 밖에 판단할 수밖에 없다. 관광 특구답게 여행객들을 위하여 각종 관광산업개발은 타 지역에서 엄두도 못 내게 앞서가고 있으나 일반 생필품 및 음식 문화가 너무 빈곤함을 느낀다.

점심을 간단하게 먹고자 했을 때 찾아간다는 게 너무 힘들었고 결국 해산물 집으로 향할 수밖에 없었으며 자동차 기름을 넣으려고 해도 신형 차의 경유 주유구를 찾느라 앵꼬 직전까지 가다보니 항상 기름 넣을 때는 조마조마한 마음을 항상 느껴야만 했다. 휴... 이런 느낌. 이렇게 좋은 환경 천해의 요새에서 조금만 신경 쓰면 여행객들의 대만족으로 코로나가 끝나도 굳이 해외에 가지 않고 아름다운 제주도로 몰려 올 텐데. 제주도지사님은 알고 있으려나?

암튼 내일도 가보지 못한 여러 곳을 다녀서 우리나라 국토의 아주 중요한 부분 특히 자주 올 수 없는 제주도를 이곳저곳 다니면서 문화와 제주인들의 삶을 열심히 익히어서 차후에도 여유로운 여행을 하리라. 차 기름 넣을 때 항상 궁금한 게 밀감 하루 따는데 일당이 남자 12만원 이라고 하는데 주유소에는 왜 10개 중에 1개 정도가 셀프 주유소 일까. 그 비싼 일당을 주고도 주유소가 운영되는 걸 보면 정말 이해하지 못하는 부분이 앞으로도 많이 발견될 것 같아서 기대된다.

수수께끼를 안고 있는 제주는 오늘도 새로운 것을 하나씩 노출 시켜 준다.

제주도 알고 투병 생활에서 질병도 극복하여 새로운 인생 멋지게 설계하고 진행해 나가자.
항상 행복의 엔도르핀을 팍팍 쌓아 가면서.

거대한 공룡 작품

제주대학병원

제주대학병원 가는 날 너무 일찍 일어나서 한숨 더 자 버렸다. 컨디션은 최상이고 아침을 먹기 위해 이것저것 준비한다. 오늘은 밥을 먹지 말고 야채와 과일로 식단을 꾸렸다. 참외 1개, 우유 한 잔, 딸기 10개, 계란 반숙 5개 이 정도에서 해결하고 치료 끝나고 제주시에서 맛난 음식으로 외식하는 것으로 정리를 하였다.

제일 중요한 것인 서울삼성병원의 CD영상과 진료자료 두 권을 챙겨 넣고 한 시간 전에 도착 될 수 있게 집을 나섰다. 여유롭게 출발한 탓인지 천천히 주위도 충분히 보면서 가고 있다가 머릿속에 한 번 더 빠진 것이 없나 체크 중 순간 '아차' 하는 말이 저절로 튀어나와 버렸다. 소봉투에 넣어진 항암투여 약 종류를 깜빡 해버린 것이다. 순간 앞이 깜깜 했지만 어떡하나 미친 듯한 속도로 차를 돌려 다시 집으로 향했다. 서류를 챙겨서 나오니 도저히 진료 시간을 맞출 수가 없었지만 과속스티커 끊겨도 할 수 없다는 생각으로 엄청난 레이스를 펼친 결과 다행히 10분전에 도착할 수 있었다. 휴... 십년감수란 이걸 두고 하는 말 같다.

저번에 제주 의료원에 갔을 때도 느꼈지만 병원에 자원봉사 하시는 분들이 아주 많으신 것 같다.
가야 할 곳을 찾을 필요도 없이 곳곳에 앉아 계시는 자원봉사자 분들에게 도움을 구하면 같이 동행하여 상세하게 안내 해줌에 편하면서도 제주도에 대한 이미지 개선에 많은 도움이 됨을 느낄 수 있다. 여기 제주대학병원에는 그래도 중병 환자들이 오는 곳이라 병원 분위기부터 체계적인 것에 타 병원보다 그레이드가 높음을 한눈에 알 수 있다. 암 센터도 별도로 있고 그냥 항암 주사만 주는 줄 생각 했으나 피검사를 통해서 백혈구 수치 및 간염 여부를 확인 후 주사투여 결정을 함으로써 혹시 오늘 항암주사 투여를 하지 못한다 하더라도 신뢰를 가질 수 있음에 편안한 마음으로 진료를 받을 수 있을 것 같다. 모두 친절하고 순박한 얼굴들이라 편안한 마음에 기다림 자체도 즐거워 검지손가락을 열심히 놀린다. '님. 2번 진료실 박지은 교수님실 앞에 대기하세요.' 간호원의 말에 '네에' 최대한 뚜렷하게 말한다. 혹시 항암주사 미룰까봐서 요번에 백혈구 주사를 맞지 않았기에 많이 궁금하다. '백혈구 수치가 떨어져서 항암주사 투여할 수 없습니다.'라고 한다면 백혈구 촉진 주사약을 맞지 않았던 것을 크게 후회할 테니까.

교수님 앞으로 불려가서 선고받는 피의자처럼 앉았는데 '아주 양호합니다. 항암주사 투여하겠습니다'라는 말이 얼마나 반갑고 고맙게 들렸던지 나도 모르게 '감사합니다.'라는 말이 튀어 나왔다. 이렇게 3사이클의 항암치료를 무사히 마치고 전복왕갈비탕으로 기력을 회복하니 마지막 파이널 4사이클 항암 주사 투여를 위하여 더욱 최선을 다해야겠음을 다짐한다.

돌하루방도 마스크

먹는 소중함

먹는다는 것, 먹을 수 있다는 것에 이렇게 감사하고 소중한 생각을 한다는 것 자체가 예전 건강할 때는 상상도 못 했었다. 모든 질병의 원인이 못 먹어서 온다는 사실을 생각하지도 않았는데 암 병동에 입원 치료 받고부터 주위의 환자들을 접하고 그들이 안고 있는 고통을 직접 체험해보고 나서야 먹는 것이 이렇게 중요한 것임을 실감하게 되었다. 아침 점심 저녁 끼니 때 마다 배식이 이루어질 때면 영양 주사로 의지한 환자들은 언제 정상적으로 식사를 할 수 있나하는 눈빛이지만 항암의 부작용으로 음식물 냄새만 맡아도 구토를 일으키는 환자들은 보호자와의 실랑이를 벌임이 보는 이들을 아프게 한다. '조금만 드세요, 이번 한 숟갈만...' 어르고 달래고 거의 전부라 해도 과언이 아닐 정도로 끼니 때 마다의 먹는 전쟁은 계속된다.

나 역시 먹는 게 제일 힘들었다. 아침, 점심, 저녁 배식 시간이 다가오면 마치 피의자가 판사의 판결을 받는 것 같이 고통스럽게 느껴졌고 먹어야 하지만 먹는 게 가장 큰 숙제로 생각되었다. 먹기 위해서 오천 보 걸어야 할 것을 만 보 걷고 먹기 위해서 맛난 음식 생각만 해도 한쪽 켠에서는 배식시간에 대한 강박관념이 힘들게 옥죄여옴을 거부할 수 없었다.

이렇게 병원에서 중병에 걸린 분들 대다수를 보면 먹는 것에 처절한 전쟁을 치르고 있음을 보게 된다. 식도암, 위암, 대장암, 췌장암 등 먹는 것과 집결되지 않은 곳이 거의 없다. 대부분의 사람들이 살아야 하기에 가는 고무줄 호스를 주렁주렁 매달아 일정부분의 영양분을 공급받고 있다. 심지어는 최고 14개의 고무줄을 주렁주렁 매단 분도 계신다. 요즘같이 먹을 것이 풍족한 세상에서 먹는 것에 인색하지 않다보니 평소 먹거리를 소중하게 생각하는 분들은 거의 없다고 봐도 되고 또 끼니에 몸의 건강을 위하여 소중한 한 끼를 먹는다는 개념보다는 의식적으로 속을 채운다라는 생각이 더 많은 것 같다.

 내가 이렇게까지 건강을 회복하여 3사이클 항암까지 마친 것도 먹는 전쟁에서 승리하였기 때문이라고 자신 있게 말할 수 있다. 일단 먹는 것에 집착하고 힘들어도 먹었음에 그 독한 항암 성분을 극복할 수 있었다고 믿는다. 이 글을 읽는 분들에게 간곡하게 말씀 드리고 싶은 것은 건강할 때나 본의 아니게 아플 때나 먹는 것에 최선의 노력을 다하라는 말씀을 드리고 싶다. 밥도 먹고 고기, 야채 특히 과일을 먹을 수 있도록 습관화시키라는 말씀을 드리고 싶다. 평소에 먹는 것에 인색했고 또 몸에 해로운 술, 담배 등을 즐겨 드셨다면 그에 대한 해답은 본인이 질병의 고통 속에 있을 것임을 분명하게 예단 할 수 있다.

 좋은 것 많이 먹으세요. 화장실 가는 것 참지마세요. 시간되면 잠자리에 드세요.
 이 세 가지를 지키면 내일 동이 뜨면 배속에서 또 다시 맛난 것을 찾게 될 겁니다.

이 밤 바다같이 평온 해야지

이뻐서 너무이뻐서

친구의 배려

빠르게 흐르는 시간은 마치 급류를 탄 듯이 엄청난 속도로 지나가고 있다. 벌써 5월의 중간에 와있고 금방 한해의 마지막이 도래할 것 같이 내 나이를 세고 있다. 63이라면 한참을 세어야 하는데 도대체 며칠을 먹어버렸단 말인가. 그만큼 먹고도 몸무게는 똑같은데 결국 영양가 없는 삶의 무게만 가슴 가득한 짐 짊어지게 해놓았다. 그리고 또 다시 날짜도 캘린더 봐야 알 수 있는데 주말이란다.
 일상적인 생활이 아니라 투병 생활을 하고 있으니 요일 및 날짜 감각에 무디다고 해도 어제 주말이었는데 또 주말이라니 일주일씩 먹고 가는 착각 속에 빠진다. 집 앞에 하얀 산타페 차량이 정차한다. 저건 석겸이 차량인데 언제 가져왔지 생각도 못했는데 혼자 끼니를 챙겨 먹는지 걱정이 많이 되나보다. 시장까지 몇 가방을 봐왔는지 잔뜩 사들고 들어온다. 평소 여행도 해야 하고 움직임에 불편했는지 육지에서 아들 편으로 차를 오늘 가져왔단다. 오이, 멸치, 가지, 참외, 갈치 5지 짜리 제일 큰 것 한 마리까지... 친구 굶어 죽지 말라고 작정하고 오자마자 사 온 재료로 음식을 만들기 시작한다. 고추에 볶이는 멸치 냄새가 구수하게 코끝을 스치니 당기는 식욕에 왔다갔다 멸치 주워 먹느라 정신없다. 반찬통에 정성들여 담아 냉장고에 넣어주니 당분간 반찬 걱정 없으니 부자가 된 기분이다. 어제 항암 치료의 여파로 찢어질 듯이 아팠던 가슴도 진통제와 따뜻한 물을 조금씩 먹은 덕분에 통증은 가라앉고 시간이 오후 2시를 넘는 시점이라 식사도 어중간해서 고성 바닷가에 바지락과 보말 잡으러 갔다. 이제 제법 현지인 티가 솔솔 난다. 누가 2급 고위공직자 김석겸이라고 말할까. 거의 조개잡이를 직업으로 삼고 있는 사람 같은데 궁둥이에 찰싹 붙어 있는 논밭 맬 때 쓰는 의자 달랑 달랑 달려있고 호미에 햇빛 가리개용 벙거지 모자 등 완전 무장하여 2시간 정도 작업하여 만족할 만한 성과물을 들고 개선장군처럼 돌아왔다. 천해의 청정 바닷가 신풍 방파제 바닷가에서 깨끗이 씻어 해감 준비하여 집에 오니 친구 부인이 맛나게 갈치조림을 준비했다. 혼자서는 갈치조림 식당에서 먹지 못하기에 친구부인 덕분에 맛나는 갈치조림에 곁들인 저녁 식사는 원더풀 그 자체였다. 피곤한데 자고 가라는 부탁을 끝내 고사하고 집에 돌아감이 좀 섭섭했지만, 바닷물에 젖은 옷을 생각하면 집에 돌아가는 것도 맞다고 생각했다.

정말 고마운 친구다. 아직까지 보궐 선거의 후유증으로 안정을 찾지 못하고 있을 텐데, 왕복 두 시간이 넘는 거리를 달려와서 신경 써주는 자체가 너무 감사할 따름이고 남을 배려하는 마음이 없다면 행동으로 보여 준다는 게 쉽지 않은 행동임에 많은 깨우침을 얻었다. 투병이 끝나고 건강한 몸으로 회복 되었을 시 봉사 활동도 더 많이 하고, 나보다 못한 사람들을 위하여 희망의 불빛이 될 수 있도록 노력하리라 다짐한다.

 친구야!
 오늘 너무 고마웠고, 항상 친구의 깊은 배려의 마음을 기억하는 강이가 될 수 있게 최선을 다할게. 편안한밤 좋은 꿈꾸고 내일은 컨디션 최고로 힐링 만땅 하루되기를 기도한다. 굿나잇.

궁둥이에 달려있 의지.

바지락케는 친구부부

가 족

비가 온다. 신록은 가만히 있는 그 자리에서 살랑살랑 좋아라 웃고 있다. 자연에게는 비는 곧 맛있는 음식이다. 물기 머금어 자라고 더 깊은 곳으로 뿌리를 내리고 과실은 줄기 끝까지 물을 흘러보내 크고 탐스러운 열매를 맺게 하고 있다. 어디 있어도 보는 것만으로도 아름다운 풍경이다. 그 아름다움의 깊이를 상상해보면 더욱더 아름다움을 체험하고 느낄 수 있다.

햇볕만 쨍쨍 내리쬐는 날, 자칫 뜨거운 햇빛의 강렬함에 식물들이 다 말라 죽는 것 같은 착각을 하지만 실제로 식물은 태양을 보면서 광합성 작용으로 더 푸르고 더 싱싱하게 잘 자란다는 것을 알 수 있다. 적당한 우기와 강렬한 태양의 조화로 자연이 살찌듯이 가족은 서로 서로의 작은 배려로 형성되어가는 사회의 큰 덩어리를 만들기 전 소중하게 구성돼야만 하는 아주 중요한 작은 조직이라고 보면 되겠다. 이 소중한 조직은 아빠 엄마 그리고 둘의 역할로 인하여 성장의 중요한 양식을 받고 커가는 자식이라는 구성원로 이루어져 있으며 시간이 지나면서 자식의 성장이 계속되어 성인이 되어 가면서 더욱더 서로 간의 긴밀한 대화로 성숙되어 간다. 대화 결핍과 이해부족으로 이혼이라는 파경을 만들 수도 있으며 성장한 자식과의 세대 차이로 말미암아 부모와 자식 간의 대화 단절이라는 최악의 상태까지 몰고 가게 된다. 지금 비 오는 날 식물을 보면서 흘러내린 빗물을 뿌리에서 모아 몸통에서 줄기로 줄기에서 잎사귀로 조금씩 주듯이 가족은 각자 서로 서로의 위치에서 사랑의 배려심을 키워나가며 또 실천해 나감이 무엇보다도 중요함을 느낀다.

오늘은 일요일인데 비는 계속 내리고 있다. 산들 산들 작은 바람에 좋아라 웃고 있는 자연을 보노라니 나 역시 기분 좋은 느낌에 거실 베란다 너머로 보이는 자연의 아름다움을 감상하고 있다. 여전히 항암주사 후유증으로 가슴 부위에 통증은 느끼지만 어린아이 달래듯이 진통제와 따뜻한 물을 마시면서 조용히 품고 있다. 석겸이가 오고 있다고 하니 선수들의 손에 맡겨 어제 잡아온 바지락 보말을 잘 손질해서 끓여 뜨거운 국물 들이키면 아픈 가슴도 한결 나아질 거라는 기대감을 가져본다. 6월 중순경에 항암치료가 끝난다고는 예상하지만, 예상일 뿐이지 어디에서 전이가 되어 더 크게 번져 있는지 알 수 없기에 긴장의 끈을 놓을 수가 없으며 전이가 되었다는 통보에 더 큰 좌절 속에 빠져들 수 있음에 지금부터라도 마음의 수련이 더욱더 절실하게 필요함을 느낀다.

신록아, 웃거라. 너희들이 웃으면 내 마음의 평온함에 사랑의 엔돌핀이 솟구쳐 오른단다. 너희들이 물 머금으면 나의 마음도 물 머금어 가슴속 깊이로 졸졸졸 물 흘러내리고 사랑의 의지력으로 승화 된단다. 나는 사는 날까지 너희들 안에 있고 너희들과 더불어 삶의 희망과 현실의 아픔을 같이할 것임에 너희들은 나의 스승, 나의 영원한 반려자로 같이할 것임에 나의 가장 소중한 표창물로 같이 있을 것임에 너무나 소중하게 내 안에 자리하고 있단다

사랑할게. 기억하고 같이할게. 사계절 내내 니 안에 내가 거할게.

가족

건강밥상

하루가 저문다. 온종일 비가 그치기를 기다렸으나 주루룩 주루룩 계속 비가 내렸다. 해감시켜 두었던 바지락과 보말 중에 보말을 먼저 삶아 이쑤시개로 알맹이를 까니 친구 부인이 부추 보말전을 준비한다. 비 오는 날, 부추전만 해도 황송한데 그 귀한 보말까지 합세 하였으니 말로 표현 안 되는 진수성찬에 고급 요리를 만나게 되었다. 한 접시, 두 접시 계속 부쳐지는 지짐은 계속 입속으로 사라지고 특히 보말 삶은 물에 소금 간 약간 하여 먹으니 가슴 통증까지 사라졌다. 비는 계속 내리고 계속 만들어지는 먹거리에 기분 좋게 배는 계속 불러왔다. 보리차 색깔과 비슷한 보말 삶은 물과 보말 알맹이를 소중하게 싸서 냉장고에 넣어주는 정성 고마워서 하루빨리 나아서 은혜에 보답하리라 다짐했다. 저녁 6시가 되어도 비는 계속 내리고 비옷 입고 산책 가자는 친구의 제안은 2대 1로 묵살되고 저녁 먹고 쉬는 걸로 합의되어 모두 힘을 합쳐 저녁을 준비했다. 해감 된 바지락을 삶아 껍질 제거 후 알맹이만 모으고 갈치속젓으로 상추쌈을 준비하니 또 다른 별미에 입 안 가득 군침이 고였고 이리저리 반찬을 준비 중에도 입안으로 계속 들어간다. 맛있는 저녁식사 시간은 너무 행복한 순간이었고 항암중인 환자들은 식욕이 없다고 하는데 왕성한 식욕에 행복은 결코 큰 것에서 부터 오는 것이 아님을 실감하게 된다. 나의 의지력도 중요하지만 따라주는 육신에 너무나 고마움을 느꼈다. 보말 끓여 뜨거운 물 먹어 건강을 지켰고 바지락 삶아 국 끓여 먹으니 그 구수함에 오장육부가 좋아라 춤을 춘다. 많이 먹고, 많이 싸고 오늘은 잠만 편하게 잔다면 퍼펙트 점수를 받을만한 날이다.

오늘 요리한다고 고생한 친구가 8시에 돌아가고 그사이 비는 그쳐 맑은 날로 바뀌었다. 운동 못한 아쉬움에 그냥 잠을 잔다는 것은 육신의 치료에 도움이 되지 않을 것 같아서 일어섰다. 집 앞 올레길에 갈까, 아니면 그래도 좀 환한 표선해수욕장으로 갈까를 저울질하다 하나로 마트에 장도 볼 겸 표선으로 차를 몰았다. 계란 한 판, 쌀 7킬로, 통깨, 진간장을 사고 가져온 쓰레기를 분리수거장에 버리고 표선항으로 향했다. 등대에서 파란 불빛만 껌뻑껌뻑 번쩍이고 바람 없는 항구는 가로등 불빛만 일렬로 머금어 일렁이는 파도에 반짝인다. 그야말로 감동과 운치가 조합을 이루니 산책 중 자연스럽게 힐링이 되는 것이다. '여기 나 있소.'라고 밝혀야 어두운 밤바다에 서로 놀람이 없을 것 같아서 차량에 있던 헤드랜턴을 머리에 설치하니 무서울 것 없는 밤의 지배자가 된 느낌이다. 이리저리 항구의 가장자리에서 시작하여 해수욕장 언저리 한 바퀴 돌고 검은 바위의 중간에 시멘트 길로 해녀들이 다니는 길 잠시 빌려 어두운 해변까지 숨 고르기 연습 열심히 하면서 걷고 또 걷는다. 사람들 한 명도 보이지 않는 늦은 제주도 밤바다는 이렇게 더욱 깊은 고요 속으로 잠기고 등대의 불빛은 밤새 저렇게 번쩍임을 반복하여 길 잃은 배들에게 소중한 안내의 불빛으로 자리를 지키겠지. 이것을 비온 뒤의 고요함, 비온 뒤의 평온함이라 한다면 오늘 조금 늦더라도 이 꿈과 같이 평온한 환경의 바다를 조금이라도 더 포옹하고 가고 싶다. 사랑의 바다 운치의 밤바다에 내 마음과 육신 의지한 채 오늘도 그 안에서 희망을 보고 행복을 안는다. 길게 늘어선 항구의 가로등 사이로 내 채취를 남겨 살아 있음을 각인시켜 주고픔에 날 잊지 말아요 메시지를 애써 새겨 넣는다.

건강하게 해 주세요. 육신이 깨끗하게 다시 태어나 희망의 불꽃을 피우게 해주세요. 오늘밤 긴 침묵속의 밤바다에 소망을 실은 작은 배를 띄워 보내고 작은 행복을 안고 돌아섰다. 사랑해요. 제주도 사랑해요. 건강하고 싱싱한 공기여.

건강밥상

생 명

　이 세상에서 가장 소중한 것을 말하라면 당연히 생명이 아닐까. 작은 벌레에서부터 만물의 영장이라고 불리는 인간의 모습까지 생명은 고귀하고 그 누구도 부인하지 못하는 고귀한 가치를 가지고 있다. 그러기에 우연히 보게 되더라도 살기 위해 몸부림치는 생명 있는 모든 것들의 처절하게 먹이를 찾아 헤매는 모습을 볼 때면 가슴 저리게 아픔을 느끼고 안고 갈 때가 많다.

　어느 날 집에 가다가 굶주림에 쓰레기통을 뒤지는 고양이를 보다가 다른 곳으로 이사를 갈 때까지 6년의 세월을 사료를 챙겨줄 때가 있었다. 처음에는 한 마리에서 나중에는 10마리가 넘게 내가 주는 사료를 먹고 크고 있었는데 제일 힘든 부분은 야생 고양이를 싫어하는 사람들이 사료통 자체를 엎어 버린다든지 멀리 던져서 사료를 못 주게 하는 것이 가장 힘들었던 것 같다. 이리저리 비 올 때는 사료가 다 젖어서 다시 교환해 줘야 했고 사람들이 편하게 치워 버릴 수 있는 공간을 피해서 동네 놀이터 정각에 포복하다시피 기어들어 가서 가장 사각지대에 사료를 둘 때면 양쪽 무릎에는 흙 범벅이 될 때가 한두 번이 아니었다. 그렇게 고양이들에게 정을 줘도 이놈들은 나를 인지는 하지만 개들과 같이 스킨십은 잘 허용하지 않는 터라 좀 닦아주려고 해도 기회를 주지 않아 6년 동안 만져 본 놈은 한 마리 밖에 없었어도 무럭무럭 자라는 게 좋아서 한 번도 사료통을 비워놓지 않았었다. 하루는 집에 오는 길에 고양이 암놈 한 마리가 차에 치여서 죽어 있었는데 그 놈이 낳은 새끼 한 마리가 어미 찾는다고 계속 울고 있기에 어쩔 수 없이 안고 있는데 어떤 마음씨 좋은 아가씨가 '아저씨 왜 그러세요.' 물어보기에 자초지종 얘기했더니만 '아저씨 집에 데려 가시면 되잖아요.'
　그 말에 '데리고 가고 싶은 마음 굴뚝같은데 제가 집에 저밖에 모르는 버릇없이 키운 미니핀이 한 마리 있는데 너무 성질이 난폭해서 이 고양이 제 명에 못 살 것 같아요.' 하는 말에 흔쾌히 맡아주시겠다는 말씀에 지금도 그 고마움을 잊지 못하고 이따금씩 안부가 궁금할 때가 한두 번이 아니지만 사랑받고 잘살고 있을 것이란 강렬한 믿음 하나로 보고픔도 참고 있다. 현대문화 2차 살다가 호수공원대명루첸으로 이사를 하다 보니 거리도 있었지만 살아 있는 동안 책임지고 싶은 강렬한 마음이 있어 주기적으로 찾아갔는데 나 말고 동물 애호가가 한 명 더 있었음에 안심하고 며칠을 조용히 지켜보고 있었는데 나보다 더 깔끔하게 챙겨 주시는 모습보고 안심하고 이제는 정기적으로 돌보는 야생 동물이 없기에 편하게 지낸다는 게 부끄럽지만 그렇게 살고 있습니다.

 거기다가 건강관리 잘못한 죗값으로 폐암 3기 판정을 받아 수술 후에 항암 주사로 몸 속에 혹시나 잔재되어 있는 항암 세포를 박멸하려고 무자비로 항암 주사를 투여하다 보니까 보통 정신력으로 버틴다는 게 정말 힘듭니다. 그래도 속에서 아프면 곁으로 웃자는 철저한 마음가짐으로 생활하다 보니까 자연적으로 아주 긍정적인 마인드로 바뀌고 항암 후유증이 거의 없을 정도로 몸도 따라서 변하고 있으니 너무 행복하고 좋습니다. 오늘도 잠을 자야 하는데 밖에 빗소리도 너무 좋아 소파에 앉아 있는데 거실 베란다 앞에 예쁜 노란색 야생 고양이 한 마리가 나를 보고 있는 모습이 이놈이 배가 고프구나 생각하니 먹을 수 있는 거라고는 마른 멸치와 날계란밖에 없음에 조용히 문 열고 다가가니 멀찌감치 서서 지켜보고 있습니다. 일단은 계란과 멸치를 챙겨주니 좋아라 먹는 모습이 애처롭게 보입니다. 그냥 배고픔에 애타는 생명임에 불쌍한 감정만 앞설 수밖에 없었습니다. 내가 계속 제주도에 산다면 매일 먹을 것을 챙겨줄 수 있지만 6월 중순이면 돌아가야 하기에 먹을 것을 챙겨줄 수도 없는 헌실임에 마음이 많이 아픕니다. 왜 이 세상에 생명 있는 미물로 태어나서 죽을 때까지 굶주림에 허덕이며 살아가야만 하는지 안타까움 금할 길 없습니다.

이곳저곳 밤새 쓰레기통을 뒤지겠지요. 부패한 음식물에 아프기도 하면서 생명이 끊기는 그날까지 계속해서 그렇게 살 수밖에 없는 운명을 지닌 야생 동물들을 제주도에 와서도 외진 곳에서 많이 보게 됩니다. 순간적으로 맛난 것 먹이고 싶고 굶주림에서 벗어나게 해주고 싶지만 내가 떠난 그 자리에 더 많은 굶주림에 고통받을 생각을 하면 맛난 것 사주고 싶어도 하지 못하는 이 심정은 심히 슬픕니다. 왜 조물주는 살아있는 그 순간까지 굶주림에 고통받아야만 하는 생명들을 만들어야만 했을까요. 내일은 이놈들이 그래도 내가 없어도 최소한의 굶주림에서 해방될 방법을 최선을 다해서 연구해보고 결론을 한 번 만들어 볼게요.

또 다시 계속 비가 옵니다. 건강한 한 주가 될 수 있도록 최선을 다해서 힘을 모읍니다.
친구들에게도 건강한 삶이 있기를 간절한 마음으로 기도 드립니다.

생명의 광채

안 먹어도 서있는 구조물이 부럽다

삶의 변화

몸이 불편할 때 일수록 더욱더 부지런해야 한다. 감염되지 않으려면 항상 깨끗이 씻어야 하고 속옷을 청결히 입어야 나쁜 균으로부터 몸을 보호할 수 있으며 가장 중요한 것. 먹는 것에서 항암의 독성에서 이겨낼 수 있나 없나를 판가름하기에 청결한 먹거리 재료에서 맛난 것, 영양가 있는 것을 꾸준히 챙겨 먹어야 한다.

오늘은 한 주가 시작되는 월요일이다. 직장생활 하는 분들은 휴일을 편하게 보내고 직장에 출근하려고 하다보면 너무 많이 자서 월요병, 야외에 나가서 너무 왕성한 운동을 한 결과 피곤해서 월요병. 일주일을 시작 할 때면 평생 월요병에 시달리는 것 같다. 먹고 살기 위하여 돈을 벌지 않으면 안 되기에 월요병은 모든 사람들이 극복해야 할 과제이다. 폐암 선고받고 항암 주사 투여한 지 오늘로 두 달 정도 지나고 있다. 공기 좋고 건강한 음이온 팍팍 나오는 제주도에 4월 23일 왔으니까 제주생활 25일째 접어들고 있다. 처음에는 어떻게 혼자 생활하나 암담했고 특히 먹는 것을 어떻게 해결할지가 큰 숙제로 생각되었다. 그리고 만약 항암 후유증으로 갑자기 응급실에 실려 가야 한다면 인가가 하나도 없는 외진 별장에서 해결 방법이 없음에 모든 것이 고민이었고, 풀어야 할 힘든 숙제로 대두되었다.

제주생활 1달이 다 되어가는 지금 생각해보면 그때 힘들게 고민했기에 지금의 내가 있음을 크게 느낀다. 병균에 감염되어 더 큰 고통이 없어야 되겠기에 매일 빨래하고 청소하여 청결을 유지해야 했고 항암의 후유증인 식욕부진으로 말미암아 야기될 수 있는 심한 통증과 급속한 체중 감소를 사전에 예방 하기위해 매일 식단을 찌시 엄청난 양을 몸속에 빌어 넣었음에 양 볼이 불룩하게 나올 정도로 살이 찌니 아무리 독성이 강한 항암 주사약이라고 해도 내 몸에 형성된 항체에 맥을 추지 못함이었고 매일 만 보 이상을 청정지역 제주 바닷가를 거닐면서 호흡운동을 하였기에 폐 기능의 엄청난 향상을 가져와서 호흡 곤란을 잠재워 버려서 지금은 아무리 걸어도 호흡곤란으로 주저앉는 일이 없어졌다. 이 모든 것이 좋게 호전되어 웃을 수 있는 생활을 보장 받는 것은 결국은 게으르면 할 수 없는 것임에 자연스레 폐암 완치되는 그날 또 한 가지 소중한 것을 얻는다는 점에서 인생의 새로운 전환기가 된다는 것에 아주 소중한 생활 습관을 취득하였다. 이렇게 투병 생활에서 질병을 이겨내려고 한 것이 평소 게을렀던 고질병까지 해결했으니 얼마나 대단한 결과를 얻음인가.

이제 치료 전에 무엇을 해야 하고 항암 주사 후 어떤 조치를 해야 함을 스스로 숙지하는 사전 준비가 몸에 익어서 미리 척척 잘함이 스스로가 봐도 대견스럽게 보인다. 이렇게 계속 4사이클 마지막까지 내가 정해놓은 프로그램을 계속 숙지하여 실천해 나간다면 차후 육신은 분명히 예전의 건강함을 찾을 것이고 덤으로 부지런함을 얻어서 향후 진행될 사업에도 커다란 발전이 있을 것임을 믿어 의심치 않는다.

결론으로 말하자면 질병의 터널에서 빠져나오려면 질병의 터널에 갇혀 고생하지 않으려면 평소 생활의 패턴을 바꿔야 한다는 것이다. 거창함도 필요 없고, 지금보다 50%만 더 움직이고 부지런해진다면 더욱더 청결한 환경을 만들 수 있고 질병이 근접하지 못하리라고 확신할 수 있다. 나를 아는 모든 분들이 이 글을 읽고 조금만 더 부지런해져서 건강한 생을 살다가 갔으면 하는 바람에서 이런 글을 올려봅니다.

걸어야 산다

걷는다는 것. 매일 걷는다는 것은 엄청난 인내심을 요구한다. 매일 만 보 걷기가 생활화된다면 모든 질병에서 해방된다고 할 정도로 걸음으로 인하여 오장육부에 건강한 바람을 일으키는 원동력이 된다. 처음 폐암 판정을 받고 서울삼성병원에서 조직검사 할 때부터 병원 복도에서 걷는 운동을 시켰다. 오른쪽 10% 절제 수술 후 '기침해보세요.' 아파 죽겠는데 기침하게 하고 중환자실에서부터 걷게 하였다. 잘 걸으면 100점 주고 빨리 낫게 해줄까 봐서 아픈 것도 참고 걷고 또 걸었다. '잘하십니다.'라고 할 때 기분 너무 좋아서 시간만 나면 걸었다. 일주일 뒤 왼쪽 폐 50% 절제 후에는 전체호흡 수준이 10%가 될까 말까 그냥 한 발 옮기면 목에서 제트기가 날아다녔다. '헥헥, 쌕쌕...' 그리고 벽을 짚고 한참을 진정해야 정신을 차릴 수 있는 그야말로 숨쉬기 전쟁터가 되어버렸다. 그래도 걸으면 낫게 해줄 거라는 희망으로 계속 걸었다. 혼자서 점수판도 만들어 놓았는데 식사, 물, 소변, 대변, 기침 그리고 만 보 걸으면 스스로 100점을 주었다. 100점을 받지 않으면 나을 수 없다는 기준까지 만들어 놓고 폐암 환자들이 있는 병동이 9층인데 복도를 한 바퀴 돌면 207보가 나왔는데 만 보를 걸으려면 50바퀴를 돌아야 했다. 한 바퀴, 두 바퀴, 세 바퀴 세다가 까먹어 버리기에 휴대폰에 만 보 걷기 설정해놓고 기약 없이 걸었다. 병실에 8명이 계셨는데 거의 모든 분이 걷는 것에 인색하여 나를 쳐다보는 눈이 외계인 보듯 하였다. 의사 선생님이 나를 보는 눈 자체가 다름을 알 수 있었다. 어떤 때는 회진 시간에 상태 점검하러 왔다가 패스하고 가버리시는 날도 있었다. 그냥 나를 보면 웃으신다. '잘하고 계십니다.' 그 한마디 말씀이 벌써 내 병이 다 나은 것 같은 착각을 할 만큼 엄청난 희망을 주는 말씀이었기에 입원 기간 내내 매일 계속되는 긷기 연습에 어떤 때는 17,000보까지 걸을 때도 있었다. '퇴원하시고 지금처럼 하시면 됩니다.'라는 말씀 속에 나는 나을 수 있다는 말이 포함되어 있는 것 같았다. 수술 부위가 터져서 3리터 정도의 피가 폐에서 쏟아져 나오지 않았다면? 곧바로 울산D병원에 가지 않고, 서울삼성병원으로 갔더라면 고생 좀 덜했을 텐데, CT까지 찍어놓고 수술 자리가 터진 것도 모르고 물 찼다고 꼼짝 말고 누워 있으라고 9일간을 방치한 돌팔이들 때문에 고생 좀 더 심하게 하였지만 힘들었어도 죽기 아니면 까무러치기로 걸었기에 지금 이렇게 호흡 기능은 거의 정상인에 가깝게 회복되었으며 1달 정도의 시간이 지나면 완치될 수 있다는 강한 확신을 가지고 있다.

평소 우리들의 생활 속에 걷는다는 것에 모두 상당히 인색함을 볼 수 있다. 100미터 정도의 거리도 차로 이동하고 휴일 근처 작은 산에 올라가서 좋은 공기 마시고 걸음으로써 오장 육부에 신선함을 제공할 수도 있건만 누워있는 시간을 늘리는 경우가 많다. 이 글을 읽으시는 분들에게 간곡하게 부탁드립니다. 걸어야 건강을 유지할 수 있고 걸어야 오랫동안 질병 없이 삶을 영위할 수 있음을 크게 아파본 당사자로서 말씀드립니다. 자, 모두 핸드폰에 헬스기능 맞춰 놓으시고 최소 하루 6,000보는 채운다는 각오로 걸어보시고 일주일 평균 집계도 자동으로 나오니 확인하고 난 뒤 건강을 체크해 보세요. 분명히 건강 지수가 좋아져 있을 걸로 믿어 의심치 않습니다.

걷자 걷자

사랑해 표선항

 이 바람 많은 제주도에 바람 한 점 없이 고요함에 적막감마저 감돈다. 등대 불빛도 녹색 가로등도 녹색 잔잔한 항구에 예쁜 녹색 줄이 표면에 예쁘게 그어져 환상의 색깔로 항구의 바다 위를 수놓아 정박한 배들과 조화를 이룸에 환상의 콤비를 이루고 있다.

 오늘은 고기 많이 잡히는 날인가 보다. 항구에 정박한 배는 몇 대 없고, 저 멀리 밤바다 환하게 밝혀 고기 잡느라 제주 먼 바다는 휘황찬란한 도심의 불빛을 연상시킬 만큼 고기잡이하는 배들로 환하게 밝혀져 불빛에 가려 밤바다가 묻혀 버렸다. 이리저리 아름다운 밤바다에 이끌려 걷다 보니 하루 목표량 만 보를 훌쩍 넘겼는데 고요한 제주 밤바다에 도취되고 아름답게 수놓인 불빛의 향연에 빠져 있다 보니 집에 가야 할 시간이 지났는데도 미련이 허리춤을 잡고 놓지를 않으니 쉽게 발이 떨어지지 않는다.

 언제 다시 바람 많은 제주에 오늘같이 고요한 날이 있어 아름답고 환상의 밤에 취해서 밤을 새워 그 안에 같이 하고픈 간절함에 몽유병 환자같이 빠져들 날이 있을까. 정말 아름다운 밤이다. 살아있어 느끼는 이 감정에 몰입될 수 있는 환경이 너무 좋아서 최선을 다해 건강관리하여 아프지 말고 갈 수 있는 모든 곳에서 담을 수 있는 아름다움을 모두 차곡차곡 모아서 생이 다하는 그날에 기록으로 남겨 사랑하는 딸에게 소중한 선물로 주고 갈 수 있는 아빠가 될 수 있게 할 것이다.

 어떻게 보면 지금이 나에겐 인생의 분기점과도 같음을 느끼고 깨달음을 얻어 새로움으로 다시 태어나게 하려고 이러한 질병이 찾아왔고 완쾌하여 남은 인생 새롭게 살라고 이 청정지역 제주도에서 평온하게 마음을 정리하라고 이렇게 귀중한 시간을 할애해준 것 같이 생각된다. 정말 아주 고요에 잠긴 마음이 되어 표선항의 야경에 취해서 집으로 쉽게 발걸음 돌리지 못하고 앉아있지만, 이 순간 너무 행복하고 구조물에 불과한 등대, 가로등 그리고 둥둥 떠 있는 배와 항구의 모든 것이 친구가 되어 조용히 대화하고 있다.

너희들이 보고 싶어. 너희들을 품고 싶어. 너희들의 아름다움에 빠져서 나는 꼭 완치되어 다시는 아픔의 고통을 가지지 않겠노라고…

사랑해, 표선항.

표선항

현대헤비치 호텔 야경

눈부신 제주

파아란 하늘에 두둥실 떠다니는 솜털구름이 탐스럽다. 며칠 사이 비 오고 구름 끼고 뿌연 환경에 있다가 화창한 날씨에 기분이 상쾌해진다. 날씨가 화창하면 바다도 더욱더 선명하게 파래진다.

파란 하늘에 파란 바다에 출렁이는 파도가 좋아 바닷가 모래사장을 왔다 갔다를 계속하고 있다. 운동하는 것도 있지만 지금 업 된 기분을 계속 가슴속에 주입하려는 의도적인 마음이 더 많다고 볼 수 있다.

바로 앞에 성산 일출봉이 보인다. 그냥 글로 적지 말고 환상적으로 보이는 것을 그대로 AI로 옮겨 놓으면 좋으련만, 이 아름다움을 옮겨 적으려고 하니 한계 된 어휘 구사 능력에 많이 달림을 인정하지 않을 수 없다. 산의 형태도 아니고 바위의 형태도 아니고 그렇다고 섬도 아닌 성산 일출봉은 기이한 형태를 보인다. 마름모꼴의 형상을 바다 위에 얹어 놓은 것 같이 사방이 각이 져 있어 울퉁불퉁한 형상이다.

한 면을 제외하고는 삼면이 바다에 둘러싸여 있고 한쪽은 기암절벽에 급경사를 이루지만 두면은 무난하게 바다와 닿아있다. 파도와 접촉하면서 부딪침으로 하얀 거품이 솟구쳐 오름이 엄청난 장관을 품어낸다. 아름답다고 해야 하나. 아니면 거대하다고 해야 하나. 예쁜 꽃을 보면 예쁘다. 아름답다라는 표현이 절로 나오지만, 하늘과 특히 유난히 청명하여 눈부신 하늘과 조금씩 섞여 두둥실 떠다니는 하얀 솜털 구름에 파랗게 출렁이는 바다. 그리고 그 중간에 떠 있는 성산일출봉같이 기묘한 형태의 육지와의 조화를 보노라면 언뜻 언어의 표현으로는 마땅하게 감정을 표현할 수가 없어서 멍때림으로 취한 눈으로 한참을 바라만 본다.

그래, 이것은 아름다운 것도 초월 예쁜 것은 너무 안 맞는 것 같고 기이하다도 너무 추상적인 것 같고 오묘하다는 말이 이 경치에 그래도 조금 어울리는 것 같아서. '아, 너무 오묘한 신의작품이여.'라고 불러본다. 이리저리 몇 바퀴를 걸었는지 운동화에 모래의 저항이 거세어서 피곤해지는 육신을 쉬게 하려고 차량으로 돌아온다. 힐링 잘하였고, 보는 각도, 장소의 변화에 따라 너무나 다르게 보이는 제주도의 모든 것이 오늘도 새롭게 마음속에 와 닿는다. 남은 치료 기간 동안 더 많은 것들을 귀하게 주워 담아 현실 속에서 현명하게 처신하는 데 많은 도움을 받을 수 있도록 차곡차곡 마음 깊은 곳에 보관해 두어야지.

거대한 맘모스형상

성산 일출봉

조개체험마을

바지락 보말을 너무 맛있게 먹어서 오늘은 일찍부터 많이 잡으려고 작정하고 고성으로 향했다.

제주도의 모든 바닷가는 해산물 채취가 금지되어있고 적발 시 300만 원의 과태료를 물게 되기에 허락된 지역 외에서는 바다에 들어가서 조개 등을 채취 시에 주의해야 하며 그냥 재미로 하는 행위도 하지 않는 것이 본인을 위해서 바람직하다.

여기 성산 일출봉이 바로 눈앞에 보이는 고성마을은 제주도에서 타 지역에서 관광 오신 분들에게 특별하게 조개 및 보말 고동 등을 채취하면서 체험의 경험을 해보라고 특별히 허락한 곳으로, 빠를 때는 평소 오후 1시 정도 되는 시간에 물이 빠져 많은 사람들이 조개잡이에 나선다. 주로 바지락, 보말, 고둥, 맛조개 등이 주축을 이루고 있으며 이 지역에 사는 분들 중에는 이 조개 및 보말 등을 채취하여 생계 수단으로 활용한다고 하니 조개류가 얼마나 많이 잡히는지 실감 난다.

매일 엄청난 인원들이 바닷가를 거의 메우다시피 하고 소문에 소문을 물고 제주도에 여행 오신 분들은 거의가 다 여기에 들렸다가 가시는 것 같다. 나 역시 처음에는 성산일출봉에 산책하러 왔다가 많은 사람들이 바닷가에 몰려 있기에 뭐 하는지 궁금하여 찾게 되었고 여기는 왜 오픈되어 있는지 네이버 검색창에서 조회를 해본 결과 고성 조개체험마을이라고 제주도에서 관광객 유치 차원에서 유일하게 자유롭게 해산물을 무료로 채취 허락을 해준 곳임을 알게 되었다. 처음에는 이만큼 많은 사람들이 매일 채취하는데 있을까하는 반신반의 생각으로 막대기로 파헤쳤는데 바지락이 나오는걸 보고 신기하게 생각한 것도 있고, 바지락과 보말을 삶아 국물을 마시면 해독 작용에 탁월한 효과가 있다고 여기저기 지식창에 많이 올라와 있기에 호미, 바구니 밭 맬 때 엉덩이에 붙이는 휴대용 의자도 구입하여 먹고 싶을 때마다 필요한 만큼 채취해 오곤 했다.

 오후 2시쯤 올 때마다 썰물로 물이 빠져 있었기에 오늘은 조금 일찍 서둘러 좀 많이 채취하여 매일같이 와서 고생한 석겸이 불러 같이 먹을 속셈으로 1시부터 물 빠질 때만 기다리며 바다를 쳐다보고 있었지만 오후 4시까지 물은 빠지지 않고 그대로 임에 허탕치고 집에 돌아왔다. 네이버 검색창에 제주 고성 물때를 아무리 쳐 보아도 알려주는 글은 없고 진통제를 가져가지 않아서 가슴에 통증도 있고 하여 할 수 없이 철수하고 나니 무엇이든지 모르고 덤비면 황당한 일을 당함을 실감나게 느낀 하루였다.

 낮에 물 안빠졌으니 밤에는 물 빠지겠지 저녁 단단히 챙겨먹고 헤드랜턴 챙겨 저녁에 다시 도전해볼 계획으로 마음 다져 먹는다. 저녁에도 물 안 빠지면 동네 분들 찾아가서 여쭤보고 다음부턴 이런 낭패를 자초하지 말아야지. 바보된 날.

조개케는 여인

폐암 판정받는 날

내가 처음으로 폐암 선고를 받았던 날을 지금도 생생하게 기억한다. 11월 중순 경에 수환이와 점심 먹자고 했는데 약수 마을에 순두부집 하는 초등학교 후배집에서 만나서 상식이와 수환이, 그리고 내가 잘 모르는 중소기업 하시는 분과 만나서 낮부터 막걸리 반주 한다는 게 한 병, 두 병 술이 술을 불러 1인당 3병 정도 마신 걸로 기억한다. 술도 마시고 사업 얘기도 하다보니까 너무 과음을 하게 되었다. 막걸리 3병에 점심 순두부 정식 먹고 집에 오면 되는데 신정시장 이선비주막촌에 가서 철하랑 조개탕에 또 막걸리 3병 마시고 술이 많이 취한 상태에서 수암시장 철하 약속 있다는데 가서 또 다시 맥주 두 병을 마셨으니 양도 많았고 술이 믹싱되어 취기가 더 오른 상태에서 아주 나쁜 버릇 집에 오면 한잔 더 하고 잔다는 것이 일상화 되다보니 맥주캔 한 병 마시고 자려고 일어섰는데 필름이 그기까지 나오고 끊겨 버렸다. 한참 뒤에 정신이 약간 드는데 119구조대의 다급한 목소리가 귀에 들어왔다. '아저씨 눈 떠보세요. 내 소리 들립니까...' 등 나를 깨우는 소리가 계속 들렸다. 그리고 또 다시 끊긴 필름이 동강병원 응급실에서 살아났다. 술 마셨던 것, 집에 왔던 것, 10시쯤 자려고 거실에서 일어섰던 것까지. 그리고 심장이 멎어 버려서 마눌이 119 올 때까지 심폐소생술을 계속했다는 것까지 연결되었다. 응급실에서 급하게 응급 처치를 하고 입원실로 바로 옮겨졌다. 응급처치라고 할 것도 없이 그냥 정신이 돌아와 버렸다는 게 좀 더 정확한 표현인 것 같다.

심장이 왜 멎었을까. 평생 심장에 이상이 있어서 병원을 찾은 일은 없었고 5월 달 종합검진 시에도 아무 이상이 없었음에 혼자 생각하기에 술을 너무 마셔서 혼절한 상태임을 짐작하고 자랑할 만한 일이 아니기에 술을 얼마나 마셨는지에 대해서는 함구하기로 하고 의사선생님이 여러 가지 검사를 하시는 것에 속으로 약간 비웃었던 것 같다.(술 너무 많이 마셔서 혼절했다. 이 바보들아.)

 그래도 그동안 매일 술을 워낙 많이 마셨기에 몸의 어느 곳엔가 이상이 있을 것이라는 불안감을 가지고 있는데 심장전문의, 소화기전문의, 호흡기 전문의 세 분의 과장급 선생님의 정밀 진료를 걱정도 하면서 지켜보았다. 심전도 검사, CT, MRI까지 찍을 때는 뭔가 큰 이상이 있음을 직감 할 수 있었는데 그 비싼 PET CT까지 찍고 나서 호흡기내과 과장님이 조용히 불러서 사진을 보이시면서 폐의 한 쪽도 아닌 양 쪽에 폐암으로 의심되는 종양이 1개씩 있는데 크기는 오른쪽에는 1cm, 왼쪽에는 1.8cm 정도의 크기이며 한쪽에서 전이 되어간 게 아니라 별도로 생겼다는 말씀과 보통 한 쪽에 이만한 크기로 있으면 1기로 판명되어 수술로 처리가 끝나지만 이 같은 경우에는 4기로 판정난다는 말씀을 하였다. 폐암 4기라니. 폐암 4기면 거의 사형선고 아닌가. 몸을 혹사한 대가가 나타남에 그냥 당연하게 받아 들여졌고 담담하게 지나온 과거가 파노라마같이 지나갔다.

 '어디서 치료하시겠습니까.'
 의사 선생님의 질문에 아무 곳에서나 그냥 해버리고 싶었으나 큰 처형이 위암으로 고생을 많이 해 본 경험이 있어 서울삼성병원으로 가라는 충고에 '예약이 되겠느냐.'라고 전화로 예약 문의를 해 본 결과 10일 후에 가능하다고 접수가 되어 서울삼성병원에서 운 좋게 치료를 받을 수 있게 되었다. 동강병원의 자료를 일일이 챙겨서 삼성병원에 가져가니 의사선생님 하시는 말씀이 '사진도 많이도 찍으셨습니다.'라고 웃으셨다. 진료비가 이백만 원이 넘었으니 사진을 많이 찍기는 찍었다. 동강병원의 사진을 근거로 조직 검사에 들어갔다. 양쪽 폐에 구멍을 내어 시료를 채취하여 일주일 뒤에 결과가 나왔는데 최종 판정 또한 폐암 이었으며 동강병원 판딘보다 좀 더 양호한 폐암 3기 A판정을 받았다.

오른쪽부터 수술 후 내가 적응하는 것을 확인 후 왼쪽을 한다는 것이었다. 참고로 빠지지 않고 말씀 하시는 것은 걱정하지 말라는 것과 환자가 나으려는 의지에 따라서 결과에 많은 영향을 준다는 말씀을 하셨다. 나의 폐암은 이렇게 발견 되었으며 어떻게 보면 그날 술을 그렇게 많이 마시지 않았다면 말기 정도에 발견되어 생을 포기해야만 하는 결과가 있었을 것임에 그래도 다행스럽게 생각되지만 최선을 다해서 이 질병을 잘 극복하여 남은 미래에는 가치 있는 삶을 살다가 생을 마치고 싶다. 지금 항암 투병 생활을 하고 있지만 또 한편으로는 제2의 인생을 어떻게 하면 값지게 살까를 열심히 설계하고 있다고 보는 게 정확한 나의 현실이라고 판단된다.

누가 나에게 좀 더 생명을 연장시켜 줬는지는 모르지만, 그냥 과거의 삶을 반복한다면 생명의 연장은 큰 의미가 없기에 시간의 중요성을 인지하여 알찬 미래를 만들어 갈 것을 진실한 심정으로 고백한다.

이 글을 읽으시는 분들에게 부탁드리고 싶은 것은 종합검진 받을 때 위내시경, 대장내시경도 중요하지만 CT정도는 꼭 찍어 보시라고 말씀드립니다. 저 같은 경우에 장이 너무 안 좋아서 종합 검진 시에 장과 위를 전문으로 하는 병원에서 검사를 하다 보니 CT 찍는 걸 빼먹어 버렸습니다. 형편이 되시는 분들은 PET CT를 찍어 보시는 것도 권하고 싶습니다. 늑골 쪽에 붙어있는 것은 CT로 발견되지 않는 것도 있다네요. 저의 경험에 비추어 말씀드렸습니다.

숨죽인 저녁

고요한 저녁 시간 만 보 걷자고 나왔는데 이제 사천 보 걷고 기진맥진 차에 앉아 휴식을 취하고 있다. 내 차 옆에는 어디서 오셨는지 캠핑카 파킹해놓고, 부부인지 나이는 40대쯤 보이는데 애는 없음에 소속이 알쏭달쏭하지만 나하고는 상관없기에 혼자인 나보다는 더 나아 보이고 아까부터 낚시는 하는데 고기는 한 마리도 못 낚아서 보는 내가 안타깝다.

하루 종일 바람 한 점 없이 고요하더니 저녁이 되었어도 바람 한 점 없이 고요함에 수면은 마치 거울을 깔아 놓은 듯이 투명의 유리를 얹어 놓은 것만 같다. 이리저리 손에 손잡고 커플들이 한 쌍, 두 쌍 나타난다. 젊은 짝, 나이 지긋한 짝짝이 손에 손잡고, 정답게 바닷길 부두 길을 걷는 모습 아름답게 보이고 홀로 그것도 성치 않은 육신에 외로운 영혼이 되어 부러움의 시선으로 이리저리 커플들을 좇아 시선을 돌려본다. 혼자라도 좋으니 건강하게 육신이 치유 되었으면 좋으련만 오늘은 하루 종일 컨디션이 좋지 않다. 기운이 없어서 늦잠을 잔 것도 모자라 가슴 통증마저 근래에 들어오늘 같은 날이 없었는데 쓰리고 아프다. 하기야 항암 치료 중인데 안아프려고 많은 노력을 한다고 하더라도 안 아픈 게 이상하기에 천천히 통증을 가라앉혀 보려고 손으로 가슴 부위를 천천히 쓰다듬는다. 이제 나 다 나아가려고 하니 암 세포가 마지막 발악을 하는 것으로 내 유리한대로 치부하지만 마음 한구석엔 근심이 없을 수는 없다.

아프지 말아야 할 텐데. 마지막 4사이클 끝날 때까지 편안하게 고통이 사그라들어야 할 텐데. 이렇게 몸의 컨디션이 좋지 않을 때는 혹시 잘못 될까봐서 걱정이 앞서게 된다. 항암 주사 투여를 연기하면 안 되는데 혹시나 피검사 및 엑스레이상으로 면역 기능이 떨어진 걸로 나와서 항암 주사 투여가 연기될까 봐 제일 염려스럽다. 이제 몸을 추스르고 서서히 일어서서 걸어야지. 몇 보라는 강박 관념을 생각하지 말고 편안하게 바닷가 산책한다고 여기면서 천천히 걷자. 그러다 보면 만 보도 되고 숫자가 조금 모자라면 또 어떨까. 열심히 걸어서 강한 면역항체 만들고 기를 돋우어서 움직임에 활력이 있으면 되는 것을.

하나, 둘, 셋, 넷 다시 힘을 내어 걸음을 옮기고 바다는 여전히 거울같이 고요함으로 이 밤을 채우고 제주의 밤은 한 집, 두 집 불이 켜지더니 저 멀리 수평선 너머에 고기잡이배들이 불을 밝혀 고기를 쫓고 있다. 의지가 없으면 이 질병을 이길 수가 없다. 나약해져서는 싸우기도 전에 벌써 패배를 인정하여 아픔과 고통에 질질 끌려다니다가 생의 끝을 맞이하게 되는 것이다.

여기 불 밝힌 고기잡이배도 친구하고 산책 나온 분들도 친구하고 눈에 보이는 모든 것에 정을 주어 친구삼아 즐겁게 걸어보자. 나의 새로운 미래를 만들기 위하여.

나의 놀이터 표선항

자리돔 잡는 어부들

내안의 나를 찾아

글을 쓴다는 것은 엄청난 노력이 필요한 것 같다. 젊은 날 읽었던 수천 권의 책들이 내용은 거의 기억나지 않지만 머릿속에 차곡차곡 저장되어 나이가 들어도 감성을 풍부하게 만들어 하나의 주제가 떠오르면 그 주제의 앞뒤로 줄줄 글이 되어 쏟아짐에 너무나 감사하다.

오늘도 그냥 피곤하고 축 처짐에 소파에 기다랗게 누워 있다가 더 깊이 쳐지고 싶은 마음에 그냥 누워 버리면 다운되어 기력을 회복하지 못할 것 같아서 계란 삶은 것 어제 구입해둔 귤, 방울토마토 등의 간식을 챙겨 표선 바닷가로 향했다.

건강한 사람들은 표선 해수욕장에 엄청난 숫자가 자리하고 있고 해양 레저 기구를 타는 사람들은 거친 물살을 헤치면서 괴성을 지르면서 스릴을 만끽하고 있다. 방 안에 축 처져서 있는 것과 이렇게 밖에 나와서 건강한 사람들 안에 있는 것 자체가 벌써 생활 활력소의 차이가 난다. 같이하지 못해도 같이함같이 스케치하고 가만히 앉아 글을 쓰면서 그들 안에 나를 들여다 놓음에 어느 사이엔가 같이 하고프고 모래밭에 신발이 푹푹 빠져서 움직임이 느려도 같이 하고 있음에 어느 사이엔가 건강한 그들의 기를 뺏어 와서 나의 기력이 서서히 좋아지고 있음을 느낄 수 있다.

아직 나의 몸이 예전같이 팔팔하지는 못하지만 이렇게 생각함을 글로 표현하는 것에는 다른 사람들이 하지 못하는 나만의 장점이 있지 아니한가. 건강도 찾으면서 이 모든 것을 감성이 흘려내는 표현력으로 정리해서 축적해 나간다면 육신과 정신건강 둘 다 얻을 날이 머지 않았다고 생각한다.

오늘도 바다는 너무나 고요하고 잔잔하다. 한 폭의 그림으로 그린다면 고요함만 담겨 질 것같이 파도에 흰 거품 하나 일지 않을 정도로 잔잔한 바다 안에 내가 있다. 오늘따라 사랑하는 사람들의 얼굴이 왜 이렇게 보고 싶을까. 외롭지 않다고 애써 표현해도 외롭겠지. 슬프지 않다고 말해도 왜 슬프지 아니할까. 외롭고 슬퍼도 이겨내야 하기에 더 강해져야 하고 감정을 글로서 표현하여 조용히 삭여나가야 한다. 글을 쓰면서 내안에 또 다른 친구도 만들고 또 다른 연인도 만들어 슬픔과 외로움을 완충 작용으로 녹여야 한다. 오늘도 쉽지는 않지만 외로운 나와 슬픈 나와 대화하며 외로움 슬픔을 다 녹여 이 지면에 담아둔다.

너도 외롭니

반 성

주룩주룩 비 오는 소리가 크게 들린다 오늘도 비가 오는가? 그냥 마음도 우중충 해지고 일어나야 할 시간에 이불을 뒤집어 써버림에 또다시 늦잠 자는 게으름뱅이가 되어 버렸다. 9시에 자리에서 일어나니 늦게 일어난 나에게 괜히 짜증이 나서 얼굴이 찡그려짐이 좋은 모습은 아니다. 부랴부랴 바지락국을 끓이고 된장을 끓이고 쌈을 준비하느라 바쁘다. 일찍 서둘렀다면 천천히 편안하게 준비할 수 있는데 이불 한 번 더 덮어써 버린 것이 자칫 하루를 엉망으로 만들어 버리는 것 같아서 스스로 컨디션을 다운시킨 것 같아 자책한다.

거울 보면서 나에게 말한다. 이왕 늦은 것 그냥 웃으면서 천천히 하자고. 늦었다고 늦게 일어났다고 특별하게 약속도 없는데 짜증 내봐야 나만 상하는 것을 길게 끈다는 것 자체가 잘못된 것임에 크게 한 번 웃음으로 마무리한다. 맛있게 조리된 된장과 바지락국, 그리고 돌김과 여러 가지 채소로 쌈을 싸 먹고 10시에 먹은 아침이라 점심은 건너뛰어야겠기에 계란, 밀감, 빵과 우유를 챙겨서 제주의료원으로 출발한다. 오늘은 일주일마다 하는 항암 주사 투여하기 위하여 왼쪽 팔뚝에 설치되어있는 관 청소해 줘야 하는 날이다. 아무 생각 없이 저번에도 제주의료원에 갔는 것 같기에 갔더니만 요양병원 이란다. '고객님, 여기는 외과라는 게 없는데요.'라는 원무과 직원 말에 '2주 전에 분명히 왔는데요.' 라며 떼를 쓰다가 망고 사장님에게 전화를 걸었다. '사장님, 여기 제주의료원인데 저번에 온 데가 여기 아닌가요?' '아니, 제주의료원에는 왜 가셨어요. 거긴 병원이 아니고 요양원입니다. 저번에 간곳은 서귀포의료원이잖아요!' 갑자기 머리 한 대 맞은 기분이 들고 기억이 왔다 갔다 함에 걱정이 된다. 치매 초기인가? 아이고, 이왕 이렇게 된 거 제주대학병원에 가서 생떼 한번 써볼 생각으로 바로 옆 대학병원에 갔더니 예약해 줄 테니 내일 오란다. 더 이상은 말도 못 붙이게 잘라버리는데 서귀포의료원으로 발걸음을 옮긴다. 지금 가면 점심시간 걸려서 최소 1시간 이상은 기다려야 함을 감수하면서 나에게는 이미 선택권이 없기에 어쩔 수 없이 갈 수밖에 없는 것은 생각 없이 행동한 나의 죄인 것을 어떡하랴. 비에 안개에 뿌연 하늘에 병원 이곳저곳 조경수들만 좋아라. 살짝살짝 춤을 추는 모습 좋아 잠시 우울했던 나의 마음도 밝아졌다. 아직 하루의 절반을 채운 시간이라 병원지상 주차장에 차량을 파킹 시켜놓고 가만히 반성의 글로 나를 진정시키며 진료 시간을 기다린다.

 이것도 경험이야. 앞으로 허둥대지 말고 천천히 생각 좀 하고 메모해서 움직이자.

이렇게 묶여 있어야 겠다.

먹는다는 것

　남자 혼자 생활하다 보면 제일 힘든 것이 있다면 먹는 것인 것 같다. 특히 항암 투병 중인 상황에서 후유증으로 어떤 돌발 상황이 발생함을 예측할 수 없기에 항상 긴장한 상태에서 끼니때마다 충분한 영양을 공급해주는 것이 특히 중요한 만큼 매일 신경 안 쓸 수가 없다. 오늘도 아침에 된장찌개와 바지락국을 끓여 먹고 갔으나 그 외 채소로 조리된 음식이 없어서 병원 갔다 와서 무채를 좀 하고 오이나물을 좀 하려고 생각하고 있었는데 석겸이가 마눌이랑 집에 온다고 연락이 왔다. 그냥 혼자 있는 게 애가 쓰여서 반찬 해주려고 이렇게 주기적으로 찾아옴이 난 고맙지만 얼마나 귀찮을까. 제주의료원에서 관 청소하고 급하게 제주 올레시장으로 달려가서 갈치 큰 거 한 마리에 대파 홍합, 물김치 등을 사서 급하게 집에 오니 벌써 반찬 만드느라 부부간에 분주하다. 미역국에 들깻가루, 삶은 보말을 넣고 전 부치려고 부추를 한 양푼이 밀가루와 범벅 해놓고 오이소박이랑 멸치볶음 등 맛 나는 것들로만 준비함에 한편으로 고맙고 한편으론 즐겁고 그냥 좋아서 가슴이 벌렁인다.

　맛난 저녁 한 상 가득 차려 먹으니 포만감에 나른해지고 신풍 올레 3 길로 산책 겸 1급수 공기 마시러 나갔다. 7시20분쯤 되었는데 마침 저녁노을이 서쪽 하늘에 불타오르고 환상적인 장면에 연신 휴대폰 카메라의 셔터를 누른다. 제주도 신풍은 울산에 비해서 동서남북이 거꾸로 되어 있는 것 같아서 착각할 때가 많다. 분명히 동쪽 같은데 서쪽 이어서 많이 헷갈린다. 암튼 너무 아름답고 환상적인 노을에 묻혀 가는 밤공기에 기분 엄청나게 업 되어 오늘 나올 분량을 훨씬 초과하여 병이 나아진 것 같다. 당분간 끼니때 반찬 걱정 없이 편안한 식사를 할 수 있음에 너무 좋고 친구의 배려를 생각해서라도 알뜰하게 챙겨 먹어 몸무게도 불리고 신진대사도 원활하게 작동되게 해서

24일에는 항암치료의 방점을 찍을 수 있도록 최선의 노력을 하리라 다짐한다.

 배부르고 편안한 밤 아름다운 노을에 묻혀 감동의 물결에 쌓였던 밤 건강해지려고 마음속이 편하게 기분 좋아지는 밤. 오늘 나를 사랑하고 그 사랑함이 질병의 고통에서 해방될 것임을 믿는다. 내일은 새벽에 일어나서 제주의 동쪽에서 태양이 어떻게 뜨는지도 감상하고 새벽의 기를 불어 넣음에 몸이 어떻게 반응하는지를 잘 파악하여 결과가 좋으면 새벽해 뜨는 시간 저녁 해 지는 시간에 자연의 기를 받을 계획을 세워본다. 어차피 제주도라는 청정지역에 와 있으니 어떤 방법을 동원해서라도 꼭 완치되어 돌아가리라.

생명있어 볼수있는거

노 을

아름다운 저녁노을 서쪽 하늘 붉게 물들이고 물을 품은 검은 구름 선명한 색상으로 그림을 그린다. 아름다워 눈부셔 영원히 붙잡아 놓고픈 고귀한 화면에 눈 떼지 못하지만 서서히 밤은 아름다운 영혼을 데려가 버린다.

그래, 영원히 아름다울 수 없고 영원히 그 아름다움을 가질 수 없다면 조용히 머릿속에 담아두어 더 아름답게 간직하여 영원히 마음속에 품으리라. 노을이 지녔던 것이 마지막 빛이었다고 안타까이 서쪽 하늘 원망의 슬픈 눈빛으로 슬퍼하며 눈물 짓지 마라. 빛이 없어져버린 밤은 없다. 그 밝기는 태양에는 못 미치나 은은함으로 밤바다를 비추어주는 달빛이 있다.

세상에 누가 희망이 없다고 말했는가. 태양이 사라진 자리에 조용히 달님이 떠 있듯이 희망은 내가 생각지도 못한 곳에서 나타난다. 절망하는 사람에겐 절망만 뒤따르고 희망을 노래하는 사람에겐 희망의 메아리만 들려온다. 햇빛이 희망이고 달빛이 절망이라고 한다면 세상 어느 곳에도 자신이 찾는 희망의 공간은 없다.

한참을 노을이 지나고 난 자리에 서 있었다. 벌써 불타는 듯 서쪽 하늘을 벌겋게 마치 용광로의 화로같이 녹아내리게 했던 태양은 둥근 지구의 저편으로 사라져 버리고 가슴에 품어도 뜨겁지 않게 느껴지는 달님이 3분의 2쪽은 누구에게 주고 왔는지 송편의 형상으로 은은하게 밤을 밝히고 있다.

이제 나에게는 태양이 지배하는 낮 시간도 희망이고 달님이 지배하는 밤 시간도 희망이다. 희망의 속삭임을 이 달님이 떠있는 밤하늘에 조용히 날려 보낸다. 또 다시 이 밤을 달님이 조용히 지키고 나면 낮에 본 광채의 주인인 태양이 떠오르면 더 큰소리로 희망의 찬가를 부르리라. 더 큰 희망이 나를 지배하여 이 질병의 터널을 힘차게 차고 나가게 하기 위해 용기백배로 미래로 밀고 나가겠노라고 맹세한다.

 혹 악마가 나의 용감함을 시기하여 더 큰 시험대에 올려놓는다 해도 더 큰 용기와 기백으로 그 환란을 기필코 물리치리라.

노을

지는해의 영롱함

여명의 아침

여명의 아침이 밝아온다. 맑지 못한 동녘의 바닷가 수면은 하늘과 구분 없이 뿌연 막이 쳐져있어 이제 막 떠오르는 태양의 윤곽을 회색빛 구름으로 태양의 존재 자체를 희미하게 지우려고 뿌연 막을 치지만 동녘의 안개를 뚫고 강렬하게 떠오르는 태양의 불덩이가 솟구침을 방해하지는 못한다.

서서히 올라오는 태양의 자태를 시샘하여 물을 품은 검은 구름까지 이중의 장벽을 쳐서 그 광채를 막아서도 검은 구름 사이를 뚫고 나오는 강렬한 열기를 막아서지는 못함에 그 찬란함에 구름과 말라가는 안개는 배경이 되어 일출의 장관을 연출함에 한동안 넋 나가서 그 광경 안에 빠져있다.

바다 위에 일직선으로 비치는 태양의 선상으로 자리돔잡이 고깃배 한 척. 그물을 당겨 한 폭의 그림으로 자리하고 환하게 빛이 된 바다의 파도는 눈부신 반사의 빛을 쏟아내어 출렁출렁 수많은 물결로 밀려들어오고 하얀 거품 물고 와 바위 사이에 내뱉으매 아름답고 소중한 조화를 찬양하는 웅대하고 크고 우렁찬 소리로 장대한 아침을 연주한다.
쏴아, 철썩, 쉬이

이렇게 다들 잠 든 5월 21일은 광명의 빛으로 찬란한 아침이 이렇게 시작되고 서서히 지구를 데우며 하늘로 조금씩 조금씩 두둥실 태양을 띄우니 일찍 일어남에 자랑스럽고 나와의 약속을 지킴이 사랑스러워 스스로 대견함을 칭찬한다. 비록 2시간의 수면으로 집 나설 때 현기증과 피로감이 있었지만 맑은 공기에 섞여 있는 음이온 마음껏 들이킴에 피곤함은 희석되어 배출되어 없어지고 머리는 한없이 맑게 깨어났다. 작년 11월 중순경에 시작된 폐암 판정 후 절제 수술과 항암 주사 투입 후 고통스럽고 낫고자 하는 강한 의지를 불태웠던 시간은 흘러 흘러 제주도 신풍 바닷가에서 최종 시험대에 올라앉아 이제 3일 있으면 최종 판결이 날것이다.

5월 24일 항암시술 날짜가 잡혀, 치료 종료를 할지 아니면 또 다른 변수가 생겨 발목을 잡아 더 힘든 고통의 시간으로 몰고 갈지는 알 수 없으나 일단 항암 치료를 마무리하고 난 뒤 몸에 원기를 북돋우는 음식과 꾸준한 운동으로 정상적인 컨디션으로 육신을 만드는 게 중요 하기에 오늘도 이렇게 새벽공기 마시며 제주도를 내안에 품고 있다. 일단은 토요일, 일요일까지 최선을 다하여 컨디션을 최고로 끌어올려 월요일 날 최종 항암제 투입해도 좋다는 판결 받아서 기분 좋은 발걸음으로 김포공항 비행기에 몸을 실었으면 하는 간절한 바람을 가슴속에 담아본다.

집에 가서 아침밥 맛나게 먹고 또 다시 표선 바닷가에 가서 천천히 걸어서 지금 느끼는 컨디션을 유지할 수 있도록 최선을 다해야지.

여명 1

여명 2

일상생활

　나의 저녁 산책길 표선바닷가에 왔다. 어제보다 파도도 높고 바람도 거세게 불고 있다. 오늘도 해수욕장에는 많은 사람들이 물놀이를 즐기고 있고 항구 외곽에는 몇 명의 낚시꾼들의 모습이 보인다.

　심호흡 연습하면서 항구 둘레를 한 바퀴 크게 돌아 멀리 표선 외곽의 바닷가까지 걸어왔다. 검은 용암의 날카로운 바윗돌을 조심조심 걸어 돌이 끝나는 곳에 자리하고 앉는다. 앞의 바위 위에 서서 낚시하는 사람들이 있어 가까이 다가가니 낯익은 사투리가 들려오고 어디서 오셨냐고 물었다. 역시나 울산에서 오셨단다. 달동에 사신다니, 같은 지역에 사는 분을 만나 반가움이 배가 된다. 한 마리, 두 마리. 놀래미를 많이 낚으신다. 한꺼번에 세 마리도 낚아 올림에 일행들의 고성이 크게 울린다.

　이곳은 놀래미들의 서식지 인가보다 두 분이서 연속해서 거의 한 번에 두 마리 이상씩 낚아 올리고 있다. 남자들은 고기 낚고 부인들은 보말, 거북손 등을 따고 있다.

　많이 채취해 본 경험이 있는 분들 같다. 고기도 잘 낚으시고 보말, 거북손 채취도 잘하신다. 밀물인지 물들이 조금씩 조금씩 앞으로 밀려들고 있다. 뒤로 멀찌감치 물러앉아 한 눈에 이 모든 풍경을 다 넣어 즐기고 있다.

　이제 제법 파도가 거칠어지고 있다. 파도의 높이가 높아지고, 멀리서부터 하얀 거품을 물고 들어온다. 바람도 세기를 더하고 파도의 높이도 높아지니 더욱더 생동감을 더함에 가슴속 숨소리 더 맑음에 평온한 마음으로 이 상황을 즐기고 있다.

시간이 6시가 가까워지니 울산 분들은 가시고 혼자서 외로이 더욱더 높아지는 파도 안에 놓여있다. 더욱더 멀리서부터 하얀 거품 몰고 와 바닷가에 일렬로 부딪혀 공중으로 하얗게 뿜어냄이 장관이다.

오늘도 이렇게 하루는 끝나고 내일의 희망을 품고 일어선다.

매일봐도 아름답다

아픔을 씻어내는 자리

긍정적인 삶

 세상을 많이 사랑하고 사는 것 같다. 제주도 혼자 생활하면서 너무 좋은 환경과 매일 끝이 보이지 않는 바다와 그곳에서 쏟아져 나오는 상큼한 공기를 매일 눈뜨고 눈 감고도 마시다 보니 성격 개조가 되어 버린 것 같다. 짜증 부릴 일도 없어졌고 편안함 속에 먹는 음식이 전부가 살로 돌아가서 체중을 늘리는데 필요한 곳의 체중만 계속 늘어남을 알 수 있다.

 예를 들면 쏙 들어갔던 볼기짝이 튀어나오고 가슴살도 늘어서 근육이 붙은 것 같은 느낌이 들고 화장실에서 거울을 보면 변화를 느낄 수 있다. 이번 주에는 오늘이 금요일이니까 하루도 안 빠지고 걷기 목표를 채웠다. 시계에 월요일부터 금요일까지 목표를 채웠다고 목표달성 스티커가 붙어있음에 여기저기 사진 찍어 자랑한다. 자랑해야만 이 약속을 지키지 않으면 나에게 미안해서 계속 꾸준하게 매일매일 게으름 피우지 않고 걷기 운동을 할 것 같아서 의도적으로 알렸다.

 새벽에 일출과 함께 8시까지 걷고 쉬고를 반복해서 힐링하고 집에 와서 아침 먹고, 소파에 앉아 골프 두산 매치플레이 좀 보다가 점심 먹고 빵 우유 계란 삶은 것, 방울토마토, 귤을 챙겨 표선으로 가서 쉬엄쉬엄 낚시하는데 기웃, 바다와 육지가 만나는 해변에 기웃, 스피드 보트 장사하는데 기웃거림에 벌써 오천 보는 걸어져 버렸고 바닷가 용암이 분출되어 검게 변한 바위에 앉아 멍때리다가 끄적끄적 감정을 스케치하니 또 하나의 아름다운 순간이 정리됐다.

 이렇게 나의 생각을 글로 표현하여 정리할 수 있다는 것은 정말 기분 좋은 일이 아닐 수 없다. 단지 머릿속에 그려져는 있는데 단어가 생각이 나지 않을 때는 많이 답답할 때도 있지만 쉬지 않고 계속 정리하려고 노력한다면 더욱더 아름다운 표현으로 지면을 장식할 수 있을 것임을 믿어 의심치 않는다.

 저녁 일찍 빵에 곁들인 간식을 다 먹어버린 탓에 밥은 먹어야 하는데 밥맛이 없어서 한참을 기다려서 밤 12시가 되어서야 식욕이 당겨 아주 늦은 저녁 식사를 하니 혹시 잘못 될까봐서 살짝 겁은 나지만 어떡하랴. 속을 채워야 잠을 자는 습성이 몸에 베여 있는 것을 어떡할 수 없어서 이왕 먹는 김에 양껏 푸짐하게 맛있게 배를 채웠다. 전쟁을 치르더라도 힘이 있어야 적군과 싸워 이길 것이 아닌가. 오늘밤 푹 자고 내일도 일찍 일어나 새로운 일급수 공기 가득 채워 넣고, 쏟아 오르는 태양의 기를 팍팍 받아보련다.

폼좀자고.

통 증

새벽 5시 알람이 울렸다. 성산포항 수산물 경매장에 가면 흠집 있는 고기는 상품성이 떨어져서 매우 싼값에 구입할 수 있다는 정보를 주기에 특히 그물로 잡은 갈치의 머리가 없는 고기 등은 반값도 안 된다기에 한 상자 사 와서 석겸이랑 나눠 먹을 계획이었다.

눈은 떴는데 일어나지를 못한다. 가슴 수술 부위의 통증이 몸을 꼼짝 못하게 잡는다. 폐암의 투병은 통증과의 전쟁이라고 해도 과언이 아닌 것 같다. 폐암 진단받고 조직검사 시료채취를 위하여 가슴부위에 작은 구멍을 낼 때부터 통증은 시작된다. 나 같은 경우는 양쪽 폐에 한 개씩 다 있기 때문에 한쪽만 있는 사람들에 비해서 두 배의 고통을 감수해야 했다. 그냥 가만히 있었으면 폐암 말기 때까지 증상이 별로 없기에 고통을 느끼지 못하고 12년은 살고 인생을 마감했겠지만 발견되었기에 그 순간부터 고통은 시작된다. 오른쪽은 1cm가 채 안 되기에 폐를 많이 살리려고 수술 시에 메스를 많이 대었다고 하셨다. 10% 절제 후 첫 번째 주의 사항이 사레 걸리지 말라는 말씀이었다. 사레가 걸리면 기침이 수술 부위와 직결되어 거의 반죽음의 고통스런 통증을 경험하게 되기에 물을 마실 때도 최대한 천천히 마셨다. 오른쪽 수술 후 진통제에 의지하였고 진통제의 약효가 떨어지면 숨이 멎을 정도의 통증에 시달려야 하기에 조금만 증상이 시작되면 간호사에게 진통제 주사 투여를 부탁했다. 일주일 뒤 왼쪽 폐를 시술할 때는 50%를 절단해 내었기에 통증 또한 배가 되었고 호흡이 거의 멈춰 버리는 환경까지 갔었다.

숨을 쉬지 못하는 고통과 견디기 힘든 통증으로 고통스러운 이중고를 겪게 됨에 나를 컨트롤 하지 않으면 자칫 이상한 마음도 품을 수 있는 상황까지 도래 되었다. 이제 그 고통의 시간이 5개월을 넘기고 있음에 통증도 많이 완화되었지만 그래도 하루에 3알의 진통제는 필수적으로 챙겨 먹어야 한다. 암 환자들이 완치 판정을 받고도 얼굴에 고난의 흔적이 그대로 남아 있는 것은 엄청난 통증을 견디느라 힘들었던 자욱이 남아 있다고 생각하면 이해가 빠를 것이다.

 병원 입원을 끝내고 퇴원할 때 제일 많이 처방하여 주는 약이 진통제임에 수술 및 항암 주사 투여 시에도 통증을 견뎌 내는 것이 가장 큰 과제임을 알 수 있다. 며칠 동안 주기적인 진통제 복용으로 별 무리 없이 흘러갔는데 오늘 아침에 통증에 발목 잡혀 아침 식사도 못한 채 11시까지 꼼짝 못하고 집에 잡혀있었다. 수술 부위부터 위장까지 광범위하게 통증이 몰려와서 황토방의 온도도 높여보고 눕는 자세도 바꿔보았으나 통증은 계속되니 걱정만 앞서고 마지막 항암 주사까지 받지 못할까봐 근심이 가득 차게 되었다. 진통제를 한 알 더 복용하고 거실 소파에 누워서 조바심 내지 않고 마음을 편안하게 하니 30분쯤 뒤에 통증이 서서히 가라 앉기 시작했다. 아직 빈 속이라 우유 한 잔에 삶은 계란 2개에 방울토마토 10개, 귤 1개를 조심스럽게 밀어 넣고 된장찌개에 어제 사온 돌김에 밥한 공기를 먹고 나니 조금 안심이 된다.

 이상한 것은 항상 병원가기 2일 전부터 평소보다 더 통증이 심해져서 고생을 한다는 것이다. 저번 3차 때도 3일 전부터 통증에 고생 했는데 이번에도 내일모레 마지막 항암주사 투여를 앞두고 이렇게 통증으로 고생함이 너무 치료에 대하여 의식을 하기 때문이 아닐까도 생각해 보지만 암튼 통증은 이제 면역이 생겨서 어느 정도 참을 수 있는데 몸에 더 큰 이상만 없기를 바라는 마음 밖에 없다.

 오늘은 근래에 보기 드물게 화창한 날씨인데 빨리 밖에 나가서 산채로 컨디션을 올려야 하는데 다시 통증이 몰려올까봐서 신경은 쓰이지만 바닷가에 나가볼 요량으로 외출 준비를 한다.

제주바다

모처럼 구름 한 점 없이 화창한 날씨다. 파아란 하늘과 푸른 바다의 경계선이 아주 선명하게 수평선을 기준으로 위아래가 뚜렷하게 구분 되어져 있음에 아주 청아한 하늘과 바다를 보게 된다. 파도의 출렁임에 같이 설레고 몸속의 나쁜 찌꺼기 들이 깨끗하게 씻겨 나가서 저 넓은 대양으로 날아가 버리는 것 같다.

하얀 거품 밀고 들어오는 파도를 보면서 바위에 부딪치는 최고점에 타이밍 잡아 휴대폰 카메라 셔터를 누르고 또 누른다. 더욱더 멋진 장면을 담으려 해도 생각과 같이 눈에 보이는 아름다운 장관이 고스란히 카메라에 담기지는 않는다. 오늘도 어김없이 바닷가에는 여기저기 강태공들이 고기 잡으러 삼삼오오 포인트를 선점하여 낚시에 몰두 하고 있다.

가만히 3명의 낚시꾼들 뒤에 앉아 바다도 스케치하고 덩달아 인생도 스케치한다. 사람들과 같이 있어 조금이라도 외로움을 덜어보려는 얄팍한 꼼수는 아닐까. 꼼수는 아니라도 같이 있으매 심심함은 덜한 것 같다. 눈에 보이는 그 한계도 다 표현 못하는데 이 바다의 끝은 어디까지일까 생각해 봐도 이 작은 인간의 생각으로 상상을 할 수가 없다.

먼 바다를 쳐다보면 볼수록 더욱 작게만 느껴지는 나의 모습을 보게 된다. 집안에 있을 때는 그래도 크게 보였는데 이 거대한 자연 앞에 앉아있으니 너무나 초라하고 작게만 보임에 그냥 자연스럽게 겸손 해지게 된다. 그냥 이 깨끗하고 청아한 것을 조금이라도 더 가슴속에 담기 위하여 심호흡 한 번 더 크게 하는 것 외엔 할 수 있는 게 없다.

이 세 분의 낚시꾼들은 기술이 없는지 아직 한 마리의 고기도 못 낚아 올리고 있다. 제법 고기 잡아 넣는 망태기까지 준비한 것을 보면 잡아갈 것 같아서 내심 안 낚기기를 소망한다. 고기들아, 빨리 멀리멀리 도망하여 낚여서 사람들의 식탁에 올라가는 불행함은 피하거라.

　차츰차츰 바람이 거세지니 파도도 더 크게 춤을 춘다. 밀려오는 너울도 더 크게 출렁임에 하얀 거품 더 크게 공중으로 흩어진다. 더 매력적인 자태에 끌려 들어가고 보이는 모든 것이 희망이 되어 다가온다. 이 아름다움에 좀 더 푹 안겨 있고 싶으나 시간이 벌써 5시 30분을 지나가고 있다. 오늘은 속에서 아침부터 먹을 것을 별로 원하지 않는 것 같아 괜히 불안해지는 마음에 일어선다.

주상절리 해녀상

일상일기

　오늘도 내가 할 수 있는 만큼 최선을 다했다. 움직이기에도 버거운 오전의 시간을 극복하고 바닷가에 가서 일부러 돌아오기가 힘든 곳까지 걸어가 버리니 차 있는데 오려면 힘들어도 와야 하니. 만 보를 채울 수밖에 없었다. 힘들면 돌 위에 앉아 쉬고 피곤함이 좀 가시면 또 걷고.

　그냥 걸어가다가 방귀가 붕붕 나오면 '아, 이제 신진대사가 원활하게 돌아가는구나.'하면서 안심을 하게 된다. 언젠가 부터 방귀가 붕붕 나오면 변비도 없어지고 식욕도 왕성해짐을 느끼게 되었다. 방귀가 나오려다가 안 나오고 하는 날은 변비에 식욕 부진에 통증까지 있음에 항암 후유증과 방귀 뀌는 것과 무슨 연관성이 있다고 생각된다.

　오늘은 휴일이라 많은 사람들이 제주를 찾았고 바닷가에도 많이 모여 있기에 될 수 있으면 사람들과의 접촉을 피하고자 외곽지대로 돌아 다녔다. 제주도는 섬 전체가 작은 구멍 숭숭 뚫린 까만 돌들이 바닥에 지천으로 깔려 있고 제주 바닷가라면 어디를 가더라도 똑같은 모습을 하고 있기에 굳이 유명한 곳이라고 사람들이 모여 있어도 바닷가는 어디를 가더라도 동해안 양남의 주상절리 같이 돌들의 형상이 비슷비슷 하거나 똑같아서 사람들 있는데 안가고 혼자 외곽을 돌아다니면서 나 혼자 생각도 하면서 파도소리 정겹게 친구하며 물속에 잠긴 까만 돌들을 들여다보면 보말, 고동 등 작은 생명체들이 신기하게도 엄청 많으매 친구삼아 같이 대화도 하면서 파도에 신발만 안 젖게 조심조심 걸어 다니면서 생명체와 대화함이 어울린다. '너네들 뭐하니, 이끼 먹으니 맛있니? 큰 게들 올라 조심조심 다녀라.' 등 작은 생명들과 대화하면 자연과 친구 된 느낌이고 고동 안에 들어가서 지 집 인양 그 무거운 것을 짊어지고 다님이 앙증맞고 귀여워서 살짝 잡았다가 놓아준다. 어떤 때는 성게가 보이면 돌로 깨어 노란 알을 먹으면 구수하게 맛나다.

 오늘은 지금까지 오천 보 걸었고 아직 시간이 있으니까 간식 먹고 목표달성 하면 된다. 일만 보 이상 걸으면 이번 주는 평균 만 보 이상 걸었기에 목표달성 한 것임에 다음 주 월요일 좋은 결과가 나올 수 있다고 믿어 의심치 않는다. 이 길, 저 길에서 사람들과 부딪치면 관심도 가질만한데 타인에 대해서 전혀 관심이 없음은 이제 혼자 있어도 충분히 외로움을 타지 않고 살아갈 수 있음을 의미하는 것일까. 오히려 누군가가 나에게 관심을 가질까봐 물 안에 있는 작은 생명과는 대화를 해도 사람들이 보이면 의도적으로 피하게 된다.

 5시에 가져간 계란 2개, 귤 2개, 방울토마토 20개, 요플레 1개, 도너츠빵 1개를 먹어서 저녁 못 먹으면 어떡하나 걱정했는데 7시 30분까지 걷다보니 그냥 배가 무지하게 고파져서 집에 와서 저번에 반 먹고 넣어둔 대패삼겹살 구워서 쌈 싸먹으니 거의 꿀맛으로 배 엄청 부르게 먹고 디저트로 참외까지 1개 깎아 먹었더니 살찌는 소리가 들리는 것 같다. 스마트 워치에 오늘 걸음 수 확인하니 만천 보 걸었다. 또 다시 오늘 아침저럼 새벽에 통증으로 무너질까 봐서 진통제 하나 더 먹고 내일을 대비한다.

 일요일 다음에 월요일은 나의 인생에서 최고의 고비가 될 수 있는 날이기에 어떠한 수단과 방법을 안 따지고 최고의 컨디션으로 의사선생님을 봬야 한다.

 일기예보에 월요일 비소식이 있어서 혹시 비행기가 결항 할까봐서 신경이 많이 쓰인다. 결항예보라도 뜬다면 하루 일찍 올라가서 서울에 자야하는 경우의 수까지 준비를 해야겠기에 월요일 일기예보를 다시 한 번 확인한다. 비 올 확률 60%면 비가 온다고 보면 되는데 과연 얼마나 올까? 제발 폭우로 쏟아져서 비행기 이륙을 방해할 정도는 되지 말아야 할 텐데... 기도하는 마음으로 이틀을 보내면 좋은 결과가 있으리라 믿는다.
 이제 오늘도 편안한 잠자리하고 좋은 꿈꾸어 내일 좋은 컨디션으로 아침을 맞기를 기원한다.

저무는 태양이 더 아름답다

불면증

밤에 일하고 낮에 잔 세월이 15년쯤 되었을까.
 밤낮이 완전히 바뀌어 밤이 되면 눈이 반짝이고 낮이 되면 힘없이 잘 곳만 찾았던 세월을 보내다가 5년쯤 전인가 그때부터 정상적으로 밤에 자고 낮에 일하는 정상적인 사람들의 생활로 돌아 왔건만 낮에 자던 세월이 너무 오랜 기간이다 보니까. 밤이 되면 잠을 자야 하는데 잠이 오지 않아 뜬눈으로 밤을 새우고 낮에 일이 집중이 안 되고 졸다 보니 어쩔 수 없이 정신병원을 찾게 되었었다.

 여러 가지 테스트를 하고 혹시 수면제를 복용하지 않고 수면을 취할 수 있는지 원장 선생님과 논의 하였지만 결국은 3년 전부터 정신병원에서 처방을 받아 잠자기 30분전에 수면제를 복용하고 잠을 자게 되었다. 일반적으로 수면제를 다량 복용 시에 생명에 지장을 초래할 수 있기에 위험이 예상되는 약은 일주일분만 처방을 해준다는 규칙에 의하여 일주일분만 처방받아 복용 하였는데 폐암 판정받고부터 원장 선생님의 배려로 요청에 따라 최대 한 달까지 조제해 주셨다. 이번에 제주도를 오면서도 특별하게 부탁하여 한 달 치를 조제하여 가져왔고 중간에 울산에 가서 한 달 치를 더 조제해서 가져올 계획이었으나 울산에 가지 않음으로 이런 애로사항이 발생하여 어려움을 겪게 되었다. 사실 내심 이번 기회에 항암 투병하면서 불면증도 제주도에서 같이 낫게 해보겠다는 욕심이 있었다는 게 더 정확한 표현일 수도 있는데 나의 지나친 욕심이었음을 인정하지 않을 수 없다.

 제주도 생활이 한 달이 넘어버렸기에 가져온 수면제도 다 떨어지고 4일분만 남아있어, 낮 시간에 많이 움직여서 몸이 아주 피곤할 때는 수면제를 복용하지 않고 잠을 잤다. 그동안 3일은 성공했으나 어제 또 다시 시도하였으나 또 다시 실패하여 밤을 꼬박 새워 버렸으나 월요일 날 병원가야 하기에 낮에 자지도 못하고 어질어질한 상태를 간신히 다스리며 움직이고 있다.

아침은 먹었으나 바닷가에 운동 나가서 점심을 한 그릇 사 먹으려고 당기는 음식을 몸에 타진을 해보지만 전혀 식욕이 돌아오지를 않고 어지럽기만 하다. 그래도 뭔가는 먹어줘야겠기에 간식으로 가지고온 참외 1개 방울토마토 10개, 바나나우유 1병, 계란 2개로 간신히 배를 채우고 바닷가 길로 운동을 하니 평소 상쾌하던 상태와는 다르게 아랫배도 아프고 맑지 못한 머리가 더 이상 운동을 거부하기에 차에 앉아 의자 쭉 뒤로 빼서 누워서 컨디션이 돌아올 때까지 기다렸으나 컨디션이 회복될 기미가 보이지 않아 집으로 돌아왔다.

오늘 만보 걸으면 이번 주 퍼펙트하게 목표달성 하는데 아쉽게도 오늘은 4,000보에서 끝나려나 보다. 일단 집에서 좀 편한 자세로 쉬었다가 혹 컨디션이 회복되면 다시 신풍 목장 길로 나가서 만보 도전하기로 하고 소파에 아주 편한 자세로 휴식을 취한다.

항암 투병을 해야 하는 사람이 기본적인 준비를 철저히 하지 않아서 이런 난처한 일을 당하고 보니 수면제 구하는 일이 시급한데 금방 방법이 생각나지가 않는다. 월요일 삼성병원에 가서 교수님과 상의해 보기로 하고 최대한 마음을 편하게 가져본다.

잘 자고, 잘 먹고, 잘 싸고에 잘 자고가 딱 걸리게 생겼으니 난감하다.

목표설정

컨디션이 엉망인 상태에서 오전에 표선 바닷가에 걷기 운동하러 나가서 조금 걸었는 데도 어지럽고 정신이 몽롱하여 차에 앉게 되었다. '오늘은 쉬자.'라고 몸에서 얘기하여 집에 갔더니만 또 다른 내가 말한다. '오늘 쉬면 내일도 쉬고 싶을걸...' 그래 오늘 쉬면 내일도 쉬고 싶은 것은 당연할 것이다. 주섬주섬 벗어 두었던 옷을 다시 입고 문을 나선다.

이제 너무 많이 걸어서 눈에 익어버린 코스로 발길은 자동으로 이어지고 계속 걷는다. 다리가 조금씩 감각이 떨어지니까 이제 칠천 보 정도 걸었겠군. 이제 해녀들이 옷 갈아입는 곳에서 실력 있는 강태공들의 집결지인 방파제 외곽 끝에서 등대를 중심으로 한 바퀴 돌아 표선 조선소를 거쳐 맞은편 와따해양레져 영업하는 데까지를 돌면 한 바퀴를 도는 것이다. 한 바퀴 돌면 2,500보 정도니 목표를 달성하려고 하면 전체 코스를 4바퀴 정도를 돌아야 한다.

사실 오늘은 많이 피곤하다 어젯밤에 잠을 한숨도 못 잤기에 오전에 나올 때도 어질어질 했는데 지금도 마찬 가지로 어지럽다. 그렇다고 아픈 것도 아닌데 정해놓은 나 하고의 약속인 목표를 안 지킬 수는 없음에 엄청난 인내력으로 운동에 모든 힘을 쏟고 있다.

폐암투병 하면서 제주도에 와서 내가 설정한 목표는 4가지다. 하루 3끼를 꼭 챙겨 먹을 것, 하루 만 보 이상 걸을 것, 하루 살아가는 항암투병의 주제 및 삶의 주제로 2건 이상 제목을 설정하여 글을 써서 올릴 것, 대변을 하루히루 해결힐 것. 4사시 숭에 직접 실천해 보니 만만한 것은 하나도 없다. 걸어야 하고 먹어야 하고 잘 싸야하고 글을 써야 한다는 게 내가 지금까지 지켜오고 있지만 엄청난 의지가 없이는 불가능한 목표이기에 오늘도 나와의 약속을 지키기 위해서 최선의 노력을 다한다.

 오늘도 4천 보에서 도저히 못 걸어서 집에 들어갔다가 다시 나왔고 6시 30분이 되어서야 만 보 목표를 채웠고 보통 글 쓰는 것은 목표량 초과로 3편 정도 쓰는데 오늘은 그래도 엄청난 악조건 속에서도 2편을 쓴다는 게 내가 생각해도 대견하다고 칭찬한다. 아침 먹고 점심은 과일, 우유 등 영양식으로 채웠고 저녁은 먹고 자면 되고 변비로 항상 약으로 해결 하던 것이 꾸준한 운동으로 매일 아침만 되면 자동 해결된다.

 이제 내일이면 항암 투병의 최종 결과가 나올 것이고 투병이 끝나는 날 1차 목표도 종결되고 잠시 휴식 시간을 가질 것이지만 항암치료가 끝나지 않을 경우에는 어떠한 핑계도 허락되지 않음에 나의 노력은 계속될 것이다. 이제 편안한 마음으로 저녁 먹고 내일 중요한 일정을 위하여 수면제 복용하고 푹 자보자. 오늘 본 아름다운 제주를 생각하면 좋은 꿈꾸리라 확신한다.

구름에 실은 내마음

힌티로 깔끔하게

마지막 일정

 8시에 수면제 먹고 8시 30분에 정확하게 잠을 잤다. 어제 잠 못 잔 이유가 많은 이유를 내포하겠지만 새벽 4시에 한번 깨고 아침 6시 20분까지 장장 10시간의 수면을 취했음에 컨디션은 좋다. 아껴두었던 보말 미역국에 밥 한 그릇 먹고 6시 40분에 집을 나섰다.

 본래 표선 제주민속촌에 주차시켜놓고 231번 급행타고 공항에 가기로 했으나 도착 후 시간이 28분 남기에 혹시 차량 정체라도 걸리면 비행기 탑승시간에 못 맞출 수도 있기에 스스로 해결 할 수 있게 공항까지 차량을 운행하여 공항도착 1000m 전 골목길에 주차하기 적당한 곳을 찾았으나 렌터카 회사 정문 앞 골목에 차를 주차해 놓고 이리 보고 저리 봐도 차량 통행에는 문제가 없을 것 같아서 공항으로 급하게 발걸음을 옮겼다. 공항에 거의 도착할 무렵에 렌터카 회사 직원이 전화가 와서 차 빼란다. 난감도 했지만 괜히 시비 걸다가 차량 훼손할까 염려되어 다시 급하게 돌아가서 차를 공항에 주차시킬 요량이었지만 마침 적당한 공터가 있어 주차해놓고 공항까지 빠르게 움직였다. 25분 전 공항도착 티케팅하고 오늘도 겨우 비행기에 올랐다. 난 맨날 서울 갈 때마다 왜 이러지 하면서도 걸음수가 벌써 4,000보가 다되어 가기 전에 오늘 목표는 자동달성 되겠네 하니 그냥 웃음만 나온다.

 똑같이 반복되는 바쁜 일정이다. 비행기에서 내려서 빛의 속도로 지하철 9호선 급행타고 고속터미널에서 3호선 타고 일원역에 내려 삼성서울병원 셔틀타고 삼성서울병원 암병동 후문 내려 체중 재고, 혈압 재고, 피 검사하고 방사선 사진 찍고 신료대기 하는데 오늘은 12시 40분 진료인지라 후다닥 우삼겹 된장찌개 하나먹고 박재훈 교수님 진료실 앞에서 차례를 기다린다.

12시 40분 진료인데, 1시가 되어도 안 불려서 담당 간호사에게 왜 안 부르죠 라고 하니까 피검사가 아직 안 나왔단다. 1시간 전에 했는데 기다리는 것은 별문제 없으나 검사 상 문제가 있어서 늦어지는 것이 아닌지 걱정이 된다.

오늘 항암 날짜가 안 나오면 치료가 장기화되기에 오늘의 결과가 매우 중요하다고 볼 수 있겠다. 나하고 기다리는 분들은 모두가 암 환자인지라 표정에 관심이 갈 수밖에 없다. 간호사가 진료 전에 물어보는 것은 성함, 생년월일인데 저 분은 나보다 엄청 나이 많을 것이라고 생각하면서 보고 있는데 61년생 나보다 한 살 적다. 휴... 내가 저런 모습도 될 수 있음에 끔찍함을 느낀다. 혹시 나도 저 분보다 나이 많아 보이지는 않는지 의문까지 든다.

인생의 가장 고난의 길을 걷고 있는 분들과 같이 있음에 너무 슬퍼서 하루 빨리 이 그룹에서 탈출하고픈 마음 밖에 없다. 언제나 부르려나 1시 15분이 되었는데도 감감무소식이다. 김포에서 제주 가는 비행기 예약 시 손가락 터치 실수로 5시 50분에 예약한 게 다행으로 생각된다. 정상적으로 3시 30분에 예약했으면 취소하고 위약금 물고 오늘 못 갔을 수도 있음에 때로는 실수가 위기 탈출이 될 수도 있음을 느낀다.

교수님이 부르신다. 역시나 나의 예상대로 검사결과가 잘못 나왔다. 백혈구 수치가 적게 나와서 항암치료 날짜를 잡지 못하시겠다고 하시며 오늘도 백혈구 증가 약 안 맞으실 거죠? 묻기에 안 맞는다고 하니 5월 31일 한 번 더 올라오란다. 기분 좋게 오늘만 기다렸는데 맥이 탁 풀리고 어떻게 해야 할지 순간적으로 판단이 서지 않아 일단 제주로 내려가기 위하여 공항으로 간다.

일주일 뒤에 또다시 항암 날짜가 안 나오면 어떡하지? 마음에 근심이 가득하고 잠시 깊은 생각에 잠기지만 별 뚜렷한 해답을 얻지 못하고 오늘이 지나고 난 뒤에 생각하기로 하고 공항 대합실 의자에 푹 기대어 그냥 자 버린다.

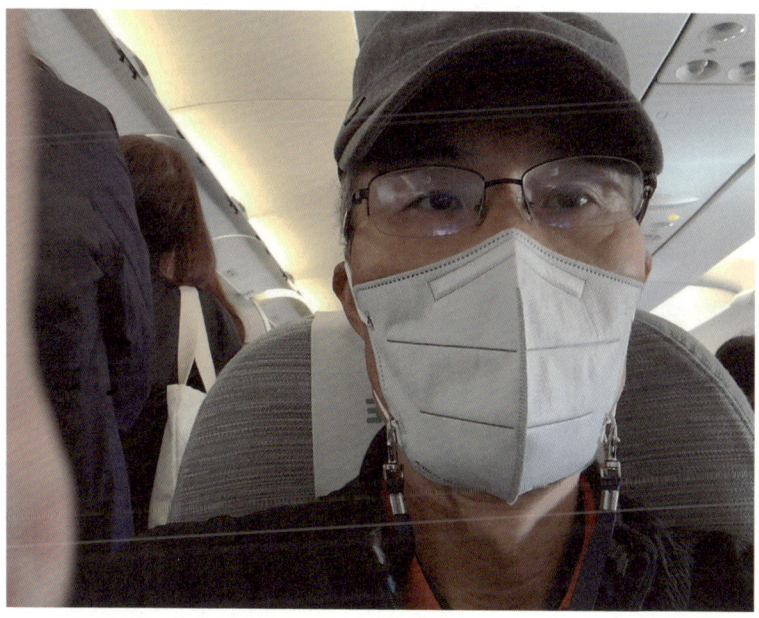

머리 다빠진 모습보이기 싫어서

외로운 영혼

피곤하고 맥이 풀린다. 오늘만 기다렸는데 항암 치료 연기라는 말에 의욕 상실로 모든 것이 귀찮게 여겨지며 축 쳐짐을 어떻게 추스를 수가 없다. 5월 27일 최종항암 주사 맞고 치료 끝내고 건강해지기 위하여 더욱더 열심히 운동하려고 했는데 백혈구 수치가 너무 떨어져서 항암 치료가 불가하다는 의사 선생님의 말씀에 삶의 의미가 없어져 버리고 나의 노력의 전부가 무의미해져 버린다. 한참을 공항대합실에서 멘붕 상태로 있다가 그래도 일단 살아야겠기에 우동초밥 한 그릇 시켜서 억지로 먹고 아직 시간이 많이 남아있음에 또 다시 의자에 머리대고 실의에 찬 사람모양으로 앉아 있는데 병원에서 다른 환자들과 섞여 대기 중일 때 내 바로 앞에 서 있을 수도 없이 뼈에 가죽 둘러씌운 듯이 바싹 마른 사람이 떠올랐다. 치료도 안 되고 힘도 없어 죽지도 살지도 못하는 분의 얼굴은 일그러져 절망에 가득 차 있었고 내 바로 옆에 보호자라고 온 아들이 앉아 있었는데 아버지의 아픔에는 별 관심 없이 말투가 그냥 귀찮은 존재로만 느끼는 분위기였었고 휴대폰만 열심히 쳐다보고 있으매 그런 자식을 슬픈 눈동자로 지켜보던 불쌍한 아버지의 모습이 떠올랐다.

남해가 집인데 아들들은 서울에 살고 있는 것 같았고 병을 치료하게 만들기보다는 치료도 안 되니까 죽을 때까지 요양병원에 가 있으라는 투의 대화가 부자간의 대화의 맥을 이루고 있었다. 어쩌면 저것이 미래의 나의 모습이 될 수도 있다는 섬뜩한 생각이 들고 나 역시 혼자라는 것이 갑자기 슬퍼졌다. 그래도 지금 저 분과 같지는 않지만 암이라는 것은 특히 폐암은 종잡을 수 없는 질병이기에 내 의욕과 노력만으로 치료 될 수 없음에 결과를 도저히 예측할 수가 없다. 그냥 나 역시 오늘 많이 슬프다. 세상에 홀로된 것 같이 외롭고 마음이 갈팡질팡 정리가 되지 않아 제주공항에서 집까지 오는데도 어지럽고 힘이 없어 겨우 왔다. 가만히 생각해보면 내가 연락 안하면 연락 오는 사람이 거의 없으매 이대로 병이 더 악화되면 끝나는 인생이 될 수밖에 없을 것 같다. 아직 살아있지 아니한가. 오늘 내 눈으로 본 그런 사람이 되지 않기 위해서라도 오늘 일단자고 내일부터 생각을 다시 모아보자.

제주행 비행기 안에서

답을 찾아서

바람, 돌, 여자가 많은 섬이라고 삼다도라고 했음에 오늘 바람 많은 제주의 진면목을 보여준다.

아침부터 바람만 세차게 불고 있고 비는 오지 않으나 금방 울 것 같은 아이의 얼굴이 되어 하늘은 어두운 얼굴로 태양의 빛이 새어나오지 못 하도록 덮고 있다. 세차게 불어오는 바람에 이리저리 흔들려 슬프고 애처로운 나무들은 지키고 가야할 것들을 부둥켜안고 서로 서로를 의지한 채 쓰러지지 않으려 가냘프게 흔들리고 있다.

불쌍한 나무의 흔들림이 나의 모습 같아서 잠시 슬픈 눈동자의 모습으로 지켜보는 나는 눈시울 뜨거움에 창밖에서 고개를 돌려 버린다. 그냥 카스토리에나 써서 올리지나 말지 화난 친구가 전화로 말한 목소리가 하루 종일 생생하게 귓가를 맴돈다. 지금 나의 모습과 눈동자가 어제 병원에서 절망의 상태에서 어쩌지도 못하고 아들을 쳐다보던 그 슬픈 눈동자의 환자와 같을까 봐 소름끼치고 이 생각을 하고 있는 자체가 살아있음을 부정하고 싶은 나의 약한 모습임을 생각함에 강한 나의 의지는 어디로 갔는지 두려움만 배가 된다.

아침도 굶고 점심은 그냥 물에 말아 한 술 뜨고 소파에 누워 멍한 눈동자로 시간만 먹고 있는 나는 가슴 강하게 뛰던 어제의 모습은 어디에 두고 이렇게 하루 사이에 절망의 상태로 놓여 있는지 나 자신이 아주 미워지는 대상이 되어버렸다.

그래 좀 더 깊이 생각해보고 현재 나에게 꼭 필요한 것이 무엇인지 파악해보고 다시 시작해보자. 오늘 시간은 그냥 이렇게 편하게 먹고 지금까지 하지 않은 행동으로 누워서 하루를 보내는 것이다.

답을 아서

새로움으로

　그냥 움직이는 것이 일상화 되어버린 탓일까. 오후 2시가 넘어가니 그렇게 세차게 불던 바람도 잦아들고 금방 울려는 아이 얼굴같이 덮여있던 하늘도 벗겨져 버렸다. 집을 나서서 신풍 바닷가 옆 신천목장으로 나왔다. 소들이 있고 말들도 있다. 광활한 목장에서 평화스럽게 풀을 뜯고 있는 생명들이 평온하게 보이고 소, 말들의 변에서 생기는 벌레들을 주워 먹는 하얀 황새들은 오늘도 소, 말들의 꽁무니를 쫓아다니기에 바쁘다. 하얗게 생긴 것들이 주워 먹는 것을 생각하니 살아가는데 체면과 정도가 없음은 짐승이나 사람이나 똑같지만 단지 생각의 차이만 있을 뿐임을 느낀다.

　산다는 것, 살아가야 한다는 것은 모든 생명 있는 것의 과제이며 살아가다가 아픈 것도 삶의 하나의 과정임을 생각하면서 경솔했던 어제의 절망을 질책하고 있다. 생과 사가 내 말대로 종이 한 장 차이라면 살려는 의지 쪽에 무게를 두고 조금의 좌절이 있어도 극복해나가야 하는 쪽으로 무게를 둬야하는 것을 나의 순간적인 생각은 삶의 의지가 하나도 없는 자의 자신에 대한 책임감이 전혀 없는 자의 행동이었으매 그냥 먹어야 산다는 생각밖에 없이 그냥 풀을 뜯고 있는 저 생명들에게 한없이 부끄럽다.

　목장을 지나 돌과 바닷가의 바위가 너무나 아름다운 신풍바닷가에 나왔다. 바닷바람 얼굴에 닿으니 상큼한 바다 냄새까지 같이 묻혀와 닿는다. 눈 들어 저 멀리 보니 예비부부의 기념 촬영이 눈에 들어온다. 사진사의 짓궂은 멘트에 안기도 하고 입 맞추기도 하면서 연기함에 축하의 메시지 드리면서 진정으로 잘 사세요라고 말해준다.

　나도 바닷가에 앉아 헥헥 힘겨운 소리 내며 물질하는 해녀들의 힘든 삶의 현장을 바라보며 용기 내어 극복하자라고 스스로에게 힘을 불어넣는다. 이렇게 어디를 가더라도 삶의 스승은 항상 있는 것을...

 나의 부끄러운 모습을 보여준 것에 친구에게 미안하고 실망시키는 일이 없게끔
 '친구야 최선의 노력을 다할게.'

새로움으로 출발

행복하세요

제주도 바람

바람이 잦아들었다고 하나 그래도 그 세게 불고 있다. 시원한 바람에 더 많은 공기 마셔 좋기는 하지만 파도 높아 슬픈 사람들도 있다. 고기잡이 못 나가서 정박한 배들이 항구에 꽉 차있고 해양 레저 사업하는 분들은 혹시나 기구들이 바람에 날려갈 새라 항구의 으슥한 곳에 꽁꽁 묶어 고정하느라 바쁘다.

크게 울렁이는 바다의 너울이 하얀 거품 테두리 하여 출렁임에 시원한 감동 몰고 와서 상쾌한 마음을 열게 한다. 오늘은 표선 해수욕장이나 바닷가에 군데군데 걷거나 앉아 힐링하던 사람들이 한명도 보이지 않는다. 외곽 방파제에 한 줄로 서 있던 강태공들도 바람 불어 없고 항구에 차량주차 해 놓고 한 바퀴 돌고 와서 다시 앉아 있어도 마치 통째로 전세 낸 것 같이 혼자인 게 기분 좋다.

이렇게 바람불어 맑은 공기 더 많이 들이마시고 좋은 환경에서 걷다 보면 저녁 되어 배고픔에 식사 많이 하게 되고 내일은 오늘같이 못 일어나서 오전 시간까지 다 자버리는 슬픈 시간은 만들지 않겠지. 조금 늦어질 뿐이다. 62년도 살아왔는데 조금 더 늦는다고 좌절한다면 살아온 세월이 부끄러워서라도 용기를 더 내어 앞으로 나아가리라.

바람은 또 다시 더 거세어지고 울산 친구 전화 와서 차량 밖에서 받으니 거센 바람소리에 말이 들리지 않아 급하게 차에 오르니 친구가 바람 많이 부네라고 말할 정도니 체감하는 나는 어떻겠는가. 하나로마트에서 참외와 깻잎, 상추를 구입하여 집으로 향한다. 일단 된장찌개에 상추쌈 하여 저녁 맛나게 많이 먹고 백혈구 수치 팍팍 올려서 다음 주에는 마지막 항암주사 맞을 수 있도록 최선의 노력을 다해보자.

이름 몰라도 이뻐서

불면증 2

 밤은 깊어만 가고 고요한 적막함에 이 생각 저 생각에 안 그래도 밤이 더 깊어지면 더욱더 잠 못 이뤄 12시를 넘겨버리는 날이 태반인데 이놈의 몸은 꿈나라로 갈 생각을 아예 접어 버린 것 같다. 언제 나도 누구와 같이 누우면 금방 잠들어 소련제 탱크 소리 내면서 행복한 잠자리가 될 수 있을지 잠 잘 자는 사람들에겐 부러움이 있고 잠 못 드는 나에게는 근심이 가득 쌓여만 간다. 7시에 너무 배가 고파서 경기할 정도였는데 된장찌개랑 보말미역국 많이 끓여 냉동시켜 놓은 것 해동시간을 못 참아서 조금씩 퍼먹으면서 상추 깻잎 갈치속젓갈 쌈에 엄청 맛나게 먹고 참외까지 하나 깎아 먹었더니 밤 8시이기에 씻고 수면제 먹고 누웠는데 밤 10시까지 눈만 말똥말똥 잠 못 들고 있다. 수면제 1알을 먹으니까 너무 깊이 잠들고 다음 날까지 약효가 남아있어 머리가 맑지 않기에 반 알만 처방해달라고 했더니 이제는 수면제 먹어도 잠들면 효과가 있는데 잠들기까지가 너무나 힘이 든다. 잠을 푹 자야 일찍 일어나서 새벽공기 마시며 운동하고 맛난 아침밥 먹고 활기찬 하루를 시작함에 육신에 활력이 넘쳐서 백혈구 숫자도 늘어서 이번처럼 백혈구 수치가 떨어져서 항암 주사를 투여하지 못하여 나에게 엄청난 시련을 주는 일이 없을 텐데, 맨날 이렇게 잠 못 들어 이리저리 뒤척임에 투병 생활을 하는 나에겐 엄청난 데미지를 주고 있음에 보통 일이 아니다. 잘 먹고, 잘 자고, 잘 싸고 중 하나가 딱 걸림에 오늘 밤도 잠 못 이뤄 고민에 고민을 거듭하고 있다. 아직까지 낮에 자라면 자신 있는데 다른 사람들 다 자는 밤에 자라면 이렇게 자신이 없다. 그렇다고 다시 밤낮 바뀐 생활을 다시 할 수도 없고 수면제로 평생을 살아야 한다고 생각하니 끔찍한 생각이 든다. 폐암투병 끝나면 입버릇처럼 불면증을 수단방법 가리지 말고 완치하라고 말하지만 오히려 폐암 투병보다 더 힘들 수도 있음이 생각된다. 한 번씩 수면제 안 먹고 잠을 자고나면 그 다음날 하루 종일 머리가 어지럽고 어디 누구에게 한 대 맞은 것 같아서 생활에 불편함을 많이 느낀다. 그러기에 잠자기 전에 수면제 복용이 필수가 되어버린 것이 3년의 세월이 지나가고 있다. 오늘밤도 벌써 11시가 넘어가고 잠 못 드는 애처로운 작은 새가 되어 어두운 천장만 열심히 쳐다보고 있다. 이러다가 새벽 1시, 2시가 넘으면 늦잠자게 되고 어중간한 시간에 식사하여 점심도 어중간하게 만들고 정말 오늘도 걱정되는 밤이다.

오늘도 금계국을 안고

이승이 오름

어제 오전은 황사와 바람으로 발을 묶어 놓았는데 오늘 오전에는 하늘이 어제와 같이 금방 울어버릴 듯 아이의 찡그린 얼굴이 되어 이따금씩 빗물이 어린아이 눈물같이 뚝뚝 떨어지기도 하였다. 제주도에서 차량으로 도로를 달리다 보면 오름이란 말을 정말 많이 보게 된다. 오름이란 제주도 방언으로 오르다의 준말이라고도 하지만 실제로 한라산이 큰 분화구를 갖고 있었다면 한라산의 작은 집으로 해석하면 쉽게 이해가 갈 것 같다. 전문적인 정의는 분화구를 갖고 있고 화산 쇄설물로 이루어져 있으며 화산구의 형태로 이루어져 있다고 정의되어 있다.

제주도의 오름 숫자는 현재 368개라는 전문가들의 조사 자료에 표시 되어있고 또 한편으로는 400개라는 표기도 있어 관심이 있다면 전문 서적을 통해서 파악하고 숙지해봄이 나을 것이라 판단된다. 우리가 익히 알고 있는 바다 밑에 보일 듯 말 듯 깔려있는 이어도라는 섬도 하나의 오름이라고 하니 제주도는 오름이 모여서 만들어진 섬이라고 해도 과언이 아닌 것 같다.

오늘 내가 관심을 가지고 간 곳은 이승이 오름으로 입구에는 산딸나무가 흰색, 핑크색으로 예쁘게 꽃을 피워 거의 500m정도를 길게 줄을 서서 오름을 오르기 전 여행객들을 반기고 있었다. 산딸나무라고는 처음 접해보는 꽃과 나무인지라 나에게는 아주 생소하였기도 하였지만 나무에서 핀 꽃이라 더욱 의미가 색다르게 와 닿았다. 시멘트 포장길을 500m쯤 걸어가면 온갖 나무들로 마치 밀림에 들어온 듯 착각을 할 정도로 빽빽이 숲으로 가득한 산길을 걷게 된다. 가파른 오르막이라 나무 계단을 만들어 두었고 나무계단이 없는 곳에는 고무 위에 멍석을 깔아놓아 등산하기에 한결 수월하였다. 그래도 아직 완치 안 된 몸으로 오르막 산길을 오름에 호흡기에서 헥헥 소리는 세차게 났어도 오르막길에는 숨이 차면 쉬어서 안정을 찾고 걷고를 반복을 하다 보니 크게 무리 없이 등반할 수 있었다

 오르막 산길을 올라 평지로 접어드니 오늘 내가 이승이 오름에 관심을 두었던 수십 년은 됨직한 아름드리 편백나무 숲이 나타났다. 하늘로 솟아오른 길이가 얼마나 긴지 한참을 쳐다 봐야할 정도로 엄청난 숲을 걷다보니 가슴이 뻥 뚫리는 듯 상쾌함은 말로 표현하기 힘들고 쉽게 표현하자면 상다리가 부러질 듯한 건강 밥상을 받은 기분이었다. 고개 들어 하늘 보니 나무 사이로 쏟아지는 빛이 장관이요, 옆으로 나무둥치를 보니 엄청난 굵기에 기가 펄펄 차고 넘침에 조금 이라도 기를 받고 싶어서 크게 팔 벌려 안아보니 내 가슴을 벗어나는 굵기에 나무 나이를 가늠할 수가 없었다.

 오늘 나는 내 몸을 아주 건강한 자연에 갖다놓음에 새로운 희망을 품게 했고 건강해지려는 의욕을 더 많이 가지게 함에 꼭 완치하여 제주의 유명한 오름을 하나라도 더 많이 오를 수 있도록 노력하리라.

산딸나무

아름드리 편백나무들

고 민

이승이 오름을 내려와서 집으로 오는 길에 잠이 쏟아져서 운전을 할 수가 없음에 몇 번이나 도로가에 차를 주차 해놓고 잠시 눈을 붙이기를 오는 길에 반복하다보니 30분이면 올 거리를 1시간을 넘겨버렸다. 점심시간도 한참을 지났는지라 도로변에 돼지국밥이라고 쓰여 있기에 그냥 들어갔다. 사실 건강할 때에는 내가 제일 싫어하는 음식을 꼽으라면 1순위가 돼지국밥이었기에 지나 쳤을 텐데 건강해지기 위해서 꼭 필요한 음식 같아서 메뉴 중에서도 제일 싫어하는 순번 1번인 돼지국밥을 시켰다. 돼지국밥집에 돼지국밥 말고 뭐가 또 있냐고 굳이 묻는다면 그래도 조금 찰진 맛이 나는 내장 국밥과 순대 국밥 정도는 일행과 들어갔을 때 가끔씩 먹기도 했지만 투병 생활을 하는 나로서는 먹기는 힘들어도 소화가 잘되는 것으로 선택하다 보니 본 메뉴를 시키게 되었다.

음식은 나오고 국밥 그릇에 찰랑찰랑 넘칠 듯 말듯 양도 많이도 주신다. 이걸 어떻게 먹나 한참을 쳐다볼 정도로 속에서는 받아들일 자세가 전혀 되지 않았다. 일단 젓가락으로 위의 고기부터 하나씩 천천히 먹다 보니까 양이 줄지는 않고 그냥 일어서려니까 국밥집 사장님에게 미안하고 해서 생각 없이 먹는다는 표현보다는 꾸역꾸역 밀어 넣는다는 표현이 맞을 정도로 먹어야 산다를 속으로 되 뇌이며 계속해서 열심히 밀어 넣다 보니 까마득하게만 보였던 국밥 그릇의 바닥이 보였다. 밥은 다 먹었는데 먹은 음식이 속에서 거부 반응을 일으킴에 빠르게 바닷가에 나와서 내가 제일 좋아하는 과일 참외를 깎아서 씹어 넘기니 그제야 반란을 일으키던 나의 내장들이 안정을 찾았다.

밥도 먹었겠다 차량 의자 뒤로 젖혀서 가장 편한 자세로 눕는다. 두 시간은 갔을까. 잠결에도 들렸지만 계속 비가 내렸다. 하늘은 검은 구름으로 덮여 있고 비는 계속해서 내렸다. 비 오는 바닷가에서 차량 주차 시켜놓고 차량에 떨어지는 빗소리에 출렁이는 바다는 제법 운치 있는 풍경이지만 요즘 들어 맑지 않은 날씨가 계속 되다보니 낭만적인 운치보다는 마음을 어둡게 하는 분위기가 더 많은 것 같음에 맑은 날을 기대한다.

 시간은 벌써 6시 30분이 지나가고 아직 움직이기는 싫고 저녁은 먹어줘야겠기에 배낭 속에 있는 것을 다 꺼내서 하나씩 먹는다. 참외, 사과 각 1개 삶은 계란 2개를 먹고 나니 일단 저녁은 된 것 같고 멀리 비 오는 제주바다를 응시하며 오늘 큰 누님의 말씀을 떠올린다. 머리로 자지 말고 몸으로 자라는 말씀에 어느 정도 일리가 있음을 인지하게 된다. 지금까지 몸은 피곤할 때 오늘같이 어디서나 장소 불문하고 잠을 자듯이 낮에 자는 것을 원하면 낮에 자면 되지 않느냐라는 말씀에 어느 정도 일리가 있는 지적이라고 생각한다.

 밤에 잠 못 잔다고 억지로 밤에 자지 말고 몸이 낮에 자는 것을 원하면 낮에 자라는 말씀에는 어느 정도 공감을 하지만 먹는 시간도 바뀌어야 하는데 그것도 몸이 배고프다고 할 때 밥 먹어야 하나에서 방향을 정확하게 잡지 못하겠다. 지금도 밤에 움직이고 낮에 자라고 하면 수면제고 뭐고 필요 없이 고맙지만, 그럼 밤에 낮 시간같이 식사를 해야 하기에 신중하게 방법을 찾아 봐야겠다.
 이것도 누님이 보시기에 머리로 자려고 한다면 어쩔 수 없지만 지금 나의 투병 중에서 가장 힘들게 봉착된 문제인지라 쉽게 정리가 되지 않는다

 오늘부터 그냥 수면제고 뭐고 복용하지 말고 밤낮 구분 없이 그냥 잠 올 때 자고 잠 안 올 때 움직여볼까. 또 하루는 저물고 비와 어둠을 안고 있는 제주도 표선바닷가에서 깊은 시름에 빠지는 나의 깊은

고민에 시간은 계속 지나간다. 비 오는 늦은 밤. 지금시간이 새벽 0시 36분 내가 제주도 와서 가장 편하게 생각하는 표선항 남쪽에 위치하여 바다가 뻥 뚫리게 잘 보이는 곳에 자리 잡고 이곳저곳 비가 세차게 내리고 바람까지 덩달아 춤을 추고 있는 선착장 위 넓은 시멘트로 포장된 곳에 자리 잡았다.

집에 있어 잠 못 들어 스트레스 받으니 큰누님 말씀대로 몸이 원하는 대로 살아보자고 한 게 누님의 의도는 이 새벽 시간에 차를 몰고 비바람 몰아치는 항구에 청승맞게 자리하라고 한 것은 아닐진데, 그냥 오늘은 이렇게 시간 무시하고 차 내부 편하게 하여 또 다른 편안함으로 있을 때까지 있다가 돌아가던지 여기서 날 밤을 한번 지새워 볼 요량으로 혼자서 워크숍 하는 심정으로 작심하고 나왔다.

깜깜한 밤에 가로수 등불에 해수면만 반짝이고 오늘도 비바람에 출어 못 나간 어선들만 빈 항구를 지키고 있어 어떻게 보면 아주 쓸쓸한 밤이고 생각만 조금 모으면 분위기에 심취되어 멋진 감성의 서사시가 쏟아져 나올만한 분위기인 것 같다. 이제 투병 시간과 몸의 상태를 의사의 소견과 내가 몸으로 느끼는 것을 집약해 볼 때 앞으로 길어야 보름 정도면 1차로 완치가 될 것 같고 몇 달에 한 번씩 주기적으로 검사해 보는 정밀 검사를 대비하여 꾸준하게 건강관리를 한다면 완치는 거의 될 수 있음을 확신한다. 건강관리가 별거 있나. 아침, 점심, 저녁 식사 잘하고 안 아플 때 즐겼던 술, 담배 끊고, 주기적으로 자연과 벗하여 산과들과 바다로 여행 다니면서 다양한 소재를 취합하여 아름다운 글로 창작 활동 많이 하고 신비한 자연의 아름다움을 카메라에 담아서 내 안에 쌓아 나간다면 질병이 찾아올 공간을 원천 봉쇄함이 아니던가.

인적도 인간으로 말미암아 발생하는 소음도 없이 자연만이 발산하는 비 소리, 바람 소리에 가로등 불빛에 희미하게 보이는 바다의 출령임이 이렇게 내 마음속을 아름다움으로 꽉 채운다. 몸 안의 나쁜 기운들이 이 깨끗한 자연의 생생한 생명력으로 가슴을 채운다면 나의 미래는 더욱더 가치 있는 삶 속에 거하게 됨을 믿어 의심치 않는다. 조용하게 마음 편하게 자리하여 오늘 모처럼 마음먹고 나온 이 아름다운 항구에서 뭔가 생의 가치 있는 것을 찾으리라 소망의 마음을 소중하게 모아본다.

신록의 공간사이로

바뀌는 일상

어제 비 오고 바람 세게 불던 날, 표선항에서 분위기에 젖어서 글 쓰고, 간식 먹고 그냥 오늘밤은 야외에서 힐링한다고 생각하자고 했는데 친구전화가 왔었다. 어디가 있길래 이 늦은 시간에 집에도 없냐고 하면서 빨리 집에 오란다. 이 밤에 말도 없이 집에 올리는 없고 집이라는 말이 농담처럼 들려서 진짜 어디냐고 물었더니 진지하게 집에 왔단다.

후다닥 집에 오니 은박지에 정성스럽게 고구마를 구워 와서 먹으란다. '웬 고구마야.'라고 했더니 경재하고 고구마 구워 먹다가 너무 맛있어서 너 생각나서 가져 왔다는데 기가 막히는 고마움에 순간 숨이 콱 막혔다. 과연 누가 고구마 먹다가 너무 맛있다고 30분 이상을 차를 몰고 가지고 올까. 아니 몇 명이 아니라 가지고 친구에게 오는 사람을 더 이상하게 생각할 수도 있지 않을까. 사실 이 친구는 얼마 전에 2급 공무원 생활을 은퇴하고 부인과 제주도에 마음 정리하러 내려와 있고 같이 2급 공무원 하던 경재라는 친구는 캠핑카로 제주도 성산 쪽 바닷가에서 캠핑하고 있는데 같이 고구마 구워 먹다가 내 생각이 나서 고구마를 들고 왔다고 하니 고마움을 어찌 말로 다 표현할 수 있겠는가. 비는 계속 굵은 가락으로 내리는데 나 고구마 맛나게 다 먹는 거 보고난 뒤 캠핑카로 급하게 돌아가는 뒷모습 보면서 '친구야 너무나 고마워.'라고 나의 마음을 전했다.

친구가 가고난 뒤 잠은 오지 않고 그칠 줄 모르게 비는 계속 내리고 잠자는 것은 힘들 것 같음에 큰 누님 말씀대로 머리로 잘 생각 접고 몸에서 자자고 할 때까지 움직여 보자고 생각하면서 옛날 낮에 자고 밤에 움직일 때 같이 냉장고에 얼려 둔 보말 삶은 물을 꺼내어 녹여서 라면 한 개 넣어 맛나게 먹고 주섬주섬 옷 입고 또 다시 표선항으로 나갔다. 모두 다 잠든 밤 비 오는 항구에 홀로 새벽 시간에 나와 있는 것을 세상 사람들은 뭐라고 표현할까 정신 나간 얼간이 정도로 생각하겠지만 나에게 세상 사람들의 이목에는 관심이 없다. 단지 마음을 편하게 먹고 자유스런 행동으로 건강해질 수만 있다면 이것보다 더한 행위도 할 수 있음을 생각한다.

비는 계속 오고 시간은 흘러 정말 새벽으로 치닫는데 시간 가는 줄 모르고 하늘부터 수면까지 물기로만 덮여 있는 공간에 같이하여 심오한 마음 되어 나의 모든 것이 자연 안에서 같이함을 느끼며 이 밤 시간과 공간을 초월하여 그 안에서 깊게 의지하는 나를 보게 된다. 차후 1차로 몸이 나아지면 더욱더 자연 안에서 나를 맡기고 같이 해야 하는데 산과 들, 강과 바다. 자연이 제공하는 모든 곳이 나의 공간이 되어 같이하고 그 안에서 남은 미래의 시간을 보내야 함에 오늘같이 늦은 시간 이런 시간이 차후에도 많아짐을 의식하고 느낌을 조용히 정리하여 적어나갔다.

오늘은 낮 12시나 되어서 눈을 뜨니 어제 글에 댓글과 관심이 다른 날 보다 많음에 조금 미안한 마음 있지만 어떡하랴. 그냥 다른 날 점심이 아침이 되어버렸고 밥 먹고 커피 한 잔 먹고 잠시 앉은 것 같은데 벌써 오후 3시가 넘어간다. 이게 차후 나의 정상 생활의 범주라고 한다면 어찌 좀 어색함을 경험하게 된다. 그래도 저녁에 자고 아침에 일어나는 생활 안에서 현실 생활을 유지함이 바람직 할 텐데 아직 몸이 나의 의지대로 같이하지 않으니 많이 혼란스럽다. 일단 폐암 낮게 해놓고 라고 마음을 쉽게 정리 해본다.

먹는 전쟁

암 환자가 생존하기 위하여 제일 중요한 것이 있다면 많이 먹어야 한다는 것이다. 나 같은 경우에는 폐암 3기 판정을 받은 상태라서 다른 암은 모르고 내가 판정받은 암을 기준으로 이글을 써내려감에 다른 암 환자와 관계된 분들이 나의 얘기를 혹시 읽는다면 양해를 구합니다. 폐암 환자들은 식도암 환자와 같은 병동에서 입원 치료를 받는데 그 이유는 폐암에서 거의 전이가 이루어져 식도암으로 가고 두 병은 서로 상관관계가 있어서 같은 병실을 쓰는 것으로만 알고 다른 이유는 병원에서 관리차원에서의 방법이라는 것까지만 알 뿐이다.

폐암은 중증환자 일수록 체중이 줄어서 거의 뼈밖에 안 남은 상태인걸 보면 병이 깊어지고 항암 치료가 횟수가 거듭 될수록 못 먹어서 체중이 계속 감소하여 항암 치료 시 약물의 독성을 몸에서 이겨내지 못함으로 인하여 후유증은 계속해서 증가하여 가장 중요한 식욕 부진은 더욱더 깊어지게 된다. 내가 아는 어떤 환자는 항암 치료후 입안이 헐어서 마치 꽃이핀것 같이 빈자리가 없다. 음식물이 입에 들어가면 따갑고 둘째로는 음식물 냄새만 맞아도 구역질이 난다는 것이다.

식사때만 돌아오면 먹기는 먹어야 하는데 공포 스러워서 시간이 가는것을 매달려 잡고싶을 정도로 먹는다는것 자체가 가혹한 시련으로 다가오니 온전한 식사를 할수있는 사람은 극소수에 불가함이 정말 불행한 일이 아닐 수 없다. 여러가지 암중에서 전이 위험성 및 사망률1위의 암은 폐암으로 지금까지도 폐암 사망률 은 다른암 사망률을 압도한다. 나역시 처음에는 각종 데이트를 검색해 보다가 과연 내가 완치할수 있을지에 의문이 들었다. 그러나 한가지 폐암은 다른 암과는 다르게 먹는것에는 가리지않고 먹을수 있는 장점이 있다. 무엇이던지 먹어도 관계없는데 단 항암치료 중에는 간염 위험이 있어 회만 멀리하라고 하고 그 외에는 어떤 음식도 많이 먹어라고 권하지만 구역질 및 후유증으로 입안이 다헐어 버림에 목구멍 까지 넘기기가 큰 과제로 남기에 먹지못해 보는이를 힘들게 할만큼 말라가는 시련이아주 많은 질병이라 아니할 수 없다.

 말기 환자들을 보면 거의가다 하루종일 가래를 쉴사이 없이 받아내고 호흡곤란으로 산소를 강제로 공급 해주는가 하면 목에 음식물을 넘기지 못하니까 영양식이라도 계속공급 해줘야한다. 나같은 경우에도 항암주사를 맞고 구토 증상으로 변기에 머리를 쳐박고 똥물까지 다 올려버린 경험도 있지만 억지로라도 먹을려고 했기에 지금까지 체중이 줄지 않고 오히려 5킬로정도 늘어버린 상태이다 보니 일반 폐암 환자의 기준으로 보면 희귀하다고 볼수 있지만 다른 사람이 모르는 나만의 피나는 노력을 알 수는 없겠지. 지금까지 항암치료를 받아왔고 이제 마지막 두 번을 남겨놓은 시점에서 속된 말로 죽을 각오로 먹는데 집중하였고 하루도 안 빠지고 만보씩 걸었기에 항암 치료의 독한약의 성분이 몸에 들어와도 견뎌낼수 있었고 다른 환자들이 격었던 항암치료 후유증이 거의 없었음에 먹는것과 규칙적인 운동이 얼마나 중요한지가 뼈져리게 느껴진다.

 저의 경험으로 비추어 볼때 먹는거 자는거 싸는거만 죽을 각오로 지킨다고 노력 했을때 완치의 기쁨을 누릴수있다고 확신한다. 오늘도 안 아플때 돼지국밥은 내가 먹기 싫어하는 음식순위 1위였는데 제주도에서 마땅히 단백질을 공급 할수있는 음식이 없다보니 어제는 점심시간에 돼지국밥을 먹고 오늘은 저녁 시간에 내장 국밥을 먹엇는데 속된말로 먹었다가 아니고 밀어 넣었나로 표현되니 먹는것이 얼마나 힘든것임을 이해할수 있을것이다.

 이제 얼마 남지 않은 항암치료의 마지막 그날까지 열심히 밀어 넣는다면 완치 할수 있다는 확신을 가진다.

고귀하게 품어야지

고지가 저긴데

 여전히 아름다운 자연은 비가오면 물기 촉촉히 먹음에 좋아라 살랑인다. 눈안에 보이는 아름다움을 찬양하고 부러움의 시선 띄우지만 움직이지 않는 육신의 아픔에 애타는 마음 어쩔 줄 모른다. 아침도 먹고 점심도 먹고 건강하게 산책하고 자연의 강한기를 받아야 하지만 축 쳐지는 지친 육신을 일으키기에는 너무나 힘이 쇠퇴해 있다.

 그래도 지금 약해지고 힘이 없어 축쳐진 다면 마지막 고비를 넘어야 하는 아주 중요한 시점에서 자못 의지까지 약해질까 염려되어 삶은 계란 2개랑 참외 2개 깍아서 육신의 힘을 북돋아주기 위하여 속으로 밀어넣는다.

 시간은 어느사이 오후 2시를 넘어가고 식사를 하지못한 육신은 아직까지 축쳐져서 쇼파에 길게 깔려있다. 크게 용기내어 발바닥에 가득 힘주고 일어서서 주섬주섬 옷 주워입고 기어서라도 움직이기 위하여 최선을 다해 보지만 터 덜석 이번엔 방 바닥에 길게 자리깔아 버린다. 방안에 누워 홀로 투병함에 슬프고 홀로 일어나야 함에 외로운 투병을 아파 하지만 작은 창으로 보이는 바깥의 빛으로 어떻게 하던지 나가야 함에 천천히 힘을 모아본다.

 일어나자 일어나자 작은 힘이라도 모아 일어나자. 육신에 힘이 없으면 정신력으로 버텨 나가고 비실비실 밖으로 나가 자연에 손벌려 보자꾸나. 고지가 저기인데 바라만 보고 못 올라가면 처음부터 아니 온 만 못한 깃을 가장 고통스런 순간 떠올리고 가장 힘들었던 순간 떠올리며 위안하며 일어서자.

국수라도...

 비는 그쳤는데 제주도 바람 매섭다. 좋은공기 좀 마실려고 걷다가 거센 바람에 부딪혀 비틀비틀 차로 돌아온다. 돌은 지천에 깔린것이 까만 돌이고 오늘 제대로 바람 한번 맞아 보는데 여자는 많은지 적은지 아직 파악이 되지 않으니 삼다도 중에 두개는 확인된 셈이다. 언제 비가 왔냐고 하늘은 하얀구름 몇 점 깔고 푸르른 자태의 샹큼한 속살을 예쁘게 드러내고 맑은 하늘에 기분 좋지만 이렇게 거센 바람에 죄 없는 나무들만 크게 흔들림에 애처롭다. 이 바람부는 날에도 삶의 현장은 바쁘게 움직인다. 조개잡는 아낙은 바닷가 거센 파도에도 아랑곳 하지 않고 모자 질건 동여매고 겟벌에 털썩 주저앉아 열심히 호미질을 하고 있으니 먹고 사는 일은 아무리 악천후가 닥쳐도 해야할 일임에 삶이 끝나는 날까지 어디서든 생명이 있는 곳에서는 숙명처럼 계속 이어지고 있다.

 나 역시 저 아낙들의 용기를 배워서 양쪽창문 다 열어 거센바람 힘차게 들이키며 용기와 힘을 불어넣을 각오를 다져본다. 허기진 빈속부터 채워야겠지만 힘은 없는데 식욕은 바닥을 치고있어 무엇이라도 밀어 넣으면 금방 올라 올것같이 받아 들일려는 음식이 없다. 이렇게 집에가서 기다렸다가 된장찌개 데워서 먹을 계획인데 그냥 아무것도 못 채운 빈 속으로 오늘 잠자리 들것같은 불안함에 그래도 영양가를 떠나서 쉽게 채울수 있는 음식을 찾다가 국수가 생각났고 속에서도 흔쾌히 허락하는지 거부 반응은 없다. 이리저리 차를 달려오면서 국수집을 찾다보니 건너편 길에 국수전문 이라는 간판이 보였다 제주도에서 일반 식당이 흔치 않기에 선택의 여지없이 차를 돌려 국수집으로 들어갔다.

 멸치국수 한 그릇을 시켰는데 양념장이 없고 멸치 액젓으로 간을 맞춰서 나왔기에 울산에서 먹던맛이 아니어서 작게 실망은 하였으나 어떡하랴 오늘은 맛을 따지고할 형편이 못 되기에 일단 국물까지 말끔하게 마시고 몇 시간후에 다른것으로 배를 더 채울 속셈으로 집으로 발길을 돌린다. 이상하다 어디가 아픈것도 아닌데 힘이 빠지고 맥이 풀린다 기운이 하나도 없는것은 에너지가 없어서 이런 현상이 나타 날텐데 하루를 굶어 이렇게까지 된다면 그 동안 단련해왔던 나의 운동 방법에 문제가 있다고 밖에 생각되지 않는다. 일단 몇 시간 더 쉰 후에 된장찌개 데워서 먹고 체력 보충해보는 수밖에 다른 방법이 없음에 집으로 돌아온다. 오늘도 집 뒷 도로의 꽃길은 나를 반김에 잠시 힘을 얻는다. 금계국이 뒷 도로의 2킬로 정도를 처음부터 끝까지 양쪽으로 빽빽하게 노랗게 채움에 너무나 예쁘다. 일반 꽃들은 몇 일 피다가 지는데 이 꽃은 벌써 한달을 넘게 피어있음에 신기하여 꽃길이라고 이름을 붙여 놓았다. 언제까지 지지않고 노란 자태를 자랑할지 모르겠지만 제주도만 생각하면 제일 먼저 떠 오르는 것이 있다면 이 꽃길이 아닐까 생각한다. 집에 돌아와서 편안하게 눕는다 그냥 이대로 있다가 오늘은 몸이 원하는 대로 해 보는거다. 나머지는 내일 생각하자.

끝없이 피어있는 금계국 길

자꾸 달려도 꽃길

불편한 진실

처음 폐암 선고 받고 덤덤 했다고 표현 했는데 극복 할수 있다고 하면서도 투병 생활에서 가장 큰 장애물이 있었다면 외로움이라고 생각된다.

나의 아픔을 알릴까 말까를 고민하다가 오픈하게 된 결정적인 계기는 단체의 회장을 맞고 있는 것이 몇 개 있었기에 모임은 코로나 19의 영향으로 언제 모임을 할지 예상 못하기에 넘어간다 치더라도 우리 나이에 가장 많이 접하게 되는 경조사에서 큰 수술을 두 번이나 해야하고 수술 후 언제까지 진행될 줄 모르는 항암주사 및 투병의 시간이 있는 나로서는 나중에 오해의 소지가 있을수 있고 또 두번째는 병증이 너무 깊어져서 가망이 없다면 알릴 필요도 없지만 완치 할 수 있다는 자신감이 있었기에 특히 알리고 난뒤 편안한 마음으로 투병 생활에만 전염하고 싶은 나만의 깊은 마음이 있었기에 소속된 단체에 알리고 항암 투병을 시작 하였다.

내가 폐암이라고 알리고 부터 주위의 사람들이 갑자기 멀어지는 것을 느끼게 되었다. 평소에 전화 및 메신저로 연락을 주고받던 친구들도 연락이 두절되고 마치 달나라 사람으로 인식되어 단체 톡방에 글자 한 번 잘못 올려도 오해를 받게되고 어떤 친구는 글을 올리지 마라고 개인적으로 연락이 오기까지 하니 세상과 멀어져 홀로됨을 느끼게 되었다.

이제 치료도 끝나가고 암세포는 소멸되고 없음에 제주생활 청산하고 울산으로 가야 하는데 외계인에서 현실에 존재하는 사람으로 인정 받기 위해서 어떻게 처신을 해야할지 조심스럽다. 친구들아 나 다 나았다도 아닌것 같고 그렇다고 예전의 삶같이 술 한잔 하자라고 할 수도 없고 그냥 외롭게 나의 인생 새롭게 설계하고 나의 현실에만 충실하게 사는것이 정답이 아닐까 생각한다.

가마우지의 곡예

다스려야 산다

 몸이 원하는 데로 해보자고 이틀을 수면제 복용 않고 새벽까지 잠이 안 오면 그냥 날 밤새웠다 새벽에 잠들어 버리면 아침 못 먹고 낮 12시 쯤 일어나면 식욕이 전혀 없어서 밀어 넣는 것도 불가능 하기에 식사 시간이 지나 버리면 육신은 힘이 없어 축 늘어져 버림에 어제같이 국수 한 그릇으로 하루를 버티는 꼴이 되어 버리니 투병 생활에 필요한 기력을 찾을 수 없어 이틀 만에 백기 들 수 밖에 다른 방법이 없었다.

 어쩔 수 없이 그동안의 방법에서 수면제 양을 반 알 에서 한 알로 다시 늘리고 12시에 잠을 잤다.

 강제로 수면을 취하고 아침 6시에 뒤 척 이는 거 없이 바로 일어나서 성산포항 수산물 경매장으로 갔다. 석겸이가 오늘 울산으로 간다고 집에서 점심 먹 자기에 갈치나 사둘려고 성산 포항에 간 것이다. 어제 바람이 많이 불고 파도가 높아서 어선들의 출항이 많이 없었는지라 매물은 많이 없어도 머리 짤린 갈치는 나와있었.

 3지 정도가 한 마리에 천원 정도에 거래되니 싸기는 무척 쌌다. 만원어치 샀더만 한 봉지 가득임에 상품성이 없는 생물의 가치를 짐작하게 했다.

 갈치 봉지를 차에 실어 놓고 항구에 정박중인 수십척의 어선을 둘러보는 것도 새로운 볼거리였다. 배들마다 수십개의 등을 매달아 밤에 제주 바다를 낮과 같이 밝혔던 주범들임을 나타내었다.

 이왕 나온 김에 성산포 선착 장을 따라 올 만에 청명한 하늘을 올려다 보니 눈부신 광채에 황홀경에 빠졌다. 반짝반짝 수면에 수많은 별빛이 반짝이고 별들이 되어 바다가 흔들리는 방향으로 흩어졌다. 빛의 바다에 함몰되어 5천보를 걷고나니 간만에 육신에 힘이불끈 솟았다. 아직까지 투병 생활이 완료 될때까지 나에게는 이 방법밖에 없음을 다시금 직시하게 되었다.

혹시나 하여 계란2개 참외2개 사과1개 우유 한잔을 아침 대용으로 먹고나니 임시로 요기가 되었다. 고기사고 운동하고 다했는데도 9시 밖에 안되었음에 일찍 일어난다는게 얼마나 중요한지 새삼느껴진다.

친구가 10쯤에 온다고 했는데 11시가 되어서도 안오니 이게 왠일인가 어제 그렇게 거부하던 배가 고프니 얼마나 반가운지 눈물까지 글썽인다.

12시가 되어서야 친구가 왔고 밤새 반찬을 했다고 엄청나게 가져왔다. 더덕 무침, 도라지 무침 등 매번 고마웠는데 갈때까지 수고를 해주심에 몸둘바를 몰라 그냥 고맙다는 말로 대신했다. 또 다시 진수성찬에 점심을 먹으니 어제 축 처져 있었던 육신이 힘을 얻어 새로운 생명으로 태어난 느낌이었다.

오늘 부터는 기존 했던것과 같이 수면제 먹고자고 일찍 일어나 세끼 먹고 하는 일상으로 투병 생활 끝날때까지 돌아가고 치료 다하고 난 뒤 생활의 변화는 시간을두고 다시생각해 보기로 하였다. 몇일 몸이 원하는데로 살다가 생활의 바란스가 깨어져서 혼란스러움만 가중 되었기에 그동안 해왔던 방식이 옳았음을 느낀다.

여려지는 마음

생명은 오묘하고 고귀하고 소중하다. 내 몸이 아프고 부터 더욱 여려지는 나의 마음은 작은벌레 하나에서 집채만한 덩치의 동물에게까지 연민을 가지게된다. 목장에서 풀을 뜯고 있는 소와 말들을 보면서 불쌍한 생각이 들고 횟집 수족관이 보이면 눈길을 돌려버린다. 스님이 될 팔자로 태어났나 왜 자꾸 이런 생각이 들까. 이러다가 풀잎만 먹고 사는것이 아닐지 심히 걱정된다. 내가 피한다고 먹이 사슬의 굴레가 바뀌어지는 것이 아니요 세상 살아가는 이치가 먹고 먹히는게 자연스러운 것일진데 왜 자꾸 이런생각에 몰두하게 되는걸까.

어차피 약육강식의 구조속에서 생명이 음식이 되어 먹이 구조를 이루는데 때로는 살아 간다는게 죄스럽게 느껴질때도 있음에 내가 너무 예민하고 생각이 많음이 아닌가 오늘 하루의 생활중에서 이런일로 갈등 할때도 있었다. 성산 일출봉이 바라보이는 고성 조개 체험마을에 오랜만에 나들이를 하였다. 저번에 물때를 잘못 맞춰서 헛 걸음을 하였는데 오늘은 물이 다빠진 바닷가에 먼저 오신분들이 조개랑 보말이랑 잡느라고 분주했다. 하늘은 더 맑고 바람은 적당히 불어 이마에 땀방울 맺히지 않을 정도로 시원하게 불어옴이 적당한 날씨임에 발놀림 손놀림이 빨라졌다.

여기저기 까만돌을 뒤집으니 보말들이 한마리 두마리 붙어있고 때로는 4마리까지 붙어있는 돌도있었다. 적당히 보말을 잡고 가져온 호미로 모래바닥을 파니 한마리 두마리 바지락을 찾아내었다. 호미로 모래를 파다보면 호미끝에 탁 소리가 나면 바지락 걸리는 소리임을 알기에 손으로 주위를 만지면 바지락이 잡힌다. 색깔도 가지가지 얼마나 아름다운 자태로 치장을 하였는지 신비스러울 따름이다. 거의 색깔이 칼라로 되어있어 이 아름다운 것들이 침침한 바다모래안에 있음이 미스테리로 남았다. 시간은 5시를 넘고 체력에 한계도 느껴지기에 오늘은 여기까지 하고 바닷물에 씻어 집에 갈려고 하는데 마음속에 동요가 심하게 온다.

그냥 놓아주고 갈까 말까를 한참을 망설이게 된다. 결국은 집으로 가져 왔지만 지금 해감중인데 바다에가서 놓아주나 마나를 생각하고 있으니 내가 나자신을 이해하지 못하고 있다. 놓아 줄거면 잡지나 말지 다 잡아서 가져와서는 이런 고민을 하고 있다는게 다른 사람들이 이런 생각을 하고있는 나를 본다면 얼간이라고 말할게 뻔한데 바구니에 담겨있는 생명에 지금도 갈등하고있다.

몸이 아프면 정신 세계도 여려지는것일까?

고귀한 생명들

자 유

멀고먼 다리

일요일 아침 어제와 같이 연이틀 화창한 날씨가 계속되고 있다. 그렇게 많이불던 바람까지 잔잔함에 이제 서서히 정열의 계절 여름이 오고 있음이 느껴진다. 겨울에 시작된 투병 생활이 두 계절을 거치고 있고 막바지에 접어든 질병과의 전투에 방점을 찍을 순간이 왔는데 컨디션이 좋지않아 근심이 깊어간다. 울산에서 처방받아서 가지고 온 수면제를 다 복용했기에 표선의원에서 진료 후 수면제 처방받았는데 잠도 깊이못자고 다음날 머리가 맑지 못하다. 본래 수면제는 정신병원에서 처방받는데 표선에는 정신병원이 없어서 일반 내과에서 처방받은 수면제 내용과 많은 차이가 있어 그래도 10일 정도의 아주 중요한 기간에 해결 해야함에 방법을 찾아야 하지만 난감하다. 컨디션에 따라서 항암주사 투여 일정이 잡히는데 이렇게 컨디션이 엉망인데 항암 일정이 어떻게 잡힐까 매우 염려스럽다.

내일은 멀고도 먼 다리 건너는 날 마지막 항암 주사일정 받는날이다. 오랜기간 최선을다해서 항암 투병을 해왔고 이제 마지막 결실을 맺는 날이기에 인생에서도 아주 중요한 날이라고 할 수 있겠다. 내일 항암 주사 일정을 받지 못하면 장기 레이스로 갈 확률이 아주 많기에 수단 방법을 안가리고 내일은 기필코 항암 주사일정을 받아야만 6월 10일 경에 울산으로 갈 수 있다. 항암 일정을 받자면 최선을 다 해야 하고 일상을 체크하고 실천해 나가야한다. 식욕은 기대하지 말고 속을 채워야 하기에 친구 부인이 끓여 주고간 전복 미역국과 된장찌개를 데워서 열심히 밀어넣었다. 참외도 하나 깎아 먹고 우유까지 한잔 마시고 내일 챙겨야 할것을 베낭안에 차곡차곡 채워넣는다.

내일은 기필코 마지막항암 일정을 받아야지 하면서 한번더 육신에 기를 불어넣는다 억지로 해서 모든것이 되지는 않겠지만 최선을 다

하면 방법이 나옴을 인생 지금까지 살아오면서 경험으로 알고 있다. 내일 조금일찍 병원에 도착 하기위해서 오전9시5분 비행기를 예약하고 서울에서 정신 병원찾아 수면제 처방받기 위하여 오는 비행기는 오후4시50분 비행기를 예약하였다.

 어제도 세 끼를 챙겨먹고 오늘도 세 끼 꼭 챙겨먹어서 최대한 컨디션이 업이 될 수 있도록 해놓고 좋은 결과가 나올 수 있도록 기도하는 마음으로 기다리자. 혹시 내일 항암 일정이 안 잡힌다고 해도 저번같이 실망하여 좌절 하지말고 더 큰 의지로 난관을 헤쳐 나갈수있게 노력하자. 빛이 없다면 등불을 켜서 빛을 만들고 의욕이 없다면 오랜 경험을 빌어 의욕을 키워 나가자. 삶과 죽음안에 생의 모든것이 놓여 있기에 결코 좌절을 채워넣어 실망시키지 말자.

 어차피 시작된 전쟁인데 비장한 각오로 승리의 그 순간까지 앞만보고 나아가자.

길고긴 다리

간절한 기도

밤새 잠못들어 뒤척였다. 저녁8시에 식사도 하고 오늘 서울갈때 필요한것 다시한번 점검하고 수면제 먹고 잠자리에 들었는데 말똥말똥 시간이 가면 갈수록 수면은 더욱더 멀어져만 갔다. 수면에 도움을 준다는 음악도 잔잔하게 분위기 잡아 틀어놓고 제주의 아름다운 바다를 생각하였는데도 효과가 없었다. 안타까워 짜증내면 오늘 컨디션에 영향 줄까봐서 애써 태연하게 눈만 감고 있어도
다 타 들어가는 나의속을 그 누가 알까.

새벽2시쯤 되었을까 잠을잔거 같은데 눈을 떠보니 여명의 아침이 창가로 뿌옇게 다가 오기에 6시쯤 되었을 거라고 생각하고 시계를 확인하니 4시 30분이다. 에고 이왕 힘들게 잠들었으면 맞춰진 알람 시간에 일어나 줬으면 얼마나 이쁠까. 아쉬움에 또 눈을 감아도 뒤척뒤척 겨우 1시간 남짓 눈부치고 일어 나야했다. 그래도 이만큼 자준 것만해도 고맙고 감지덕지다.

문열어 밖을보니 파아란 하늘에 쨍쨍한 아침 태양이 시작되는 한주를 힘차게 비추고 있다. 화창한 날씨 상쾌한 기분 오늘은 왠지 좋은 일이 있을 것같아 설레이는 날이다. 멀고 먼 다리의 거의끝에 다 다아서 마무리를 하지못해 아쉬움에 좌절하여 터벅터벅 기운없이 내려왔는데 오늘은 항암주사 일정이 나와서 기분좋은 날이 되었으면 하는 간절함을 담고 있다.

공항에 1시간 일찍 도착하다 보니 여유가 있고 덕분에 체크인하고도 출발 게이트층에있는 식당에서 일본식 굵은 우동 면발을 먹어보는 행운도 가져본다. 아침에 먹는데도 속에서 거부 반응이 없음에 오늘은 너무 신기하고 나의 간절한 바램같이 오늘은 항암 주사일정이 나

오려나 내심 많은 기대를 하게 된다.

나의육신 이지만 너무나 혹사 한것에 미안해
그동안 죄값 많이 치르지 않았니
한번만 힘내어 이겨 주기를 간절히 부탁할게
나의 간절한 염원을 들어 준다면
다시는 힘들게 하는 것들을 몸에 넣지 않을게.

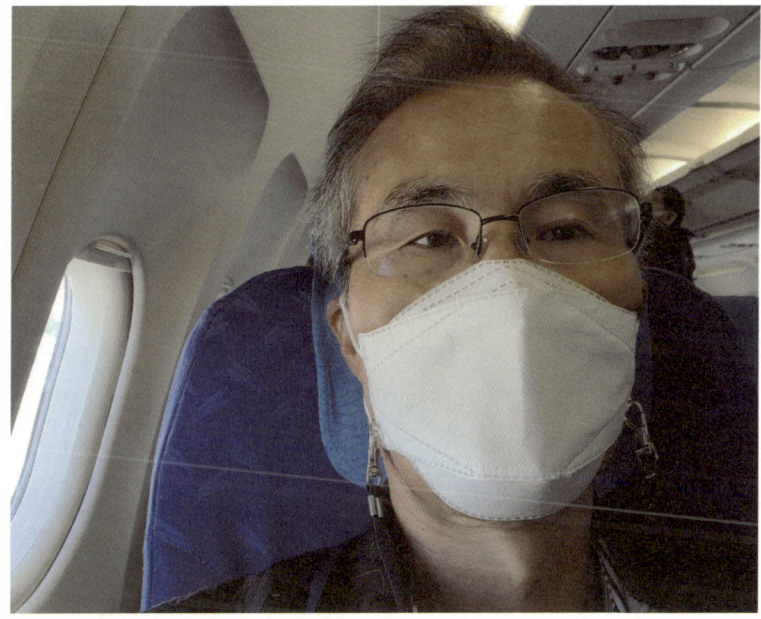

심판대로 향해

1라운드 승리

구름위에 비행기가 떠간다 밀크쉐이크 들이 발아래 있음에 신기하여 휴대폰 카메라를 열심히 누른다 마치 엄청난 밀크쉐이크들을 하늘에 깔아 놓은것 같이 송알송알 빈 곳없이 맺혀 있다. 오늘은 평소에 본 사소한 것에도 기억에 남기고픈 마음에 소중하게 메모한다. 이 하얀 구름들 까지도.

인생의 크나큰 분기점을 오늘 경험 하게 된다. 폐암 치료가 마지막이 될수도 있고 계속 이어질수도 있음에 병원 도착할 때까지 만감이 교차하고 기도하는 마음이다. 발 밑에 있던 구름사이로 비행기가 들어가고 하얀 구름들이 비행기 주위로 흩어져 연기가 되어 사라졌다. 이윽고 비행기위에 구름이 있고 비행기는 크게 한 번 요동 치더니 김포공항에 착륙했다. 매일 올라오면 바쁜데 오늘은 바쁘지 않다. 2시 예약인데 느긋하게 항공권을 예약했기에 천천히 병원에 가도 된다. 지하철 9호선을 타고 고속터미널역에 내려서 그렇게 바빳는데 여유가 있으니 마음이 일단은 많이편하다. 어이구 갈아타는데 환승 카드 찍는데가 있는줄 오늘에야 알았다. 그동안 올라 올때마다 환승없이 지하철요금 두 번씩 주고 다녔다니 한심한 생각이 든다. 하기야 울산에 살때도 대중교통 이용을 안하니 환승이 뭔지도 몰랐는데 뭐 그냥 환승입니다 라는 소리가 왜 그렇게 부자된 느낌과 함께 기분 좋아질까. 아마 나에게 오늘 행운이 있을거야 하는 기대감에 마음은 부푼다.

혈액 채취하고 혈액검사 나올때까지 점심먹고 선고받는 마음으로 대기실의 모니터에 내이름 나올때를 열심히 처다보고 있다. 호출이다 떨리는 마음으로 의사선생님만 쳐다본다. 백혈구 수치가 너무 좋습니다 2000이 넘었단다. 님은 항암 주사일정 받지말고 오늘 항암주사 맞고 가세요. 순간적으로 너무나 큰 선물이 떨어져 내귀를 의심하면서 가슴이 쿵닥쿵닥 거렸다. 이렇게 나의 폐암과의 1부 전쟁에서 이겼고 이제부터 관리만 잘하면 된다. 인생에서 이만큼 큰 축복이 있을수 있는가. 정말 행복하고 값진 선물에 실감나지 않지만 제2의 삶은 새로움으로 채워 넣을 각오로 다짐을 한다. 잘했고 축하해!

기도하는 맘으로

희망의 전도사

오늘은 항암투여 하는 병실에 총 6분이 주사를 투여하고 있었다. 보기에도 애처로와 나의 예쁜 딸 진주가 떠올라 잠시 슬프졌던 아주 예쁜 숙녀분과 나이드신 여성 두 분 그리고 남자3분 바로 나의 옆 침대의 남자분은 말소리가 거칠고 환자 같지않은 투의 투박한 경상도 사투리에 등치도 크고 나하고 비슷하지 않으면 어리게 보일만큼 동안으로 보였다. 화장실에서 부딪치고 부인이 약국을 못 찾기에 좀 거들어 주다보니 말을 섞게 되었다. 현재 포항에 사시며 폐암3기라고 하셨다. 3기중 a b c 어디냐고 하니 그런거 모른다고 하신다. (혼자서 속으로 기가차서 웃음이 나옴)

인파선에 전이가 있어서 수술을 못 하시고 항암주사 투여로 전이된 부분을 축소하여 수술로 가고자 항암주사 및 방사선 치료를 병행 한다고 하시는데 폐암3기를 무슨 다리하나 부러진것 정도로 생각함에 기가 찼고 2시간정도 남은 시간에 그분에게 내가 알고있는 것과 경험을 상세하게 설명해주고 시펏지만 내가 그 동안의 피나는 노력으로 치료완료 판명이 오늘 없었다면 말하는게 주제넘게 보여서 그냥 넘어 갔겠지만 나의 경험을 공유하여 또 하나의 생명에게 희망의 메시지를 주고 싶은 강렬한 의무감이 느껴졌다.

처음부터 어이없는 질문이다. 그 분이 나에게 이런 질문을 하셨다. 폐암은 먹는거하고 관계없기에 술 마셔도 괜찮지 않느냐고 하셨다. 기가 막혀서 이런 분에게 어떻게 설명 할 수가 없어서 좀 강하게 말하는게 나을거 같아서 지금부터 제가 드리는 말씀에 화가 나셔도 할 수 없습니다. 지금 선생님은 본인의 병에 대해서 기본적인 지식 자체를 알려고 1%의 노력도 하지 않으셨습니다.

폐암 3기면 말이 생존확률 25%적혀 있는데 1%도 될수있는게 폐암 3기의 정확한 생존확률 이라고 감히 말씀드립니다. 하지만 그 1%안에 내가 살수있다는 무한한 가능성이 있다는것을 모르고 폐암의 위험성을 너무 아는 사람들은 먼저 포기해버리기 때문에 생명을 단축시킨다고 생각합니다.

어떻게 보면 관련하여 많은 지식이 있어 유리함에도 불구하고 두려움에 살 수 있다는 의지를 자신의 육신과 정신 세계에 불어넣어서 1%에 포함될 생각은 하지 않고 중간에 포기해 버리기 때문에 완치되지 못 한다고 생각합니다. 그러나 선생님이 저에게 질문하신 술도 먹는 음식이기 때문에 괜찮지 않냐고 하시는 것은 아직 술을 드시고 있기때문에 자신의 합리화를 위하여 그런 질문을 저에게 하신거라고 생각한다고 하니까 어제도 막걸리와 맥주를 짬뽕해서 마셨다고 하시기에 왜 그랫냐고 하니 막걸리와 맥주는 도수가 적어서 몸에 무리를 주지 않는다고 판단하기 때문에 마신다는 말에 기가 막혔지만 천천히 설명드렸다. 선생님과 제가 여기 침대에서 독해서 몸에서 거부하는 약물을 주사기로 밀어 넣는 주범이 이전에 즐겼던 담배와 술입니다. 이 주범들을 당장 멀리하지 않고는 항암치료 받을 필요가 없습니다 라고 하니까. 설명을 해보란다. 저는 의사가 아니지만 의사보다 나를 지키기 위하여 더욱더 피나는 노력을 해야 합니다. 그 노력이 살고자 함이요. 결국 강한 의지가있는 1%만이 생존할수 있다는 겁니다. 담배가 폐암의 원인중 하나라는것은 알지요 라니까 아신단다 그리고 또 나에게 반문 술은 그냥 목구멍으로 해서 소화기로 해서 없어지니까 관계없지 않냐고 재차 말하기에 암이 무엇입니까 라고 하니까 그냥 무서운 병 아니냐고 라고 하기에 그 무서운 병 자체가 종양 덩어리인데 술숭에서도 가장 환부를 잘곪게 믿는 마걸리 맥주를 마셨으니까 암세포에게 크라고 양식을 먹이주는 거하고 뭐가 틀리냐고 해도 이해를 못 하시기에 칼에 상처가 나서 기웠을때 막걸리 맥주 드시냐고 하니까. 그 술 마시면 상처 곪는데 마시면 큰일나지 않느냐고 하신다. 그 종양이나 암 종양이나 무슨 차이가 있냐고 했더니 그제서야 눈의 동공이 커지시고 나의 얘기에 간호원이 너무 가까이에서 얘기 한다고 주의를 줄 정도로 나에게 집중했다. 나이도 나보다 4살이 많으신데도 이런 분은 나을수 있다는 강한 믿음이 있었기에 남은 시간 나의 모든 것을 집중하여 나의 경험과 내가 알고있는 것을 아주 쉽게 설명해 나갔다.

  선생님, 속된 말로 생명이 다하는 날이 70이되던지 90이 되던지 뭐가 중요합니까. 살다가 어느날 질병없이 조용히 생을 마감 하는게 모든 인간들이 공통적으로 생각하기에 아프지 말자라고 하지 않습니까 지금 선생님에게 항암과 방사선 치료를 하는것은 암의 크기를 최대한 줄이고 작게 전이되어 사이드 에서 크고있는 암세포를 먼저 제거한 후에 수술을 하기위함 입니다라고 했더니 어떻게 의사가 하는 말하고 똑같이 그렇게 잘 아냐고 하기에 전 의사가 아닙니다. 하지만 내몸을 의사가 치료를 하지만 나의 살고자하는 의지는 의사가 할 수 없는 부분이고 지금얘기 드린것보다 더욱더 중요하며 그 의지가 있었기 때문에 자연스럽게 암에대한 공부도 하게된다고 열변을 토하고 더욱더 쉽게 설명 드리면 암은 수술할수 있으면 더 쉽게 완치 할수있기 때문인 것이 암치료의 기본입니다. 보통 지방 병원에서 양쪽 폐에 암이 발견되면 크기 무시하고 그냥 4기로 판정합니다.
  울산에서 4기로 판정받았는데 그 이유를 지금와서 알게되었습니다.

  폐는 오른쪽 2겹 왼쪽 3겹 총 5겹으로 이루어져 있으며 40%정도의 호흡기능만 있어도 인간이 생존하는데 문제가 없다고 현재의 의술에서 판단하고 있고 선생님같이 오른쪽폐에 암이발생 되어있는 경우에 전체를 다 드러내어 버려도 문제가 전혀 없지만 두 군데암이 발견된 환자는 수술시에도 양쪽을 다 시술해야 하기 때문에 우리나라 빅3병원(서울대 삼성 아산병원) 에서도 한쪽만 수술하고 한쪽은 항암 및 방사선으로 치료하는 경우가 많기에 처음부터 4기로 판정한다는 것에 동감을 했고 의사 선생님께서도 말씀하셨겠지만 우리의 장기중 잘라낸 부분이 소생하는 간 위 와 달리 남은 부분 마져도 다 쓰지 못하는것이 폐인지라 첫째 삼성병원의 휼륭한 의료진이있어 가능했겠지만 그것보다 더 중요하다고 판단되는것은 제가 의사선생님에게 양쪽다 수술해도 문제가 없다는 강한 믿음을주지 않았다면 오늘로 치료의 마지막이 라는 말을듣지 않았고 그 말에 고무되어 다시 술 담배를 입에 댄다면 전 완치된게 아닙니다 라고 마지막으로 말씀드리고 나의 명함을 건내면서 힘드시면 전화 달라고 하니 그분의 눈 속에 살아야 한다는 강한 의지가 비쳤기에 나의 치료 완료 결과에 행복함에 더하여 그분의 항암 극복에 도움이 되었다는 뿌듯한 자부심마저 들었다.

차후에도 관리를 철저히 해서 롤 모델로 폐암으로 고생하시는 많은 분들에게 희망의 메시지를 드리기 위해서 많은 노력을 하리라 다짐한다.

병원에서 걸어서 후텔까지

인피니호텔에서 하룻밤

삼성병원 마지막 항암치료

몸안으로 주사 약물이 계속들어왔다. 예전 같았으면 반응에 민감 했을텐데 오늘은 아무 생각없이 조용히 받아 들였다. 오랫동안 기억해 둬야할거 같아서 울렁 거림도 거부않고 기억해 두었다. 얼마나 힘들고 아픔이 컷는지를 앞으로 살아갈 동안에 항상 안고 살아야한다. 하루도 결코 잊어서는 안된다. 오른쪽, 왼쪽 폐 절개 수술 후 수술 부위의 통증과 왼쪽 폐 수술 후 터짐으로 인하여 겪었던 그 고통의 시간을 결코 잊어서는 안된다. 오늘 나는 새롭게 태어났고 과거의 이는 오늘부터 없고 새로운 이가 새로운 육신을 얻어 이땅에 존재한다.

6시간의 항암 주사투여 시간에 잠시라도 잠들만 하지만 그냥 앉아서 물끄러미 주사액이 들어가는 관을 계속 쳐다보고 있었다. 항암주사 모두맞고 나니 밤 8시 40분 이었고 딸이 예약해둔 송파구 삼전동 인피니호텔로 걸음을 옮겼다 병원 정문에는 병원셔틀 버스가 끊긴 상태라 나같이 늦게 치료받고 나오는 고객들을 기다리느라 택시들이 줄을 서 있었다. 예전 같으면 볼 것도 없이 택시를 탓겠지만 오늘은 힘든 택시 기사분들에게 미안하지만 그냥 걷고 싶었다. 오늘로 치료를 목적으로 서울삼성병원에 온다는것은 마지막이라고 생각하니 고통스러웠던 반년의 시간이 파노라마가 되어 머리속에서 재생되고 그 기억을 생의 마지막까지 가져가고 싶기에 호텔까지 걸었다. 휴대폰 네비게이션으로 호텔주소 찍어보니 4.7킬로로 표시됨에 충분하게 걸어갈 수 있고 자못 잊어 버릴수있는 운동습관을 고쳐 시키는데도 큰 의미가 담겨있었다.

만 이천보정도 걸었는데 호텔에 당도했고 체크인 후에 저녁을 먹을려고 주위를 둘러봐도 식당은 문을 다 닫은 상태라서 편의점에서 도시락을 구입하여 해결할 수 밖에 없었지만 향후에 가장 의미있고 맛있었던 저녁을 꼽으라면 2021년 5월 31일의 저녁 식사라고 감히 말할 수 있을 것이다.

 오늘밤은 준비안된 여정 인지라 수면제도 없고 특히 항암치료 직전에 물 2리터와 포도당 2리터를 몸속에 넣은 상태라 화장실문은 열어놓고 자야함에 날밤을 세워야하는 어쩔수없는 형편에 밤 12시가 되어 잠이들고 새벽 2시 20분에 화장실 갔다온 후 그대로 아침까지 달리고 있다. 가만히 있으면 어차피 시간은 갈 것이고 혹 잠이오면 눈감을 생각에 계속 글을 쓰고 있다. 시간은 아침 5시 15분이 넘어가지만 잠들지 못하는 나는 호텔벽을 뚫고 희미하게 들려오는 차량 소리에 하루의 시작을 느낀다. 이렇게 잠못들고 하루를 맞이한다면 8시에 일어나서 정신병원 찾아서 수면제부터 처방받아 제주도로 내려가야 한다. 혹시 2시간 만이라도 하는 기대를 강하게 품고 있으나 잠못드는 밤이 되었다 해도 강한 의지력으로 흔들림없이 하루를 보내야지. 새로운 달 정열의 계절에 접어드는 준비의달 그래서 신록과 태양이 공존하는 한달이고 일년 중 낮이 가장 긴 하지가 지나면 뜨거움이 더욱 더 몰려오겠지. 이번 계절에는 더욱더 젊어지는 정열의 빨간티를 입고 산과 바다로 건강이 있는 곳이면 어디던지 지나가리라 더욱더 건강한 육신의 보존을 위하여 .

사람 모양으로 변해간다

고향같은 제주도

 수면제가 없어서 그냥 잘 수밖에 없어서 밤새 2시간 자고 움직임이 둔하고 어지럽다. 네비게이션켜고 걸어서 걸어서 송파구에 정신병원 가서 수면제 처방 받으니 오늘 밤은 편안한 잠자리가 될수있어 안심하고 한달 보름동안 관리못한 머리를 자르니 태어나서 서울미용실도 이용하니 호강이 보통 호강이 아니다. 9호선 석촌역에서 공항으로 이동하니 오늘도 느긋하게 티켓팅을 해 놓아서 여유롭다. 정신병원 에서의 10장되는 설문지가 생각나서 잠시 생각에 잠긴다. 마치 세상 비관쪽으로 설문지의 방향을 몰고 가는것 같다고도 생각하다가도 현실을 비관하고 미래가 불투명하다고 느끼는 사람들도 나의 예상과 반대로 많이 있을 걸로도 생각되니 항암 투병하는 사람들도 긍정적인 사람과 부정적인 사람의 차이가 완치와 악화로 바뀔만큼 엄청난 차이가 남을 직접 보았다. 세상만물이 동전의 양면을 가지고 있고 선택의 순간에 자신의 인생이 바뀜을 보게된다.

 지하철에서 공항까지 어떻게 왔는지 모르게 졸았다 종착역이 아니었으면 한참을 지났을 텐데 청소 아줌마들이 깨워서 일어났다. 그래도 몇 분 졸았다고 개운하고 컨디션이 많이 회복된 감이 든다. 지하철에서 공항까지 너무 멀어서 한참을 걸어가야 하니 카트카로 노약자를 실어 나르는 차량을 타고 싶은마음 꿀떡 같으나 중환자때부터 그무슨 자존심이라고 눈길은 가는데 몸이 따라 움직이지 않는다 카트 운전하는 분도 직업이라고 애원의 눈초리로 타라고 하는데 타고 다녔으면 서울 올때마다 쌩 고생을 해서 파김치가 되는걸 조금은 커버했을 텐데 이제는 치료 끝났다는 판정받고 더욱더 카트카를 못 타겠다. 어제 마지막 항암의 독성이 온몸에 뿌려지고 있는 상태라서 팔쪽의 관절에 진통이 있다. 이제는 편안한 마음으로 견딜수 있지만 대신 먹는거와 운동을 더욱더 철저하게 관리 해야한다. 걷는거는 벌써

4300보니까 만보는 걷겠고 비행기 기다리면서 속에서 제일 잘 받아
줄 튀김 우동을 시켜 먹었다. 맛있다라고 최면을 걸어도 속에서는 맛
없다로 되받아 치지만 어떡하랴 밀어 넣어야지 의무적으로 해야함은
암이라는 무서운 질병을 몸에단게 확인되고부터 난 죄인이 되었기에
죄값을 치루기 위하여 의무적으로 해야하는 잘 먹고 잘 자고 잘 싸고
매일 규칙적인 운동은 필히 해야한다. 차후 완치가 되었어도 건강한
육신이기에 더욱더 잘 지켜 생을 유지할 동안에 다시는 이런 참혹한
모습을 반복하지 말아야겠다.

 이제 한달 반 정도 있었는데 너무 고생을 많이해서 그런지 제주도가
고향같이 느껴진다. 언제 내가 제주집에 갈려고 김포공항에서 비행
기를 기다리는 날이 또 있을까. 그러고보니 김포에서 제주가는날도
오늘이 마직막이다. 요즘은 기억해놓고 메모해놓고 할일이 매일매일
늘어감에 아플 시간도 없이 시간이 흘러 가는것 같다. 소중한 것들을
다 기록해놓고 나면 육신이 정상 컨디션으로 계속유지 되기만을 바
랄뿐이다. 될 수 있을 거야, 될거야에서 할거야, 꼭 만들거야로 멘트
를 바꿔야겠다. 꼭 만들거야!

제주도로

행복한 수면

　서울에서 처방해온 수면제로 간만에 깊은 잠을 잤다. 그 동안 수면의 고통에 육신이 힘들었는지 아침 11시에 몸을 일으킴에 푹 잔 행복감도 있지만 생활의 발란스가 잠시 깨어 지는 것 같아서 바쁘게 움직인다.

　충분한 수면에 상쾌함에 정신은 맑고 육신은 가볍다. 평온하다는 것을 간만에 느껴 보는거 같다. 바닷가 주산책로였던 신풍목장, 신천목장에 들려 그동안 친했던 생명들과 인사하러 갔다. 안녕, 애들아 이제 내가 제주도를 떠나는데 언제 다시 올지몰라 싱싱한 풀, 바닷바람 많이 마셔서 건강하게 자라야 한다.

　풀 뜯고 있는 말 주위로 황새, 꿩, 이름모를 작은 새들이 모여들고 다 같이 필요한만큼의 먹이를 먹고있다. 한참이나 바다와 어우려진 목장의 평화스러운 풍경을 넋 나간 사람같이 지켜보고 있는 내가 아주 평화스러움을 온몸에 온전히 받아서 취한 사람이 되었다.
　아 이 기분 영원히 간직하고 싶어라!

　내일 모래면 제주도를 떠나서 울산으로 간다. 그래도 한달 보름 동안에 정이 들었다고 1시간 30분을 운행하여 망고농장 사장님을 반나뵙고 서로 작별을 고했는데 서로 동질감에 애틋한 정을 나눴다. 나는 치료가 끝나서 관리만 잘하면 되는데 식도암은 정말 무서운 질병임을 다시 한 번 깨닫게 한다. 항암 치료가 끝났는 데도 식도가 계속 작아져서 주기적으로 수술을 통해서 크기를 늘려줘야 한다니 얼마나 고통스러울까. 만약 넓히지 않으면 음식물이 작아진 식도에 걸려 버린다니 충격적인 사실에 경각심을 가지게 된다. 부디 온전히 완쾌하여 고통없는 만남을 하자고 말하는데 가슴은 뜨거워졌다. 김 사장님 건강하셔야 됩니다. 차량의 창문까지 열어서 못내 아쉬운 마음을 전했다.

 이왕 둘러본김에 제주귤 박물관을 들려서 100그루 정도의 각종 귤 종류를 체험하고 귤에 대한 새로운 지식도 알고감에 앞으로 귤하나 먹을때도 대수롭게 여기지 않을 것 같아서 좋은 정보 얻음에 감사했다.

 오늘도 푹자고 나면 내일은 더욱더 상쾌한 하루를 맞이 할거야. 가벼운 마음으로 고향으로 돌아가서 더욱 가치있는 생활과 남은 인생 멋진 인생 설계해 보자꾸나.

세계 감귤이 한곳에

귤과 함께

내일이면

밤새 비가왔다. 숲속 에서는 소리없이 지붕 위에서는 두닥다다 밤새워 내린 비가 대지를 채운것도 모자라서 낮 시간까지 계속 이어진다. 촉촉하게 물기 묻은 신선한 신록의 청춘함에 작은 바람에 살랑살랑 흔들리는 나뭇잎의 자태가 비와 함께 애써 이별의 아쉬움에 슬퍼한다고 나를 합리화 하다보니 제주도가 더욱더 애정이 가는 지역으로 가슴에 남아 시선은 자꾸만 창가에 보이는 싱그러운 녹색 자연과 함께 있다. 푸르름을 계속안고 가고픈 강한 나의 희망의 메시지를 또 다시 전해본다. 항암주사 투여 후 3일 동안 구토, 설사 등을 줄이려고 매일 아침 16알씩 먹는 하얀 알약을 마지막으로 넘기고 이것도 아픈 기억되어 사진찍어 보관한다. 이제는 이 많은 수량을 먹는날이 없어야지 휴

그동안 나를 포용하고 편안한 잠자리 제공해줬던 별장 주인 형님에게 너무 감사하고 정이 들어버린 황토방과 거실 이곳저곳을 쓸어내고 닦아낸다. 덮었던 이불, 깔았던 자리 세탁기에 깨끗이 청소하여 청결하게 개어놓고 가지고 온 얼마 안되는 옷가지 차곡차곡 챙겨 가방에 집어 넣는다. 마지막 남은 미역국 거실 탁자위에 놓고 조금씩 음미하며 먹는다. 늦은 아침에 대한 미안함과 보상차원인 것 같다. 항암 투병 하면서 제일 배려하고 싶은 것과 신경 쓰였던 것이 소화기 계통이라 먹는 것에 엄청난 신경을 쓸 수 밖에 없었다. 먹어주지 않으면, 채워주지 않으면 항암 주사의 독성에 육신이 먼저 무너져서 투병 생활을 할 수 없어 항암투병 기간에 먹는 것의 중요성이 90%를 차지했다고 해도 과언이 아닐 것이다. 항암주사 투여하다가 중단 되는 것은 항암 약물의 독성을 속에서 견뎌내지 못해서 치료불가 판정을 받고 자연 치유쪽으로 가서 불행한 종말을 본 환자들의 얘기를 듣다보면 먹는 다는게 얼마나 중요 한지를 처절하게 깨닫게 되었다. 나의 1차

투병의 성공도 극복해야 한다는 의지력의 결과로 생각되며 차후에도 관리의 대부분은 식생활 개선에 있음에 가장 중요한 세끼를 꼭 챙겨 먹는 나와의 약속은 아주 중요하며 실천은 계속 이어져야 한다.

이 바다에.

정들었던 산책길

 내일 울산으로 가기전에 사람들을 만나서 작별인사를 하는게 아니라 나는 어제도 오늘도 자연과 작별인사 하러 다녔다. 오늘은 표선항 주위에 들려 이별의 정을 나눴다. 오늘따라 정이 들어 이별의 아쉬움을 표시하는지 파도가 그 동안 보지 못 한 엄청난 크기로 더 큰 흰거품 물고 몰려왔다. 바람까지 같이 크게 불어주니 표선바닷가가 나에게 크게 작별상을 차려 주는 것만 같아서 정이 더 갔다.

 걷던 길을 왔다갔다 하고 정들었던 돌무덤에는 한번 더 앉아 힘들 때 쉬었던 순간들을 떠올리면서 입가에 기억의 미소를 머금는다. 너네들이 나를 살린거야. 고마워 꼭 건강지켜서 씩씩하게 다시올게. 여기서 인사하고 저기서 인사하고 바쁘게 바닷길을 돌아다녔다. 벌써 한달반이나 되었네. 그동안 그의 운동하러 나왔으니까 정이 들만도 하다 눈 감고도 걸을 수 있는 코스이기도 하고 그냥 걷기만 하면 자동적으로 바닷 바람은 온몸으로 들어왔다. 샹큼 하면서 싱싱한 음이 온 가득 품은냄새에 이따금 해초향까지 포함되면 잊지 못 할 천년향이 되어서 온몸으로 진하게 퍼져서 질병의 고통을 잊게 어루만져 주었었다. 그냥 이곳에서 나는자연인이다가 되어 살고 싶지만 아직 현실안에 있어야 하고 준비해야 할 일들이 더욱더 많아졌음에 돌아가야 하고 이렇게 치료가 다 되어 귀가함이 얼마나 다행스러운 일인가.

 시원한 보말 국물과 바지락 국을 언제나 시간만 내면 내어 주었던 성산일출봉 앞 고성 조개체험 마을은 다음에 건강하게 다시 올날을 기약하고 오늘 하루를 정리했다. 이렇게 제주도 투병 생활은 대단원의 막을 내리고 편안한마음으로 혹시 더러워진곳이 있을까 별장이곳저곳을 꼼꼼하게 청소한후 하루를 덮었다. 너무 고마웠어 제주도 신풍 바닷가 !

정든곳

썬라이즈 호

밤새 내리더니 아침이 되니 그쳤다. 반쯤 수분을 먹은 공간에 뛰워진 상쾌한 바람 코끝을 스치니 이 시원함에 밤새 붙은 폐속의 찌꺼기들이 쏟아져 흩어져서 상쾌한 공기를 한모금 밀어넣었다. 기분좋은 하루의 좋은예견 멋진 귀가길이 보인다.

성산여객터널 까지는 집에서 20분 거리이니 바로옆이라해도 과언이 아니다. 성산포여객터미널에 가면 제주도의 유명한섬 우도와 고흥(녹동항)을 갈수있다. 우도는 잘알려진 데로 유명한 섬이지만 오히려 녹동항이 생소하게 느껴졌기에 처음에는 혹시 섬 아니야 하는 의구심이 많이 들어서 몇 번을 조회해도 의심적어 고흥쪽이 고향인 친구에게 전화까지 하여 확인해보았다. 제주도에서 뭍으로 나오는 항로치고는 제일 가까운 운항시간으로 3시간 20분 걸리니까 부산 12시간에 비하면 아주 가까운 거리이며 차량 여객운임 포함 부산의 3분의 1 가격이지만 한가지 도착하여 3시간반 정도 운행하여 울산으로 와야 하니 2시간 정도의 차이를 느낄 수 있다. 배 출항은 9시부터 한다고 했으나 차량 선적은 7시 30분부터 한다고 하여 두번째로 차를 대기시켜놓고 시원한 성산포항 이곳저곳을 둘러본다.

7시 30분에 배위에 승선하고 티켓 발매후 성산포항 이곳 저곳을 걸어 다니니 벌써 5600보나 걷게 되었. 뭍으로 가서서 매일 이렇게 하는거야. 8시 20분에 선 라이즈호 객실에 처음으로 발을 디디니 깨끗한 배의 내부에 감탄한다. 럭스리한 인테리어 침대가 아니라도 발을 쭉 뻗어 누울수있는 너무나 안락하고 편안한 의자의 촉감에 두다리 쭉 벗어 누우니 탁월한 선택에 큰 만족감을 느꼈다.

이제 이배를 타고 녹동항에 도착하면 나의 제2인생이 시작되는 것이다. 제주도에서 결심한 그 모든 계획을 잊지 말고 살아가자. 9시가 되고 이제 거대한 여객선이 움직이기 시작했다. 배 뒤로 멀어지는 수천수억년전의 화산 분화구 성산일출봉 은 멀어지고 끝없이 이어지는 제주 바다에서 뭍으로 뭍으로 계속하여 나아간다.

이시간 이후로 폐암의 고통을 훨훨 털어 버리고 아프지 말자!

썬라이즈 호

육지로 가는길

귀 가

제주에서 썬라이즈 거대한 여객선은 힘찬 고동소리 힘차게 내 뱉으며 망망 대해로 위용을 드러내며 떠났다. 제주에서의 한달 보름은 이렇게 기쁜 마음으로 모든것을 정리함에 기분 좋은 이별이요 소중한 선물로 남겨졌다. 사라지는 제주도를 조금이라도 더 볼려고 배의 뒷부분에 올라서서 셀카봉의 스위치를 누르며 작별의 인사를 나누었다.

이윽고 조금씩 조금씩 제주해협을 벗어나면서 신비의 섬들로 가득찬 남해가 시야에 나타났다. 남해 바다는 동해에서는 볼수없는 아기자기하고 멋진 남해만의 운치를 가진 섬들을 가지고 있었다.
그림과 같이 둘레 둘레에서 마치 서로 서로를 보듬고 있는것같이 포근함 마저 느끼게하는 섬들을 보면서 자연이 만들어내는 아름다운 작품을 어느 곳에서나 느낄수 있고 맑은 향기를 마음껏 맞는 선택권을 지닌 이기분 아무나 느끼지 못할거야.

특히 엄청난 아픔의 고통속에서 헤어져 나온 나로서는 다른 이들보다 몇 십배의 감동을 먹고 있음에 희망의 찬가까지 울려 나왔다.

거대한 쇳덩어리는 그 큰 덩치를 바다에 둥둥 띄우는것도 신기한데 차를 170대나 싣고 여행객을 600명도 더 실을수있다니 놀라울 따름이었다. 이윽고 12시40분 이 거대한 괴물은 녹동항에 닻을 내리고 큰 기지개 한번켜니 마지막 뒷편 스크루우 크게 돌아 힘차게 바닷물을 뱉어내곤 조용히 멈추었다. 인류가 만들어낸 장엄하게 변한 쇳덩어리.

처음 와 보는 녹동항에 정박하고 가만히 차량에 앉아 차례를 기다렸다. 먼저온 보람있어 내릴때도 두번째라 기다림 없이 녹동항을 빠르게 벗어나 울산으로 차를 돌렸다.

 울산까지 292킬로미터 차량의 창문을 잠시여니 제주도의 청정 공기와는 다른 수준 차이에 금방 창문닫고 쾌쾌한 에어콘 바람에 의지하는 불쌍한 처지가 되었다.

 3시간30분 주행으로 내 고향 울산이 반겨줬다. 이젠 아파서 울산을 벗어나있지 말라는 말까지 들리는 것 같았다. 그래 이제 아파서 울산을 벗어나지 않기 위하여 최선의 관리와 노력을 하련다.

남해바다

이배에 몸을 싣고

란 란 어서이

3부

제2의 인생

적 응

많이 피곤 했나보다.

눈을뜨면 그냥 일어 났는데 그대로 눈꺼풀은 또 다시 천근만근이되어 눈을감아 버렸다. 집에 가면 게으름 피지 않는 현실 안에 있자고 맹세한 나와의 언약을 깨어 버리는 것이 아닌가. 1일을 게으르게 살면 2일이 가고 2일을 게으르게 살면 4일이 가는데 집에 오자마자 몸에 나사가 다 풀려 버린듯 축 처짐에 아침 8시에 눈떠서 다시누워 10시나 되어서 아점먹고 또 누워서 오후 시간을 침대 위에서 굴러 다님이 못마땅 한데도 박차고 일어나지 못함에 안타깝다.

제주도에서 느꼈던 상쾌한 공기는 어디에도 없고 오염되고 찌든 환경에 아파트벽을 타고 올라오는 주위 건설 현장의 소음까지 가세하니 당분간은 적응 하는데 애로사항이 느껴진다. 불과 한달반인데 이만큼 차이가 나는것인가 하는 많은 의구심이 들고 쳐지지 말아야지 혼자 가만히 주문을 외운다.

제주 생활은 환경 탓도 있지만 집에서의 생활과는 달랐다고 보아지기에 잠시 숨 고르기로 생각 되지만 내일부턴 계획했던 인생관으로 진행 되어야 함을 주입한다. 내일은 눈뜨면 바로 일어나는거다. 아침에 일어나면 밥해야 하고 빨래 해야하고 간식 준비 해야했던 혼자의 생활에서 집에 있으면 먹고 입기만 하는게 전부이다보니 편안한게 자칫 불편 할수도 있다는 말도 안되는 논리가 정립되어 버렸다.

어느새 폐암 카페의 단골이 되어버렸다. 왜 이렇게도 사연도 많고 아픔도 많은지 구구절절 남의일이 아님에 같이하고 같이 아파하면서 정성을 다하여 댓글을 달아 주다보면 하나로 아파하고 같은 형제가 된 느낌이다. 내가 다시 아프지 말아야 많은 아파하는 분들에게 희망의 메시지를 줄수있고 또 하나의 생명이 꺼져가는것을 막을수 있기에 조용히 자리에서 일어나 속에 내용물을 채워 넣기 위하여 주방으로 나간다.

많이 먹자.
그리고 아주 건강해져서 힘찬인생 살아보자!

이쁜것만 품자

고 래 포

집에서 10분거리 일명 울산사람들은 고래포라고 한다. 옛날 지금처럼 고래가 보호종이 되어 포경이 금지되지 않을때 몇 십톤의 거대한 불포화지방 덩어리인 이 포유동물은 사람들의 중요한 먹거리였고 지금도 그 당시 포경선 이라든지 고래 해체할 때의 흑백사진이 여러장 전시 되어있어 그 옛날의 잔치날 같았던 모습이 그대로 전달되고 있다.

폐암 선고 받아서 투병생활 할 때나 그 전에도 일주일에 두세 번은 산책 겸 아니면 바다 냄새가 좋아 찾았었기에 정이 든 곳이었는데 제주도 생활 한달 반 정도밖에 안되었는데 오늘은 엄청 오랜만에 온 것 같다. 여전히 멋있는 고래그림 동상이 어울리고 건너편 용연 앞바다에서 거대한 산업현장의 필요한 자재를 하역하는 삶의 현장이 보이고 큰 배들이 서로 조화롭게 크게 한바퀴 항구를 감싸고 있는 모습은 똑같으나 오래된 느낌임은 청정지역 환경과 산업지역 환경의 차이로 느껴지며 예전에는 싱그럽게 와 닿았는데 그렇게 맑던 공기가 맞나 할 정도로 제주도의 청정 공기가 호흡기에 적응되어 있음에 순간적으로 몹시 그리워졌다.

그래도 적응해야지 하면서 하나, 둘, 셋, 넷 항구의 가장 자리를 하루 만보 목표를 채우기 위하여 열심히 돌고있다. 과거에는 느끼지 못했지만 우리 몸이 이렇게 예민함을 깊게 느끼면서 하루빨리 적응 되는 길은 노력밖에 없음을 다시 한 번 인지한다. 하루가 저물어 가면서 차츰 파도가 거칠어지니 멀리서 물 안개가 서서히 밀려왔다. 갈 길 바쁜 쾌속선은 요란한 소리를 내며 항구를 빠르게 빠져나가고 출렁출렁 파도는 지나가는 배의 꽁무니와 같이 감겨 계속하여 춤추고 있다.

오늘도 평안한 마음되어 항구에 앉아 있으니 자연스레이 마음은 풍요로움을 가득 안고 희망을 노래한다. 이 질병의 잔재가 얼마나 더 앞으로 나를 시험하고 힘들게 할지 모르나 수양하는 마음으로 이것도 거쳐가야 할 나의 운명이라 여기고 최선을 다해 극복 하다보면 초연한 내면을 지닌 포근하고 속이꽉찬 사람으로 변해 있을거야.

조금 더, 조금 더 극복의 미학에 심취하여 깊이있는 자로 거듭나보자 !

고래 조형물

장생포 야경

등 산

폐암 판정받고 거의 6개월 동안 사회적인 활동 및 생산현장에서 쉬었기에 맨날 휴일이었지만 일요일이라는것은 또 다른 의미로 다가왔다. 왠지 다른날보다 더 편안하고 항암 약물의 독성으로 인한 후유증도 평상시에 비하여 약했었다는 느낌을 받았었다.

어제는 눈뜨기도 힘들었었는데 오늘은 6시에 생방송중인 US오픈 3라운드 골프를 보고 있었고 8시에 아침을 먹고 12시까지 휴식 그리고 주섬주섬 등산복에 배낭을 짊어지고 집을 나섰다. 오늘따라 올해 들어 가장 더워서 야외 온도가 30도가 표시될 만큼 한 여름의 후덥지근한 날씨이기에 텁텁한 에어컨 바람에 의지한채 차량의 창문은 닫았다.

두고온 귀중한 물건 찾으러가는 마음으로 서생으로 향했다. 하늘은 맑지 못하고 공기는 항암 약물의 독성을 애써 견디고 있는 몸속으로 들어와 엄청나게 씹은 맛을 입 안 가득 차게했다. 달달한 박하향 사탕이라도 입안에 삼키고 싶지만 외곽 도로에는 가게도 눈에 띄이지 않았다.

이윽고 도착한 오늘의 목적지에내려 장화신고 장갑끼고 혹시 모를 불청객의 공격을 예방하느라 완전 무장했다. 제주도 가기전에 낙옆만 쌓여 등산하기에 좋았던 산에는 풀이 가득자라 허리까지 오는지라 입구를 넘어 산위로 올라 가려고 이리저리 입구 찾아 몇 차례 시도했으나 너무 깊이 빠져 실패만 계속하다 겨우 성공했다. 줄기와 잎에는 무시무시한 가시를 달고 있었으나 예쁜 보라색 꽃이 매력이었던 엉겅퀴꽃은 하얀 씨앗을 금방이라도 나에게 퍼부을듯한 기세에 성질 더러운 놈 피해가듯이 조심스레 산에 올랐다.

그 동안 평지는 하루 만 보 이상을 걸었으나 높이가 있는 산은 올라가지 않았기에 가슴 속에서는 제트기 소리가 연신 들리고 가쁜 숨을 몰아쉬다가 연거푸 털썩털썩 주저 앉았다. 오늘도 5부 능선을 넘고 가야지 열심히 산을 올랐다. 운동하는 방법에 따라 몸이 반응하는 것이 차이가 많이 남을 숨이 차오를수록 더욱 더 많이 느꼈다. 제주도에 갈 때보다 숨이 더 차는 것은 평지만 걸었음에 숨이 가빠지는 경사면 운동을 향후 집중적으로 해야할 필요성을 인지했다.

내일이면 4사이클 30분 타임까지 끝난다고 하지만 아직까지는 독한 항암 약물과의 일전이 끝나지 않은 상태라 힘이 없고 멍한 상태가 지속되고 있음에 한시도 긴장의 끈을 놓아서는 안됨을 절실하게 느낀다.

순간 포착

마지막 항암 주사

 기나긴 여정의 종지부를 찍는날 해운대백병원에서의 마지막 항암 약물주사 30분을 맞았다. 내심 백혈구 수치를 걱정했는데 교수님이 마지막에는 백혈구하고는 관계 없다는 말씀과 그 외 아무말씀 없으신걸 보면 정상적인 몸 상태를 유지하고 있는것 같아서 안심 또 안심했다. 이것저것 메모해간 내용을 질문하니 만족스러운 답변에 기분 좋았다. 중앙주사실에서 비타민B군 링겔과 항암 약물전에 독성을 희석하려고 맞는 수액을 꼽고 가만히 누우니 흘러간 과거의 투병일기 생각에 만감이 교차했고 지금까지 무사히 도착한 나 자신에게 감사함을 표했다. 처음 집에서 과다한 약주로 심장이 마비되어 동강병원 응급실에서 심장병 원인 찾다가 폐암진단이 나왔을때의 황당함을 생각하면 지금도 까마득한 미로 여행을 갖다온 느낌이 든다.

 양쪽에 하나씩 있습니다 라는 선생님의 말씀에 하나도 힘드는데 두개씩이나 휴 폐암4기로 판명됩니다 라는말에 검색어를 열심히 두드리니 생존 확률이 없는 것이 아닌가 휴 이대로 인생이 끝나는구나 생각하니 작게나마 과거의 지은 죄만 떠오르고 눈가에 맺히는 눈물을 막을수가 없었다. 그래 조직 검사부터 서울로 가자 난 의지력이 강하여 1%의 확률안에도 들어갈 수 있어라는 강한 의욕에 2주뒤에 서울 삼성병원으로 향했고 격리 입원실에 6시간 입원후 조직검사를 위하여 2박3일 입원하여 조직검사를 한 뒤 귀가 후 일주일뒤에 다시 입원하여 결과 확인하니 폐암 3기 a라니 4기에서 3단계나 앞으로 당겨짐에 희망이 점점 더 다가옴을 느꼈었다. 그렇게 시작된 폐암과의 전쟁의 1라운드는 어제로서 종결하고 몸속에 잔류되어있는 약물의 독성은 2개월 정도 간다니 최선의 운동으로 빠른 체외 배출이 급선무임을 인지한다. 그 동안의 투병생활에서 긴장이 풀린탓일까 어제저녁 일찍부터 잠자리에 들었는데 오늘 아침도 그르고 오후 1시까지 자버림에 머쓱하게 일어나 늦은 점심으로 배를 채웠다.

 게으름은 여기까지 더이상 게으름없이 예전보다 더욱더 탄탄한 육신을 만들어 육신도 정신도 건강하게 살아가자!

 아름다움은 더 많이 아름다워 하고,
 용기에 더많은 용기를 불어넣자.
 희망의 메시지를 매일매일 정신 세계에
 불어넣고 모든것을 사랑하고 사랑으로 채워 나가자.

고통을 이기기 위하여

장생포 2

제주도에서는 신풍목장 옆 바닷가가 나의 산책로였고 생명에 희망의 불씨를 피어나게 하는 자연속의 소중한 공간 이었다면 울산에 와서는 대한민국 최대의 공업도시 울산의 모든것을 보여주는 울산만이 보이는 장생포항은 시간만 나면 찾아와서 걷고 벤치에 편히 앉아 바다를 바라보며 멍 때리고 사색하는 나의 여유로운 쉼터가 되었었다.

오늘도 오후시간 자연스럽게 이 공간에 앉아 있노라니 보고있으면 풍요롭고 아름답고 포근하고 그 어떤 언어의 표현으로도 정리가되지 않는데 가만히 정리 하다보며 어떻게 쓸수가 없어 막막하다. 눈에 보이는 이 감동스런 풍경을 어떻게 지면에 그대로 옮길 수 있을까.

그냥 마음 편히하고 아무 생각없이 마음에 평화만 생각하면서 앉아 있노라니 길게 이어진 바닷가 난간위에 바다로 뿌려져있는 수십개의 낚싯대에 눈길이 갔다.
낚시꾼들이 작은 고기라도 낚아올릴라 치면 어디서 달려오는지 고기 달라고 고양이들이 달랑달랑 달려있는 고기만 계속 쳐다보고 있다. 어휴 저러다가 낚시까지 물어버리는 것은 아닌지 걱정하는 찰라에 낚시꾼은 능숙하게 고기를 빼서 혹시나 가시에 걸릴까봐 회를쳐서 고양이에게 주는 모습이 너무 좋아보이다 못해 부모와 자식같은 모습까지 보인다.

이렇게 오늘하루도 포근함속에 저물어가고 속에서 계속 올라오는 쓴맛을 삭이려 사탕을 하나 문다. 아름다운 불빛에 비친 거울과 같은 바다를 바라보며 나의 마음도 이 수면과 같이 맑게 변하기를 기원한다.

장생포에서 본 석유화학 단지

마지막 잔재

　이놈들의 마지막 발악에 어지럽고 입안은 씹다못해 탕약을 가득 머금고 있는 것 같이 기분 더럽게 좋지 않음에 연신 물만 들이켰습니다. 달리다 쉬고 달리다 쉬고 어디라고 목적지도 없이 무작정 신록의 꽁무니만 쫓아 산천을 달려가고 있었습니다.

　얼굴에 나타난 완연한 병색과 염색하지 않아 하해진 머리지만 그냥 마음은 평온하였습니다. 지금 나를 많이도 괴롭히고 있는 항암 약물이 최고의 기승을 부리는것 같습니다. 무엇이던지 곧 멀리 가버릴 것들은 기억에 남길려고 이렇게 자신의 존재를 각인시키나 봅니다. 힘들어도 곧 내 곁에서 멀어질 것이기에 참을 수 있습니다.

　가다가다 보니 눈에 많이 익은 곳이 나타납니다. 수술하고 좋은공기 마시러 찾았었던 녹동 저수지가 보입니다. 많이도 가물었나 봅니다. 자신의 어깨까지 숙 내어놓은 저수지의 수위가 가뭄의 흔적을 고스란히 내보여주고 있습니다. 물로 꽉 차있던 수로는 태양에 반사되는 돌들만을 내어 보입니다.

　그래도 아직 절반 이상을 채운 산속 저수지의 물은 바람에 실려와 고생했다고 나의 볼을 시원스레이 쓰다듬고 지나감이 너무나 고마웠습니다. 못 찾아온 몇 개월의 시간안에 모든것이 많이도 변했습니다. 유채꽃, 진달래꽃 울긋불긋 산천은 온통 녹색으로 바뀌었고 태양의 열기만 더욱 더 온도가 높아져 있었습니다. 파란 하늘에 녹색의 뚜렷한 경계선이 더욱더 선명하게 정열의 계절에 다가왔음을 표시해 주었습니다. 오늘 하루도 이렇게 마지막 투병을 기억하게 해주었고 삶의 소중함을 다시 한 번 일깨워 주었습니다.

완벽하게 극복하여 아주 깨끗하고 맑은 육신과 정신세계를 정립해 나갈 것입니다.

녹돈 저수지

정상생활

 하루를 온전히 마무리하고 시원한 물에 얼굴과 발을 깨끗이 씻고 달콤한 참외 깎아 한 입 물고 침대에 누우니 이렇게 편안할 수가 없습니다.

 항암 투병 할때의 제주도 생활과 오늘 생산현장에 갔다온 날과는 생각 자체가 많이 상반되어 있습니다. 아픔을 극복해야 함에 병이 나아야 한다는 일념 하나에만 집약되어 있었던 제주도에서의 생활이었다면 먹고살기 위하여 대리운전 법인계약도 하고 공장에서 납품되는 제품 파악도 해야함은 움직이는 자체의 의미가 서로 다르게 느껴지나 봅니다.

 투병생활 할때는 내일을 예측 할수없어 매일매일이 불안하였다면 지금은 내일이 나로 인하여 만들어 갈수있음에 이렇게 편안한 마음 인것 같습니다. 아직 독한 항암 약물이 몸 구석구석을 다니면서 독성을 뿜어 대기에 여기저기 많은 반응이 나타 나지만 이것이 마지막이라고 결론이 났으매 힘들어도 몇 개월전의 상태와는 많은 차이가 남에 대수롭지 않은것으로 여겨집니다.

 가만히 누워 항암 약물들이 자리하고 있는 가슴속 폐 주위를 손으로 쓰다듬어 보면 콕콕 찌르는 반응이 손바닥에 그대로 나타납니다. 수술부위 감각이 없었던 곳도 감각이 많이 살아났음을 느낍니다. 이렇게 조금씩 조금씩 죽었던 조직도 살아날 것이며 힘이 없어 휘청거렸던 육신도 곧 힘을 얻어 활기찬 하루하루가 될 것임을 믿어 의심치 않습니다.

 잠들 때까지 손바닥은 할머니의 애정의 손이 되어 계속하여 가슴을 쓸어 내리고 있습니다.

나팔꽃에 발길 머물고

약물의 독성

아프지말자 이 통증의 고통에서 하루빨리 헤어나와서 밝은 세상에서 인생 마지막을 채워보자. 기도 하듯이 매일 눈뜨면 말하는 이말이 오늘은 무색하리 만큼 가슴 부위에 통증이 몰려왔다. 진통제 한알에 그냥 가라앉는데 앉았다 누웠다를 계속 반복하면서 통증을 약화시키기 위하여 여러가지 체위를 다 동원해 보지만 뜻대로 되지를 않음에 안타까움만 커지고 있다.

마지막 발악이 갈수록 거칠어진다. 폐쪽은 통증이 심하고 힘이 없는 육신은 축 늘어져 하루를 침대 위에서 꼼짝 못하게 하였다. 일어나야지 일어나야지 몇 번이나 힘을 내어 보지만 그대로 쓰러져버렸다. 이렇게 맥도 못춰보고 하루는 저물어 버렸다. 아침부터 통증에 쓰다듬고 있던 가슴을 저녁에도 그대로 쓰다듬고 있다. 가슴은 그렇다치고 머리는 왜 이렇게 아픈 것인가. 암세포가 뇌로 전이된다는 불길한 예감에 불안한 마음 잠재울 길 없다. 갑자기 머리에 전이되는 일은 발생하지 않겠지 애써 아닐 것이다라고 위안해보지만 불안한 마음은 쉬 사그러들지 않는다.

기운차려 마음을 정리할려고 물국수 한사발 들이키니 정신이 조금 드는것 같았다. 화장실에서 얼굴에 찬물 끼얹고 거울보니 병색이 완연한 누런 얼굴이 비침에 내 얼굴인데도 보기싫어 고개를 돌려 밖으로 나왔다. 오늘은 그냥 마음 편하게 아무 생각하지 말자라고 체념하여 다시 침대에 몸을 뉘이지만 걱정이 없어지지는 않음에 가슴을 계속해서 쓸어내리고 있다.

항암약물의 독성은 이렇게 치료되는 마지막 날까지 쉽게 나에게 자유를 허락하지 않음에 두렵고 무섭다. 이 고통은 참을수 있지만 부디 시간이 지난후에 다른 장기에 전이 되지않고 조용히 마무리 되기를 마음 모아 기도드린다.

아쉬움

끝은 어디에

어제부터 내린 비가 오늘도 하루종일 내렸다. 많이 가물었던 산천에 내리는 간만의 단비인지라 기다림의 선물 같아서 소중한 축복으로 와 닿았다. 가슴의 통증은 비오는날 날씨까지 가세하여 심하게 아픔이 이어졌다. 이런 것은 강렬하게 기억 속에 안 남겨줘도 되는데 항암 약물의 독성은 오늘도 예외없이 하루종일 폐부를 마치 송곳같은 혓바닥으로 핥는듯이 하루종일 육신을 괴롭혔다.

이리눕고 저리눕고 조금이라도 통증을 완화해 보려고 하루종일 체위조절 한다고 다 보내고 오후 4시가 되서야 밖으로 나갔다. 먹고 움직이자를 버릇처럼 말하면서 식욕이 없으면 이따금씩 찾아오는 울산 양남 경계선인 마우나 골프 클럽 가기 전 산꼭대기 포장마차 수정집을 찾아서 칼국수 곱빼기로 배를 채우고 산 정상에 위치한 우리골프 연습장을 찾았다. 폐암 판정 후 근 6개월만에 잡아보는 골프채이기에 어색했지만 운동한다는 마음으로 볼을 100개를 뽑아서 타석에서 10개를 쳤을까 아랫배가 꼬이는 것같이 심한 통증이 몰려와서 중도포기하고 접을 수밖에 없었다.

아직까지는 시기상조인가? 아쉬움 반 걱정 반의 마음으로 연습장 주차장 외곽만 5바퀴 도는 것으로 만족해야만 했다. 나보다 먼저 항암주사를 끝낸 망고농장 사장님에게 전화를 걸었다. 사장님 저 왜 이렇게 가슴의 통증이 더 심해지는 걸까요 혹시 잘못된건 아닌지 사장님의 경험은 어떠하셨어요라고 질문하니 항암약물이 암세포를 죽이고 있는데 통증이 없는 것이 잘못된거라고 봅니다. 통증이 있어야 암세포를 다 죽일것이 아닙니까 듣고보니 맞는 말 같아서 금방까지 걱정했던 것들이 전부 해소되어 버림에 진통제 한 알 복용하고 편안한 마음 유지하려고 노력했다.

밤새 비는 계속 내렸고 오늘도 하루종일 등짝은 침대에 붙어있었다. 내일은 자연안에서 있을것임을 맹세하였고 맛은 못 느끼지만 밥 한 공기는 밀어 넣어졌고 어둠이 몰려온 또 하나의 하루는 이렇게 아픈 병자를 조용히 품고 있었다.

태화강 국가정원

아픔도 친구

햇살이 중천에 떠있고 웅웅 바쁘게 돌아가는 많은 사람들의 도시를 살아 가는 흔적이 희미하게 창공에 흩어지는 소리로 대신하는데 오늘도 아픈 병자는 등짝을 침대에 붙인채 마지막으로 발악하듯 핏줄을 통하여 온몸으로 옮겨지는 항암약물의 세포 공격을 덤덤하게 받아들이고 있다. 임파선, 림프절 전이만 의심되고 암세포는 어디에 붙어있는지 확인이 되지 않기에 보이는 암세포만 공격하여 죽이는 표적항암 주사와 달리 어디에 있을지 모르는 암세포를 박멸하기 위하여 성한 세포도 공격 해야하는 것 이기에 고통의 수위와 후유증 강도가 훨씬 세기에 마지막까지 이렇게 예측 불허의 고통에 힘들어하고 있다.

그래도 아직은 진통제의 효과가 있어 견디기 힘든 통증이 몰려오면 진통제 한 알 털어 넣으면 아픈 부위는 감각없이 내부적인 싸움만 하고 있음에 안심이 된다. 아직까지 음식을 먹어도 맛은 못 느끼지만 과거에 즐겨 먹었고 맛있게 먹었던 음식이 생각나면 지체없이 만들어서 밀어 넣는다.

오늘은 시래기 고등어찌개가 생각나서 마눌에게 부탁하여 점심에 먹으려고 준비 중이고 육신이 잘 버티기를 염원하면서 중간중간 계란, 요플레, 단백질 케어, 과일 등을 계속해서 밀어 넣는다. 아파야 났는다라는 망고 사장님말이 계속 귓가에 맴돌고 2달만 아프자 라는 다짐 또한 나의 내면에서 중얼거리고 있다.

시래기 고등어 찌개 점심으로 많이 먹고 오후에는 산에 올라야지.

신선한 공기 폐부에 많이 불어넣어 암세포 다 박멸후에 호흡 곤란으로 인한 정상 생활에 걸림돌을 만들지 말아야겠기에 내가 할수있는 모든 노력은 다 해야함을 의무감으로 실천 해야한다.

정돈

절망의 하루

아침이어야 하는데 얼마나 자 버렸는지 방안 가득히 낮 시간대의 빛이 고여있다. 오늘도 태양이 중천에 떠 있을때 눈을 떴다. 왜 이런거야 이 싸움의 끝이 두 달 후 라지만 제주도에서 고통의 시간이 끝난줄 알았던 것을 생각하면 너무 길게 이어짐에 혹시 전이된 것은 아닐까. 혹시나 전이되어 있어 투병 생활이 길어진다면 인내할 자신이 없어짐에 걱정과 함께 혹시 잘못 되어서 만나야 할 미래가 두려움으로 다가와 잠자리에서 악몽이 되어 많이도 심신을 괴롭힌다.

이 아픔의 시간이 끝나고 세웠던 거창한 미래의 계획들이 현실 가능할까라는 의혹을 품게되고 항상 긍정적이었던 마음에 먹구름을 드리움에 부정적인 생각이 나를 더욱 더 고립시킨다. 아침도 굶고 점심 국수 한 그릇을 온전히 목 구멍으로 못 넘기고 반쯤남은 국수 그릇을 밀어 놓는다. 잘 될것이란 희망을 안고 제주도에서 왔는데 자꾸만 소멸 되어가는 희망 앞에 어쩔 줄 몰라하며 비 내리는 거리를 나를 깨우려 무작정 달려간다.

약해지면 안되는데 약해지지 말자를 반복적으로 중얼거리며 그냥 달려온 곳의 종착점은 오늘도 예외없이 장생포 부두가 되었다. 바다는 출렁출렁 항상 반겨 주지만 나밖에 없다는 외로움에 슬퍼지는 이내 마음은 통증에 아픈가슴 부여안고 멀리 바다의 끝을 주시한다.

떠나가는 배 뒷켠에라도 앉아 멀리멀리 사람들 안 보이는 대양에서 이 힘든 육신과 영혼을 조용히 내려놓고 싶은 마음 간절하다.

조용히 아무도 모르게

낙에본 장생포항

쉬었다 가는곳

 비도 품고, 배도 품고, 아픈 나도 품어주는 사랑많은 바다에 있다. 가슴 답답함이 잠시 사이에 녹아내리고 마음은 어느 사이엔가 안정을 찾아가고 있다. 저 먼 하늘부터 서서히 하얀 구름 밀려와 서서히 약해지는 빗줄기는 곧 개일것 같은 희망을 가지게 한다.

 눈 먼 고기 낚는 낚시꾼들은 오늘도 어김없이 방파제 이곳저곳에 자리잡아 기다림의 미학을 실천하고 저 멀리 용연 앞 바다에 한짐가득 싣고온 물건을 내리느라 커다란 화물선은 공룡의 모습으로 정박해 있다. 장생포는 공단도 끼고 있고 세계적인 조선기업 현대미포조선도 있고 길이가 국내 랭킹안에 들어가는 울산대교에 낚시배까지 없는것이 없는 아기자기하게 모든 구색을 다 갖춘 항구 이기에 언제 찾아와도 기분좋고 충만함을 느낀다.

 그렇게 기승을 부리던 가슴 통증도 음이온 가득담은 바다 공기와 보이는 아름다움에 취해 많이도 사그라듬에 운전석의자 뒤로 완전 눕히고 차량의 윈도우 활짝 열어 더욱 더 편안한 자세로 아픔을 몰아낸다. 무섭다 정말 무섭다. 다시 이 고통이 처음부터 시작된다면 참아낼 수 없을 것 같음에 여기에서 끝내려고 간절한 마음으로 기도하고 간절한 마음으로 자연에 기대어 본다.

 언제 끝날까 나의 간절한 기다림의 끝은 어디일까. 기다림의 미학을 얘기 하기에는 너무 심한 통증이 있기에 두달의 시간이 빨리 흘러 온전하게 활동하고 하고 싶은거 다 할수있는 그날이 빨리 왔으면 너무 행복할 건데 그날이 눈물겹도록 기다려진다.

거대한 밤 배

의지력

　비는 계속 내리고 미친놈처럼 이곳 저곳을 헤메고있다. 장생포에서 선암호수공원까지 나와 물안개 자욱한 호숫가에 앉아있다. 우산 속의 건강한 사람들의 무리를 보면서 부러움의 시선으로 바라보고 있다. 저 사람들은 나와같이 통증을 느끼고 살지는 않겠지. 아무도 나의 아픔을 아지도 못하고 대신 아파줄 사람도 없을 진데도 이렇게 하여 오늘도 한없이 약해지는 나를 보게된다. 폐암 환자들과 보호자들이 들어오는 정보공유 카페가 있다. 언젠가부터 나의 투병에 유익할까봐서 가입하게 되었는데 한참을 사연을 읽어가다 보면 눈물이 앞선다.

　보통 폐암 환자들이 고령층이 많아서 직접들어 오지는 못하고 보호자 아님 자녀분들이 어떻게 해야할지 몰라서 문의의 글을 많이 올리다보니 폐암의 기본도 모르는 글들도 올라오게 되고 그래도 경험자로서 상세하게 설명해 주다가도 환자에게 정확히 전달되지 않을 것 같아서 항상 의문을 남기지만 그래도 열심히 답해주고 보호자의 전화도 받게되면 조금이라도 도움이 되기를 희망하면서 최선을 다해서 질문에 답을주고 있다. 절망의 끝에서 투병하다가 하늘나라에 간 분들의 부고 소식을 접할 때면 얼마 전까지만 해도 나와는 상관없는 일이라고 생각 했는데 요즘 들어서 부쩍 남의 일이 아님을 느낌에 공포스러우면서도 내가 왜 이렇게 약해졌나를 반문하게 된다.

　폐암 선고를 받고 내가 항상 말하고 주문 외듯이 중얼거리고 폐암환자들의 질문에 코멘트를 단것은 살아야 한다는 의지와 그러기 위해서 먹는거 운동하는거 긍정적인 마인드를 가지는것이 의사의 의술보다 더 중요하다고 했었는데 그 기백은 어디가고 이렇게 나약한 모습의 나로 변함이 실망스러워 오늘도 처음의 마음으로 돌아가자라고 나를 채찍질하고 있다.

그래 다시 처음에 내가 가졌던 기백으로 다시 돌아가서 이겨 보는거다.

한마리의 고기를 잡기위해

끝이 보인다

하루 동안에 그동안 통증으로 처리 못했던 것들을 한꺼번에 다 처리했다. 이 교정, 자동차검사 그리고 잡다한것들. 그냥 나의 안위가 궁금한 친구들 몇명 만나고 이렇게 제주도에서 울산와서 정치인들이 말하는 공식 일정을 하였다.

그리고 남창 장터에 가서 친구가 사주는 구수한 소고기국밥 한그릇 먹고나니 이제서야 사람사는 세상에 안착한 것 같다. 이제 마지막 항암주사 맞은지 오늘로 9일째 그렇게 가슴 통증과 어지럼증으로 괴롭히던 항암 약물의 횡포가 오늘은 급격하게 아픔이 줄어들었다. 일시적인 것인지 아님 이대로 조금씩 호전되어 힘든 여정이 끝날 것인지는 내일 눈을 떠봐야 알겠지만 느낌으로는 호전되는 쪽으로 가닥이 잡힘에 내일 또 다시 통증으로 힘든 하루가 된다 하더라도 너무 기분좋은 날임에 양쪽 어깨에 날개가 하나씩 달린것 같은 착각을 하게된다.

오늘도 저녁늦게 찾아간 나의 쉼터 장생포항에 앉아 있노라니 어제의 그 막막했던 마음과는 너무나 확연히 다른 나를 보게되었다. 마음은 한없이 평온했고 모든 것들이 제자리에서 기쁘게 춤추고 있는듯이 보였다. 시간 가는줄 모르고 비 내리는 항구와 같이 그안에 있는 모든것과 같이 분위기에 취하여 있다보니 어느새 시간이 9시가 넘어가고 있었다. 어제의 무거운 귀가길은 사라지고 밝고 가벼운 마음이 되어 집으로 돌아왔다.

좋아라 달려드는 우리강아지 콩이에게 말한다. 콩아. 아빠 다 나았어. 이제아빠 안 아프다. 아빠 너무 기분좋다. 알아 듣는지 그냥 껌뻑 그리는지 눈만 껌뻑인다. 오늘 밤에는 더이상 많이도 괴롭혔던 악몽

속의 잠자리는 아니겠기에 평안한 수면속으로 들어간다. 힘들게 싸워준 나의육신에 감사한다. 혹시 내일 또다시 아픔이 찾아와도 무통증의 오늘을 경험했기에 최소한 부정적인 생각은 하지 않으리라 다짐한다.

 그래 내일 부터는 나만의 은폐의 세계에서 세상속으로 조용히 들어가는거다. 그렇다고 예전과같이 그렇게는 살지말자. 사람들의 눈에는 있는둥 마는둥 꼭 필요한곳에만 들어가고 그동안 부질없이 깔아두었던 모든것을 조용히 정리 하는거다.

육지의 노을

나를살린 운동법(10일차)

 마지막 항암주사맞고 10일째 되는날, 어제부터 아픔이 꺾이는 추세임에 오늘을 기대하였는데 어제보다는 조금 통증이 더하지만 많이 완화 되었기에 모든것에 감사의 마음이 된다. 통증 때문에 더 많이, 더 감성적으로 보이지 않던 모든 사물이 더욱 더 선명하고 아름답게 보임에 정신 세계의 중요성만 강조했던 아프기 전의 생각에 많은 변화를 가져와서 건강한 육신의 중요성을 다시 한 번 일깨 워준다.

 평지 걷기 운동만 하다보니 30%를 떼어낸 폐의 기능이 남은 70%에서 60%까지 호흡 기능을 올려야 하는데 조금만 경사가 있는 길을 걸으면 호흡장애로 주저앉게 되기에 나름대로 고안한 게 있었다. 이것을 고안하게 된 동기는 호흡 운동을 위하여 산에 오르려니 너무 힘이 들어서 입구에서 몇 발자욱 걷다가 포기하고 돌아와 버리기에 재미있으면서 호흡운동을 할수있는 방법이 없을까를 고심하다가 골프칠 때 OB난 골프공을 찾으러 산 언저리를 뒤지던 생각이나서 골프장도 산을 깎아서 만들었는데 공을 주우면 줍는 재미에 빠져서 이곳저곳 산 자락을 헤메게 되고 자연스럽게 운동이 되지 않을까하는 생각에 시작하게 되었는데 공이 저곳에 보이니까 기어서라도 가게되고 그러다보니 자연스럽게 호흡 운동이 되어 지금은 의사 선생님도 놀랄 정도로 정상인에 근접한 수준의 호흡 수치까지 접근했음에 내가 생각해도 너무 기발한 아이디어가 아닐 수 없다.

 오늘도 집에 온 이후 마지막 항암 주사의 고통에 거의 일주일 이상 운동을 멈추었기에 차를 달려 건강할 때 공치러 자주가서 코스를 잘 알고있는 골프장으로 향했다. 일부러 빠른길을 피해서 자연과 어우러진 시골길을 따라 가노라니 제주도 가기 전 울긋불긋 꽃길은 온통 신록의 향연으로 초록으로 도배되어있어 자연의 엄청난 기가 내몸에도 와닿아 힘을 불어 넣는 느낌이 들었다.

 도착한 골프장은 연 사흘을 내린비로 인하여 계곡물이 시원스럽게 흘렀고 계곡을 따라 신록을 헤치고 마치 닭들이 낳아놓은 산속의 알을 줍듯이 신록과 대조되어 눈에 확 띄는 총 천연색 칼라 골프 골프공을 줍다가 숨 차면 나무에 등 기대어 폭 퍼질고 앉아쉬면 그 편안하고 숲이 내어주는 신선한 공기는 병든 폐를 휘이 한바퀴 감고 입으로 토해진다. 걷고 줍고 쉬기를 반복 하다보니 시간 가는줄 몰랐는데 4시간의 산행이 되어 버렸다.

 내가 일반산에서 산행을 하였다면 10분도 벅찼을건데 지겨움없이 4시간을 험한 산길을 걸었음에 놀랄만한 결과였음에 어떻게 말로 표현할 수 없다. 한 배낭 짊어지고 산을 내려와서 계곡물에 발 푹 담구니 시원한 계곡물의 찬 기운이 온몸을 씻어내는듯이 상쾌한 기분이 온몸을 휘감아 내리는 것 같았다. 이 골프공들을 깨끗이 씻어서 친구도 나눠주고 지인에게도 나눠주고 나도 빠른 시일 안에 건강을 회복하여 골프장에 갈것을 생각하면 얼마나 즐거운 일인가.

 다른 일반사람들은 항암치료 약물이 몸에서 다 빠져나가는 기간이 2개월 정도라고 했는데 나는 9일만에 통증이 사그러진다면 놀랄만큼 빠른 결과로서 너무 좋지만 단지 하나 혹시 몸 안에 잔재되어 있을수도 있는 암세포의 완전한 제거가 염려되지만 나의 건강함을 믿고 기다려 볼수밖에 없다.

 잘 될거야 !

고통은 낮아지고 (11일차)

점점 기온이 올라가고 있다.
집에서나 차 안에서나 에어컨 켜는 시간이 많아지고 텁텁한 도심의 공기를 피해서 외곽으로 자리잡아 멍 때림의 여유 안에 있는 공간을 더욱 더 많이 만들어 가고있다. 아직까지 청정지역 제주도에서 시간이 그립고 싱그러운 공기가 많이도 생각나기 때문인가 ?

9일부터 점점 더 낮아지는 고통의 수위에 항암약물에 찌들었던 얼굴색깔이 조금씩 건강한 피가 흐르는 연한 홍조를 띄고 있음에 너무나 감사하고 무통증에 즐거움에 희망스러운 미래의 꿈을 조금씩 현실화 될수 있다는 가능성으로 나의 것으로 만들기 위하여 구체적인 계획까지 세우게 됨에 너무나 발전된 모습을 보게된다.

한치 앞도 모르는 어리석은 사람들은 건강이 얼마나 소중한 자산인지도 모르고 자신의 몸을 혹사 하는것을 볼때면 과거의 나를 보는것 같이 안타까움이 있지만 어떡하랴. 자신의 운명인것을 누구의 조언에도 양쪽 귀 다 닫고 나와같이 고통의 질병에 시달리기 전까지는 자신이 얼마나 위험한 행동을 하고있는지 모름이 안타까울 따름일 뿐 해 줄 수 있는것이 없음이 슬플 뿐이다.

그래 지금 느껴보면 이것을 운명이라고 했던가. 지금은 생각하기에 운명이라고 했던것이 운명은 그냥 점쟁이들이 말하듯이 그냥 자연스럽게 정해진 길따라 다가 오는것이 아니라 자신이 개척해 나간다고 생각할 때까지 많은 시간을 돌아 돌아 온 것 같음에 부쩍 내면적으로 성숙해 있는 나를 보게된다.

그러다보니 아프기전 과거안의 시간속에서는 만남이라는것 자체가 매일 특별한 주제없는 자리가 많았었는데 아직 울산와서 며칠되지 않았지만 정이 깊고 의미있는 자리 외에는 용건만 얘기하고 식사시간이 되었는데도 불구하고 그냥 일어서는 경우가 빈번함에 아픔이 나의 일상을 많이도 변화시켰음을 인지하게 된다.

오늘 저녁에는 석겸이와 철하랑 전복코스 요리로 보는거 먹는거 얘기 하는거 모두가 너무나 소중한 자리였다. 과거 공무원 시절에서는 사는 방법이 서로가 달라서 만남과 대화시간이 적었었고 혹 만남이 있다 하더라도 인간적인 대화를 할 시간도 없었는데 제주도에서 한 달 간 있으면서 격없이 지내다보니 만남이 진행 될수록 인간적인 깊은 속내에 자꾸만 깊은정이 느껴진다. 요즘 철하는 우리나라 차후 핵심 사업인 자동차 밧데리 공장건설 프로젝트에 핵심인원으로 몸담고 있음에 말 붙이기도 조심스럽게 날선 칼날같이 예민해 있기에 한번씩 볼 때도 예전같이 농담도 피하고 그냥 바라만 보고있다.

잠시 시적인 표현을 빌리자면 날씨는 더운데 신록은 싱그러운 자태를 뽐 내느라 바쁘다. 어느 한적한 외각 도로의 가장 자리에 예쁜지프 세워두고 자연과 나는 행복을 나눠 가지느라 달콤한 여유로운 행복이라는 간판 단 공간 안에 있었다.

수술하고 뜯어낸 양쪽 폐의 아픔에 절망했고 항암약물이 온몸을 휘감고 다닐때면 삶과 죽음 안에서 매일 갈등을 겪고 사라진 현실속에 시름하고 있었는데 어느날 나타난 나만 알고있는 살아야만 하는 빛과 같은 희망의 메시지가 나에게 살아야할 이유를 명치에 커다란 깃발을 꽂았었다.

그것은 희망이라는 암시로 나에게 던져졌으며 그 희망을 지키기 위하여 매일 진화하고 있는 나를 느꼈었고 결국 극복의 미학을 깨달아 이렇게 다시 태어남에 동기부여 라는게 얼마나 중요한지를 알게했고 망각하지 말아야 하는 중요한 미래의 과제를 받는다.

 더욱 더 내가 인정 할수있는 멋있는 사람이 되어야지 다시는 육신을 아무렇게나 굴려서 아픔이 오지않게 건강해 져야지. 더욱 모든것에 최선을 다해야지, 나를 사랑할수 밖에 없도록 더욱 더 성숙된 자아를 정립해 나가야지.

 굿♡♡♡♡

친 구 (12일차)

　폐암 판정을 받고 난뒤 세상의 사람들이 서서히 나를 피하고 멀어져 감을 자연스럽게 느낄 때 마음이 아팠지만 슬프기보다 담담한 마음으로 차츰차츰 초연해지는 나를 보게 되었었다.

　어느 모임에 글을 올리다 보면 평소의 댓글과 다르게 초상집에서 상주에게 위로하는 듯한 말들을 연상케 하는 댓글이 쭉 달림에 글을 올리는것이 부담스러웠고 이 질병에서 헤어나지 못하면 질병을 달고 사는날까지 나는 철저하게 고립되어 살아 갈 수밖에 없음을 느끼고 서서히 대처해 나가는 나를 보게 되었다.

　그게 뭐라고 어차피 사람들안에 없으면 나의 내면을 채우면 될것을 하면서 나의 투쟁을 글로써 꾸준하게 적어 나감이 지금까지 살아오면서 채워지지 않는 내면 속의 빈 공간이 지금까지와 다른 소중한 것으로 차 오름을 느낌에 더욱더 좌절 하지않고 질병과의 투쟁을 하면서 극복하려는 의지가 온몸으로 솟구쳐 오름을 느낄 수 있었다. 그것이 지금 생각해보면 오기라고 느껴진다.

　중간 중간에 인간이기에 힘든 외로움과 홀로 흘리는 슬픈 눈물은 없을수 없었고 그 외로움과 슬픔이 스승이되어 어차피 홀로 버티어 나가야할 이유를 일깨워 주는 촉매 역할을 하였음에 나를 한층 성숙하게 만드는 원동력을 키우는 계기를 생성하게 해 주었다.

　친구라는 이름으로 현실의 곳곳에 있었던 그 많았던 사람들은 서서히 연락이 뜸해졌고 애닳게 찾아보듯 매일매일 시간을 다투면서 고통과 싸우는 나에게는 의미없는 관계로 인식되어만 갔다.
　그런 가운데 정확하게 흑백이 갈라지고 꾸준하게 나의 곁에서 아픔을 같이하고 변함없이 나의 곁에서 힘이 되어준 친구가 있었는데 그 중 가장 안타까운 모습으로 재동이는 나의 곁에서 많은 용기를 북돋아주고 너무나 힘들어서 포기하려고 할 때면 눈물이 핑돌게끔 강하게 꾸짖음에 변명도 못하게 했고 최선을 다해서 투병 생활을 이어갈 때면 조용히 눈물로 응원해준 사랑하고 고마운 친구로 자리메김 했었다.

오늘도 그동안 투병생활로 누렇게 얼굴 빛이 변하고 기가 빠진 모습을 아프기 전의 혈색으로 하루빨리 돌리기 위해 산에 올라 자연에 기대고 빼곡히 들어서 하늘 안에서 나뭇잎을 뚫고 가늘게 비치는 아름드리 나무밑에 앉아 자연의 기를 잔뜩받고 하산하여 휴식을 취하는 그 동안의 운동 방법을 마치니 불현듯 친구가 보고싶어 전화하고 무작정 포항으로 핸들을 돌렸다.

재동이는 포철고등학교에서 평생 교편을 잡았다. 젊었을 때 낮에는 고등학교에서, 밤에는 선린대학교에서 시간 강사로 왕성한 젊은날을 지식인의 모습으로 자신만의 공간에서 최선을 다해서 살아 왔기에 내면에 쌓인 내공만으로도 도인의 경지에 오르지 않았나 판단할 정도로 배움에 모든것을 투자한 이 시대가 필요로하는 인재로 자리매김 하였었다.

세월이 흘러 정년을 1년 앞둔 시점이라 나름대로 노후를 생각함도 있었기에 시작한 일이었지만 평생 농사는 지어보지 않았는데 어느날부터 텃밭에서 키운 각종 채소며 과일을 올려서 많이도 궁금했고 나 역시 많이 호전된 나의 모습을 보여주면 걱정이 덜 할것 같아서 텃밭으로 바로갔는데 놀랄만큼 많은 가짓수의 작물을 가꾸고 있음에 입이 쩍 벌어졌다. 오이, 토마토, 부추, 상추, 쑥갓, 땅콩, 대파 등 12가지나 되는 채소를 줄지어 심어놓았다.

재미있다고 하니 한곳에 몰두하면 빠지는 그 성격 어디가나 하면서 그 용기에 그냥 조용히 웃는 수 밖에 없었다. 이제 정년을 앞두고 텃밭의 작물 키우는데 재미가 쏠쏠하다고 하면서 집에 가서 먹어라고 커다란 봉지에 가득히 담아주니 고마움에 앞서 마음속에 가득찬 친구에게 주는 사랑을 확인함에 가슴 뭉클한 감동이 앞섰다. 내가 좋아한다고 돌아돌아 코다리 맛집 찾아 음식이 나오니 내 앞 접시에 고기만 골라서 자꾸만 얹어준다. 코다리찜 너무 맛있었고 친구의 사랑을 듬뿍 받고 보니 이제 치료가 끝나서 건강관리 모드에 들어간 육신을 더욱 강하게 다듬어서 친구에게 근심끼치지 않게 최선을 다하리라 다짐한다.

　친구야. 사랑받아서 친구가 바라는 강이가 꼭 되어서 오래오래 같이 갈 수 있도록 할게. 고마워.
　나에게 질책하고 마음 속에 담아준 모든 것을 사는 날까지 기억하고 있을게.
　사랑해.

친구 고추밭

맛을 찾은 행복(13일차)

 음식 맛을 느낄수 있다는 것이 이렇게 행복할 수가 있다는 것을 감히 상상이나 할 수 있는 사람들이 나와 같이 아팠던 분들을 제외하고 세상에서 몇 명이나 될까. 어제도 오늘도 다른 사람들에게는 평범한 사건이겠지만 나에게는 너무나 소중하고 감사하여 스토리까지 첨가하여 장문의 글을 쓰게된다. 양쪽 폐에 한 개씩 두 개가 발견되었습니다. 양쪽 다 수술하는 것은 환자가 호흡곤란으로 생명에 위험을 느낄수 있으므로 오른쪽만 수술하고 왼쪽은 항암 약물로 치료하는것이 원칙이고 우선 그렇게 생각하라고 지방 병원에서 호흡기내과 과장님의 말씀이었고 서울삼성병원에서 조직검사까지 마친 상태에서 유난히 환자의 호흡기의 상태를 하루에도 시간대별로 몇 번을 체크하더니 일단 양쪽 다 수술 하는 걸로 생각하라는 의사 선생님의 말씀이 있었지만 혹시나 수술 안할까봐서 젖먹던 힘까지 내어서 테스트기를 힘껏 불었었습니다.

 왼쪽폐 10%를 떼어내는 수술이 생각보다 메스를 많이 대어 기운 자욱이 많은 관계로 아픔이 심했지만 수술후 그 고통을 참으면서 다음날부터 9층 병동을 한바퀴 도는데 207보인데 하루 50바퀴씩 돌고 물 1.5리터 이상 마시고 하루 세 끼 병원밥을 반찬하나 남기지 않고 다 먹고 소변, 간식, 약과 호흡기, 체크리스트 체크 후 스스로 100점을 채점하여 간호사에게 인정받아 의사선생님에게 전달되니 매일 회진 돌면서 나만 보면 인상좋은 미소를 짓던 선생님이 흔쾌이 오른쪽 폐도 일주일 뒤에 50%를 절제하는 대수술을 지체없이 시행하셨는데 수술 전 하시는 말씀이 수술 후 6개월동안 말을 못할 것이라 하셨는데 수술 후 중환자실에서 마취에서 깨어나자 마자 괜찮냐고 물으시기에 너무 컨디션이 좋다고 웃으면서 말을 하니 이게 뭐야 하는듯이 선생님도 활짝 웃으시며 엄지척을 하시는데 살았구나하면서 잠시 안도하며 조금만 걸을 수 있냐는 간호원 말에 고통스런 모습 안보이고 중환자실을 계속 빙빙도니 이제 그만 걸으시라고 만류까지 하였으니 지금 생각해도 건강해지려는 집착이 대단했다고 밖에 생각되지 않는다.

 어디서던지 내가 희망을 보이게 노력하면 최선을 다해서 치료를 해주시고 항상 긍정적인 생각을 가지면 억지로 인상 펼려고 하지 않아도 얼굴에 자연스런 미소가 형성됨을 느끼게 된다. 1사이클에서 4사이클 항암약물의 심한 고문과 같은 고통속에서도 웃음을 잊지 않았기에 타인들이 나를 보면서 인상 좋아졌다고 말함에 기분좋은 감정이 자연스럽게 몸속에 배이게 되었다. 지금 항암약물 치료가 끝났으니까 말할 수 있지만 처음 조직검사 할때부터 병원밥은 정말로 맛없었고 밥 시간이 다가오면 취조실에 끌려가는 죄인처럼 병원 밥차가 너무 싫었었다. 그래도 항상 100점을 맞았고 그래도 맛있거나 맛없거나 병원에서는 맛도 느낄 수 있었지만 항암약물 투여한 4사이클 8차까지 먹지 않으면 항암 약물의 독성에 의하여 더 심한 고통을 겪음에 그냥 먹는 것이 아니라 밀어 넣는다는 표현이 맞는것 같았다. 어떤 때는 입안에 있는 음식이 구토 증세와 함께 밖으로 나올려고 하면 손으로 입을 막아 못 나오게 바리케이트 칠때도 있었고 혹시 가족이 볼까봐서 돌아서서 막고 있기도 했었다.

 아프기 전에 즐겨먹던 음식이 있어서 생각나면 지체없이 음식점을 찾던지 아니면 직접 해먹던지 먹을 때면 맛을 못 느낌에 눈물의 식사 시간을 해야하고 혹시 일행이라도 있으면 아주 맛있는 표정까지 지으면서 식사를 했지만 사실은 아무맛도 못 느끼면서 먹었었고 그래도 음식 안 남기고 다 먹었었다. 덕분에 다른 병자들이 격었던 후유증이 나에게는 덜했고 무사히 항암약물 치료를 무사히 마칠 수 있어서 너무나 감사하게 여기고 있다.

마지막 항암 약물주사 맞고 9일차 되는날부터 급격하게 항암 약물의 세포 공격이 감소함을 느낄때부터 서서히 음식맛이 돌아옴에 너무나 감사하고 어제는 너무나 먹고 싶었던 코다리찜도 모자라 해물까지 더해지니 정말 오랜만에 느껴보는 맛도 음미하면서 얼마나 먹었는지 자리에서 일어나는 것도 힘들었고 오늘은 중태기 매운탕 산초가루 팍팍넣고 수제비 추가 넣어먹으니 가식없이 무아지경속에 빠지는 느낌에 건강함이 축복으로 느껴졌었다. 이제 다시는 건강을 잘 보존하여 맛을 음미 하면서 음식을 먹는 지금의 행복을 유지해야 할 것이며 앞으로 몸에 항암치료제의 독성이 다 빠져 나가면 더욱더 끼니 때마다 소중한 밥상안에서 하루 세번을 소유할 것임을 믿어 의심치 않을 것이다.

이 글을 읽으시는 분들중에 환자분들도 계시고 건강에 자신있어 나에게는 해당되지 않는다고 하시는 분들이 많으실 줄은 모르겠으나 감히 말씀드리고 싶은것은 저도 그렇게 생각하다가 아픔이 갑자기 찾아와서 이런 엄청난 경험을 하였기에 건강에 조심하시어 맛도 모르는 식사를 하는 불행한분이 되지 않으시기를 간절히 부탁드립니다. 오늘은 중태기 민물매운탕 먹은 물소리라는 음식점이 석남사 못가서 청도로 빠지는 우측 코너에 있었는데 동내에는 유난히 접시꽃이 많고 그 아름다운 자연의 선물에 매료되어 담아왔습니다. 남은 인생 꽃과 같이 아름다운 영혼이 되어 자연의 공간 안에 마음을 푹 담글수 있는 여유와 아름다움을 사는 날까지 챙겨서 맛난 음식 많이 드셔서 건강유지 하시고요. 하늘나라에서 서로 공유할수 있도록 가슴의 빈 공간에 차곡차곡 쌓아 나갑시다.

맛난 음식 맛을 느끼면서 내일도 맛점하세요.

맛있는 자두

새로운 계획 (14일차)

많이도 고통스러웠고 살아있다는 자체가 힘들었던 그 많은 순간들을 기억하면 아픔만 남는데 살고자했던 어제의 처절한 노력들이 하루하루 자꾸만 멀어져 가고있다. 항암약물이 몸속에 얼마나 남았을까. 많이 궁금할 정도로 그렇게 힘들게 하던 통증이 진통제를 먹지 않아도 될 상태까지 호전되고 보니 아픔이 추억호가 되어 자꾸만 하루하루 멀어져 가면서 혹시 기억에서 잊혀지지 않게 하기위해 정리를 하곤 한다. 항암약물이 체내에서 빠져 나가는것이 머리에서부터 시작 되는 것 같다. 항암주사 맞은 시간 속에 머리가 항상 맑지 않았고 항상 윙윙하는 소리와 함께 사람들과 대면할 때면 혼미한 정신에 붕붕 떠다니는 것 같았는데 마지막 항암주사 맞고 9일차부터 차츰차츰 머리가 맑아짐을 확연하게 느낄수 있었다.

폐암이 발병하고 전위되는 1순위가 머리 즉 골수암으로 진행된다고 했었는데 항암 약물이 수많은 핏줄이 엉켜있는 머리에 남아 전위가 진행되지 못 하게끔 예방 차원에서가 아니면 아직 형태가 이뤄지지 않은 암세포를 죽이기 위하여 엄청난 공격을 하였음을 알 수 있다. 머리가 맑으니까 세상이 건강 할 때의 상태로 환원됨이 보이고 새로운 비젼을 계획할 수 있음에 희망의 빛으로 채워졌다. 머리 다음에 가슴 그리고 온몸 전체에 퍼져있던 약물이 다 빠져 나가고정밀 검사에서 암세포 박멸이 증명되면 그동안의 피나는 노력은 1차 결실을 맺고 차후 완치 판정을 위하여 5년간 꾸준한 관리를 필요로 할것이다. 벌써 김치국물 부터 마시는건지 모르겠지만 투병 생활에서 고통의 순간이 끝나면 이렇게 살겠노라고 맹세했던 많은 계획들을 기록한 글들을 읽노라니 앞으로 꾸준한 노력으로 실천해야 함에 각오를 새롭게 하게 된다. 오랜 아픔이 끝나가고 처음으로 건강한 몸으로 일상의 한주는 시작된다. 덥다 앙상한 나무가지 같이 흔들거리는 연약한 나의몸도 더위를 탄다. 정열의 계절 여름이 다가옴이 보이고 물오른 신록으로 덮힌 자연이 열기를 덮어줘도 가까이 다가선 용광로와 같은 태양의 열기는 감당할 길 없다. 노근한 몸 힘 빠진 육신을 다스림이 이 계절의 숙제로 남는다.

 유난히 더위를 많이 타는 누구에게는 개울가의 흐르는 물소리 물줄기 선물로 주고싶고 정열이라는 이름으로 이글거리며 찾아온 이 계절을 이기기 위하여 정열의 빨간티를 나를아는 모든 분들과 세트로 입어볼까. 더위가 몰려와도 현실 속에는 또 다른 한 주가 시작되었고 경쟁의 현실이 순간순간 두려움으로 와 닿을 때도 있지만 이렇게 다시 살아왔음에 두려움은 멀어진 과거의 일로만 여겨진다. 이번주도 최선을 다해살고 정열의 열정으로 그동안 못했던 일들을 하고 사랑하고 열심히 웃는 한 주를 만들어보자.

우리혜광이 (1)

진통제(15일차)

그동안 엄청난 양의 진통제를 복용 하였었고 진통제로 살아온 시간 이라고 해도 과언이 아니었는데 오늘을 기점으로 종지부를 찍을수 있을 것인가를 매일 생각해왔다. 조직 검사를 할 때부터 시작하여 수술하고 30분 단위로 주사기 투여 알약 하루 4번도 모자라 통증에 견디기 힘들면 찾았었던 간호사였었고 아무말 하지않고 놓아주던 진통제였음에 지금까지 생활화 되다시피 하였다.

마취로 잘라낸 페이기에 그것도 양쪽 다 잘라 내었으니 진통제가 없었으면 견디기 힘들었을 것임에 진통제에 의지하여 살아온 생활이 당연하다고 밖에 할 수 없다. 수술 후 퇴원을 했을 때 가장 많은 양을 처방 해준 것이 진통제였다. 그다음으로 위장약, 변비약, 구토 멈춤약, 식욕 촉진제 등이었지만 다른약은 조금 복용하였는데 진통제는 하루 4알씩 복용하라고 하였지만 3알만 복용하고 지금까지 생활화 되어 있었다. 항암약물 투여 후에는 고통의 수위가 너무 높아서 진통제 복용도 별 의미가 없어서 가슴을 부여잡고 밤을 지새운 날이 한두번이 아니었고 그 고통이 몸의 기를 다 뺏어 가버려서 얼굴이 누렇게 뜨 있었다. 바닷가를 걷고 산에 오르고 먹는것도 억지로 밀어 넣음으로 몸속에 잔재된 항암 약물이 서서히 빠져나가 마지막 항암주사투여 15일차에는 하루종일 진통제를 복용 않고도 생활함에 이 질병의 종착역이 보이는것 같았다.

저녁 늦은 시간에 장이 조금 불편하였지만 넘어갔고 내일부터 최종 검사일(7월2일)까지 하루 1알을 복용으로 상태를 확인 후에 괜찮으면 유지한 후 7월 2일부터는 모든 약을 중단하는 것으로 정리해 보려는 요망 사항을 가져본다. 나의 육신이지만 주인 잘못 만나서 온전히 지키지도 못하고 고통 속에서 보내게 한게 너무 미안하고 아픔을 견뎌내어 완치를 눈앞에 두었음에 너무나 고맙고 이제부터는 더욱 더 조심하여 다시는 이런 질병에 걸리지 않게끔 육신을 소중하게 여길 것을 맹세한다. 미안해.

하얀 가슴이 되고시퍼

아픔의 그래프(16일차)

석계공장에 올라갔다. 차량의 반도체 품귀 현상으로 공장은 반쪽만 돌아가니 갈 때마다 속상하다.
직원들 절반은 휴가가고 없으니, 항상 공장은 텅빈 것만 같다. 코로나19 여파로 여기뿐만 아니라 생활전선 어디에도 정상적으로 돌아가는 데가 없이 모든것이 반토막이 나있는 상태인지라 생존경쟁이 갈수록 더 치열해 질수밖에 없음에 불투명한 미래가 항상 걱정이다. 마치 삼한사온 같이 아프다가 안 아프다가 컨디션이 그래프를 그리고 있다. 15일차에는 진통제를 먹지 않고도 머리가 맑았는데 오늘은 맑지않은 머리에 온몸의 컨디션이 바닥을 치고있다.

차를 달려 가장 명당을 찾아서 초록의 소나무가 보이는 곳 하얀 구름과 파아란 하늘이 조화를 이루어 눈을 즐겁게 하는곳에 차를 파킹해두고 왔다갔다를 반복하며 컨디션을 업시키려 무단한 노력을 하였으나 끝내 목표를 달성하지 못하고 차에 앉아 창문 다 열어 재끼고 드러누워 눈을 감아버렸다. 시원한 공기에 취하고 앞유리로 보이는 자연의 풍채에 취하여 한숨 자고 일어나니 조금 기분이 조금 좋아지는 느낌이 들었다. 저녁 시간도 되었고 배도 고픈지라 동태탕이 생각나서 이곳저곳 식당을 찾았는데 동태탕 간판은 보이지 않고, 청국장 간판이 눈에 들어와 맛나겠다고 음식을 시켰는데 따라나온 고등어 조림이 더 맛있고 청국장은 이맛도 저맛도 아니기에 실망하였으나 고등어 조림이 대신해줌에 밥 한그릇 뚝딱 따라나온 반찬까지 딸딸 긁어 먹으니 임무 완수하고 마지막 종착지 장생포항에서 부두길을 따라 걷고 있다. 바닷 바람에 머리가 조금 맑아지고 평소보다 부딪치는 파도 소리가 크게 들림에 기분이 좋아지는 느낌이다. 내일에는 마지막 CT촬영을 해야 되기에 서울로 올라감에 억지로라도 기분을 좋게 하려고 노력함이 가상 해서라도 상태가 좋아졌으면 하지만 인력으로 할 수 없는 나의 욕심일 뿐인걸 알면서도 기대를 잔뜩 걸어본다. 안 되도 한두번 경험이 아닌지라 크게 실망하지는 않겠지만 이왕이면 간절한 소망이 이루어 지기를 갈망해본다.

 그래도 시원한 바닷바람 마시며서 장생포 바닷가 산책로를 따라 하나, 둘, 셋, 넷 열심히 걸어간다!

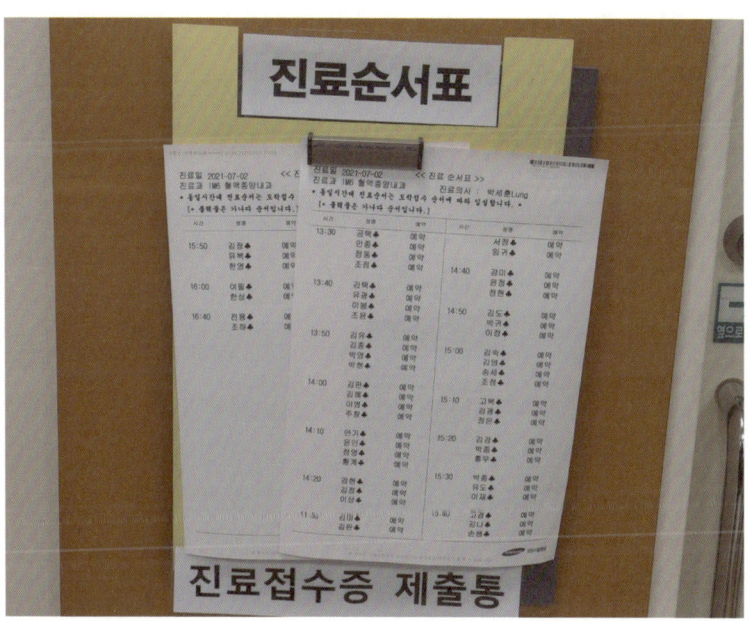

진료순서표

CT촬영 (17일차)

　마지막 항암주사 투여 후 17일 어제와 다르게 간절한 기도에 답이라도 하는듯 무통증의 아침을 맞았다. 오늘은 6시간 이상 금식이기에 물도 한방울 마시지 않았다. 평소 아침이면 식욕이 별로였었는데 굶는다니까 왜 그렇게 배가 고픈지 알다가도 모를 일이다.

　치료 후 결과를 보기 위해 마지막 흉부CT 촬영 하는 날 아침 일찍 SRT은 나를 싣고 총알같이 서울메디스콥 영상의학과 병원으로 달렸다. 수서역에서 한코스 가락동에 내려 네비게이션 들고 걸어서 병원을 찾아갔다. 많이도 힘들었던 날들의 결과가 오늘 한 장의 사진으로 찍혀나올 것임에 오늘 당장 결과는 나오지 않겠지만 많이 긴장되었고 질병의 잔재가 사라진 깨끗한 가슴을 설레이는 마음으로 기대하였다.

　피를 뽑고 조영제를 투여하니 온몸이 따뜻한 반응이 몰려왔다. 치료 중 엄청나게 많이 들었던 말 숨 들이키세요, 숨 참으세요. 이제 아파서 이 소리를 듣는 것이 오늘이 마지막이길 간절히 소망했다. 오늘 촬영한 사진이 삼성병원으로 전송되고 7월 2일이 되면 혈액종양 내과에서 1차 확인 후 호흡기내과에서 최종적으로 판단하여 치료가 완료되어 더 이상의 항암 치료가 필요 없음을 결론 내리게 된다.

　이제 이 글도 종착역을 향해 달려가서 어느덧 마무리 단계에 와 있다. 7월 2일 그 동안의 노력이 허사가 되어 암세포가 다른 곳으로 전이가 되었다면 또 다시 언제까지 나의 투쟁의 시간이 진행될줄 알수 없지만 최선을 다 했는데도 안좋은 결과가 나온다면 운명에 맡기는 것 외에 인력으로 어떻게 막을 수 있을까. 서울을 왔다갔다 하면서 창밖을 별로 보지 않았는데 내려 오는 길에 차창가에 보이는 신록을 보면서 멍 때림의 시간안에서 머리 속에는 온통 그 동안의 아팠던 순간순간의 기억들이 SR의 속도만큼 지나가고 있었다.

 이제 더 이상 아파서 이길을 오가는 일이 없게끔 간절한 마음으로 기도했다. 덧붙여 더욱 더 나를 사랑하고 살 것을 다짐했다.

꽃다발을 안고

소중한 생명(18일차)

 아픔이 마지막을 향해가는 시간 속에 오늘도 즐거운 마음으로 하루를 시작했다. 3톤 트럭 몰고가서 매곡공단 O, M, K에 가서 파레트를 실었다. 무거운 파레트를 들수 있었다는게 신기하고 그것도 한꺼번에 4개씩이나 들고 차에 실었다. 어느덧 엄청난 노력의 대가로 육신이 이만큼 건강해지니 이 세상에서 가장 축복받은 사람이 되었음을 감사하고 있다.

 그 힘든 폐암 3기라는 무서운 질병 중에서도 이렇게 빠른 시간에 건강해진 육신으로 회복하였음이 너무나 고맙고 육신이 나으면 이렇게 하겠노라고 한 맹세를 잊지말고 실천해야겠다. 또 소중한 친구 중의 한사람 광열이가 있었기에 더욱 더 힘을 얻었었고 친구의 배려로 치료 중 많은 혜택을 받음에 난 친구들에게 어떻게 다 은혜를 갚아야 할지 많은 노력이 필요함을 깨닫는다. 친구가 혹시 먹는것을 가리는가 하고 뭘 먹어야지 할 때면 아직 폐암이라는 것을 모름에 한마디 자신있게 던지는 말, 아무것도 잘 먹을수 있는것이 폐암이야하고 말하니 엄청 기분 좋아하였다. 먹기가 힘들어서 그렇지 아무것이나 먹을수 있었다는게 그나마 축복으로 생각되었다. 소고기 먹자는 것을 만류하고 시원한 동태찌개에 점심을 맛나게 먹으니 좋아하는 친구의 모습에서 깊은 우정을 느꼈다.

 사람들은 때가 되면 밥을 먹어 건강을 유지하는데 작열하는 태양의 열기에 풀이죽어 잎사귀 푹 숙인 식물들이 화단에서 시름하고 있기에 공장을 뺑 둘러 심어진 꽃나무들과 작은 과실나무들이 애처로워서 물 듬뿍주니 좋아라 살아나는 잎사귀들이 생명있는 동물들과 같이 보임에 한번 더 소중한 생명 들에게 물을 뿌려줬다. 내가 많이 아파서 일어나지 못했다면 너희들에게 물도 줄 수 없었을 텐데 이렇게 다시 살아나 있어 너희들에게도 생명을 나눠주니 너무나 삶이 고맙구나. 하루 진통제를 먹지 않아도 아프지 않았고 혹시나 해서 긴장을 하였는데 저녁까지 무통증이기에 잠을 청했다.

 그동안 잘 버텨줬고 오늘이 있게끔 노력한 모든것에 감사하고 꼭 완치하여 폐암 환자들에게 중요한 한 권의 책을 만들어 병세의 호전에 도움이 될수있게 하리라 다시한번 다짐의 언약을 한다. 내일도 오늘과 같이 아프지 말아야 할텐데 자기전에 간절하게 기도하는 수 밖에 연약한 인간이 할수 있는 것은 없다. 강아 아프지 말자.

소중한 생명

식욕부진(20일차)

일요일이다.
태양은 더 가까이 내려와 이글거리고 산천은 더 푸르게 변하고 있었다. 오늘도 희망을 찾아 이곳저곳을 떠돌며 육신이 회복 할려는 마지막 사투를 지원하기 위하여 여름이 성큼 다가온 곳의 중앙에서 할 수 있는 노력을 다 쏟아붓고 있다.

차를 달려 우거진 나무가 있는 정상에 올라 굵은 신록의 나무들이 바람에 실어 뿜어내는 싱그러운 바람을 한참 동안 들어 마시기를 연습하고 동해의 파란 바닷가 그늘진 곳에서 차 문 활짝 열고 끝없는 수평선 저 멀리까지 시선을 던져 그 광활함을 가슴 속에 조금이라도 담으려 멍 때림의 순간에 있는 가상한 모습의 나를 보게된다. 몸 서리쳤던 아픔의 끝이 보이는가. 통증의 무덤에 있던 가슴이 점점 편안해짐을 느끼고 조금씩 조깅을 하여도 허용해주는 육신이 신기하게 받아 들여진다. 여전히 하루에 한두 알의 진통제는 복용하고 있으나 견딜 수 없는 통증에 의해서라기 보다는 가슴속이 더부룩함도 통증의 일종이라고 하기에 진통제를 복용하면 완화될까봐 복용하여 본다.

단지 근심스러운 것은 식욕이 급격히 떨어진다는 것이 무슨 이유인지도 모르겠고 항암 마지막 18일과 19일은 업무적인 스트레스에 의한 원인이기에 음식을 채워넣는다는 게 힘들었음에 이유있었다고 치부하더라도 20일에는 컨디션도 좋았고 조깅까지 할 정도였으나 아침, 그리고 점심에 시원한 멸치국수를 억지로 밀어넣고 저녁에 도저히 밀어넣기도 거북하여 매일 저녁 운동코스 장생포에서 저녁 8시까지 만 보를 걸었는데도 가슴 속에는 여전히 더부룩한 증상에 의하여 뭔가 채워진 느낌으로 식사를 거부함에 힘들게 냉시락국에 따뜻한 밥 말아 밀어 넣을 수 밖에 없었다.

 이것도 마지막 항암약물에 의한 원인이라면 충분히 받아들이고 극복할 수 있지만 후유증에 의하여 다른 장기에 예상하지 못했던 원인으로 또 다른 질병이 자라고 있지는 않을까 하는 의구심에 근심이 깊어진다. 그런일은 없겠지 하면서 애써 근심을 잠재우며 걱정이 또 다른 병을 만들고 현재 있는 병을 키우지 않게 하기 위하여 애써 가슴을 잠재우며 잠을 청해본다.

 내일은 더 나은 날이 있기를 기도하고 더 회복된 육신에 의하여 마음에 평안이 있기를 간절하게 바래본다.

이렇게 라도 먹자

건강한 생각 (21일차)

하늘은 맑은데 태양은 엷은구름 안에 있어 옅은 빛이 산천을 향해 퍼부어지고 있었다. 그 강렬한 빛을 따라 눈부신 그 빛이 내리쬐는 산천을 향해서 바람을 몰고 올 신록이 있는 곳으로 무작정 달려갔다.

무대 위의 가수를 향해 열광하는 관중들의 모습같이 살아있는 식물의 잎사귀들은 하늘 향해 한 줄기의 빛이라도 더 받으려고 두 손 펼쳐 소리치는 관중들과 하나되어 똑같이 녹색의 색깔로 옷을 갈아입고 하늘 향해 자신의 몸을 던지면서 치닫고 있음이 살고자 하는 강렬하다못해 처절한 의지를 배우고 느끼게하였다.

그래, 오늘 내가 서 있는 광활하게 펼쳐진 온통 진한 녹색의 향연 이 곳에서 건강함이 무엇이고 건강한 삶의 중요성이 얼마나 소중한지의 산 교육의 체험장 이었으며 자연은 봄, 여름, 가을, 겨울이라는 단 4벌의 옷으로 수천억의 세월을 똑같은 모습으로 그 자리에서 이렇게 생명의 소중함과 고귀함을 일깨워 주었고 이 우주에서 생각하는 단 한 생명 인간에게 자연의 순리를 벗어나서 살아가면 어떤 형벌이 내림을 일깨워 주는 것으로 받아들여졌다.

지나간 빛과 같이 흘러 간 시간 속에서 나를 병들게 했던 잘못된 행위와 육신과 정신을 병들게 했던 생활습관들이 지금 생명수를 받고자 하늘향해 쏟아 오르는 향연과 잇대어 많은 후회스러움으로 반성하게 된다.

밥 숟갈이 넘어가지 않아 더부룩했던 뱃속이 부끄러워 국수집에 들려 구수한 잔치국수 한그릇 집어넣고 이 푸르름이 가장 잘 보이는 깊은 산속 조용한 통나무 커피숍에서 따뜻한 커피 한잔을 앞에두고 조용히 마음을 수양하였다. 이 순간이 생에서 가장 행복한 순간임을 생각하고 건강해져가는 육신에 심장이 뛰고 있음이 고맙고 소중함에 건강한 삶이 왜 필요한지를 처절하게 깨닫게 되는 시간이고 싶고 더욱 더 건강해진 정신과 육신의 세계를 만들어 나가리라 다짐해 보았다.

이제 아픔의 끝이 억지로 나의 느낌의 틀 안으로 집어 넣으려는 것인지 정말 나의 아픔이 끝나가는 종착역에 다가와 있는지는 부족한 인간의 판단으로는 감히 알수 없지만 자만하지 않고 최선을 다해서 건강을 위해서 노력해야지.
 아주 겸손하게

자연의 무게를 느끼며

먹고 또 먹자 (22일차)

날씨는 좋은데 근심이 가득찬 하루였다. 4일전부터 식욕이 전혀없고 배에 가스가 찬 것 같음에 음식이 전혀 넘어 가지가 않는다. 아침을 거르고 점심 시간이 지나서 억지로 넘기는 것은 3일 동안 잔치국수 밖에 없었다. 장생포 산책로가 아니면 산천을 떠돌면서 시간만 나면 걸어서 에너지를 소비 했는데도 불구하고 위에 음식이 꽉 차 있는것 같아서 식사 시간이 고통스러움에 오늘은 내과전문의 백xx의사 선생님에게 진료를 받으러 갔었다.

위벽이 매끄럽지 않다는 것은 1년전 위 내시경 검사할 때 드러난 것이라서 지적하고 현재 얼마나 진행되어 있는지는 알수 없기에 7월 8일날 위 내시경 검사를 하는 것으로 일정을 받고 우선 식사를 잘 할 수 있는 3일분의 약 처방을 받았다. 지구에는 못 먹어서 영양실조에 굶주림에 고통받아 신음하고 있는 많은 사람들이 있는데 식욕부진이라는 것은 부자병 같아서 부끄러웠다.

아직 몸속에 잔재되어 있을지도 모르는 독한 항암 약품의 활동으로 이런 현상이 진행되고 있다면 오히려 좋은 현상이겠지만 약물의 독성에 의하여 위벽에 이상이 있어서 가스가 찬듯이 가슴이 빵빵해져 있다면 생각하기도 싫게 몸서리치는 악몽이라도 꾸는것 같기에 하루종일 간절한 마음을 담아 공기좋은 산야와 바닷가에서 청정수 공기를 많이 마실려고 이곳저곳을 헤매고 다녔었다.

건강하게 하늘 향해 솟아오른 아름드리 소나무에게 강한 기를 받기 위해 가슴으로 꼭 안고 대화하고 이름모를 들꽃에게도 부드럽고 예쁜 잎을 만지면서 힘찬 나무야, 부드러운 향기 먹은 예쁘고 소중하고 사랑스런 생명이 나의 아픔을 어루만져 더 큰 아픔이 자생하지 않도록 보듬어 주기를 나의 모든 마음을 모아 염원하였다.

 안절부절 배가 꺼져 식욕이 당기기를 바라는 나의 마음을 위로 하려는지 깊은 계곡에서 뻐꾹이도 울고 지지배배 작은 새들의 지저김도 들림에 그래도 힘을 얻어 조금 더 걷고 또 걷는다. 당연히 이겨 내야 하고 당연히 극복하여서 이 지긋 지긋한 터널안을 빠져 나가서 광명의 빛을 듬뿍 받아야 겠지만 우선 힘이 듦에 오늘도 이리저리 산천을 떠도는 불쌍한 영혼이 된다.

 강아, 어떤 방법을 동원 해서라도 꼭 이겨내자!
할 수 있겠지?

태화강 일몰

운 명 (23일차)

 창 밖으로 하얀 커텐을 타고 조개 속살같이 우유 빛 질감을 뿜어내며 강렬한 밝음이 여명이란 이름으로 희망을 품고 조용히 다가온다. 밤새 달을 사랑해서 어둠을 쫓아온 태양이 가버린 님을 대신하여 님이 가버린 그 자리에 어리석은 분노로 나무에 묻어있는 물기를 조금씩 태우면서 하루를 열고 있다. 그 붉은 빛이 대지에 광명을 밝히면 아침이라는 이름 안에 사람들은 서서히 이 거대한 땅 덩어리를 움직일 듯이 쏟아져 나오겠지.

 오늘 나는 내가 안고있는 희망이라는 자신감으로 내 사랑하는 사람의 가슴속에 불타는 하트를 소중하게 그릴듯이 모든 이들은 제각기 자신의 소망을 고귀하게 그리겠지. 오늘은 그 동안 노력했던 결과를 심판받는 날이다. 떨리고 두렵고 많이 기대도 되고 구심점이 없이 종잡을 수가 없는 마음을 어떻게 표현 할 수가 없다. 여기서 끝나야 하는지 더 오랜 시간을 아파야 하는지 알 수 없는 시간이 다가오고 늦은 시간 잠 못들어 무엇을 쓰는지 글만 계속 쓰고있다. 마치 오늘의 결과가 나의 인생의 종착역 같이 느껴지기도 하지만 마음으로 할 수 있는 말은 담담하게 받아들이자 라고 위안의 말 외에는 더 이상 내가 취할 수 있는 액션이 없음에 역시나 연약한 인간의 한계를 실감 할 수 밖에 없다. 이제 1차 아픔의 끝을 준비하여 길게 이어져 왔던 수필집도 오늘 결과에 의하여 마무리가 되고 더 길게 이어 질수도 있겠지만 힘없는 나의 능력의 한계밖인 것을 어떡하랴. 최선을 다해서 투병 생활을 서정시적인 분위기로 열정을 모아서 적어 왔기에 오늘 결과가 좋지않게 나와서 더 많은 시간을 필요로 한다면 순응하는것 밖에 힘없는 내가 할수있는 것은 없음에 슬프지만 받아 들일수 밖에없는 운명임을 어떡하랴.

내가 쓴 시구절 같이 운명이라 생각하고 아픔도 삶의 소중한 스승임을 인지하면서 그냥 있는 그대로 받아들이자.

수 국

아픔의 끝 (24일차)

또 다른 운명이 나를 기다리고 있는날 아무렇게나 입고 다니다가 모처럼 세미 정장 차림으로 서울삼성병원으로 향했다. 뜬 눈으로 지새운 밤의 흔적이 눈에 표시되어 있어 얼굴이 홀쭉하게 느껴졌다. 많이도 가고 오고했던 서울 까지의 길이 오늘은 특별하게 느껴져 평소 같으면 눈을감고 있든지 휴대폰으로 뭔가를 열심히 보고 쓰고 할 것을 시종일관 창밖으로 보이는 산천 안에 넋나간 사람처럼 시선을 고정하고 있었다.

어젯밤 한잠도 못 잤으면 잠이라도 좀 자두지 하는마음도 있었으나 잠을 잘 수가 없었다. 이제 기차역까지 다 외워버린 길이되어 버렸고 엄청난 시간과 돈을 뿌려서 다녔던 길이었음에 최종 결과를 보는 오늘은 특히 감회가 깊음을 어떻게 말로 표현할 수 없었다. SRT는 이윽고 종착역 수서역에 도착했고 3번 출구로 올라가서 셔틀 버스타는 곳으로 향했다. 올라 올 때마다 느끼는 거지만 셔틀버스는 항상 만차가 걸리고 내 앞에서 3명 까지는 한 차에 다 못타서 다음 차를 기다려야 하다보니 삼성병원을 찾는 환자들의 수가 얼마나 되는지 짐작이 간다. 이 수많은 환자들이 대다수 무서운 암에 걸려 고통받고 있음에 남의 일 같지 않아 항상 슬펐다. 오늘도.

셔틀버스는 45인승 버스만 총 8대라는 말만 들었는데 직접보지 않았으니 몇 대 인지는 알바 아니지만 버스기사님의 특징있는 말소리 멘트까지 다 외울정도로 다 알게되었으니 많이도 왔었다. 암병원 후문에 내려서 간단한 코로나 검사하고 피검사, 엑스레이 찍고 늦은 점심으로 짬뽕 한 그릇 먹고 박xx교수님 방 앞에 기다렸다. 밤새 한숨도 못자고 기다린 시간이기에 마음은 한없이 떨리고 기다림이 너무 지루하였다. 3시 20분 진료 시간인데 30분이 초과되어서야 호출

하였다. 항상 깍듯이 인사하고 자리에 앉아 순한 양이 되어 선생님 얼굴만 빤히 쳐다보고 있는 나는 흡사 재판정에서 판사의 판결을 기다리는 피고자와 다를 바 없었다. 일주일 전 미리 찍어둔 흉부CT를 찬찬히 보시더니 놀랄만한 말씀을 하심에 내 귀를 의심하게 되었다.

 깨끗합니다. 재발없습니다. 그동안 수고하셨습니다. 딱 세마디의 말씀에 그동안 힘들었든 순간들이 다 묻혀 없어지고 감사합니다만 연발하고 혈액종양내과 항암치료해주셨던 교수님방을 빠져나와 호흡기내과 조xx교수님 방으로 향했다. 호흡기내과 교수님은 우측 폐 50%, 좌측 폐 10% 도합
 30%의 제거수술을 하신 교수님으로 향후 5년동안 내 몸을 관리해주실 교수님이다. 폐에 찼던 물도 거의 다 빠져 나간 상태고 수술 부위도 문제없이 잘 안착되었습니다. 3개월 후에 다시 한 번 CT촬영하여 확인해보겠습니다라고 말씀 하신 후 특유의 웃음을 웃으신다. 이 교수님은 결과가 잘 나왔을때 웃으시는것을 알기에 나 역시 안도의 웃음으로 화답했다.

관리 잘 해야지

마치며

그동안 폐암투병으로 힘들었던 경험을 꾸준히 기록했던 글을 기준으로 오늘도 이 아픔을 이겨내고자 고통속에 계시는 분들에게 조금의 희망이라도 드리고저 나의 투쟁을 소중한 책으로 집필하였다.

이제 2020년 11월 중순부터 엄청난 고통과 불 투명한 미래에 고민했던 것이 오늘로서 새로운 인생을 사는 것인가에 대해 감개 무량함을 어떻게 말로 다 표현할수 있을까.
다시 태어난 인생에 감사하고 나의 아픔으로 마음을 상하게 하고 아프게 한 모든 이들에게 미안함에 다시는 이런 무서운 질병에 걸리지 않게 하기 위해서라도 자만하지 말고 건강관리 잘 하리라 다짐 또 다짐한다.

나의 의지와 노력도 중요 했지만 나에게 새로운 인생을 주신 서울삼성병원 조종호 교수님과 천사와 같았던 간호사님들에게 다시 한 번 마음을 담아 감사를 표한다.

이 책이 지금도 아픔에 힘들어 하시는 많은 분들에게 완치를 향한 불씨가 되어 힘든 병마에서 회복되어 새로운 삶이 있기를 바라며 더불어 현실을 살아가는 모든 이들에게 사랑받는 책이 되었으면 하는 진솔한 바람이다.

폐암이 준 제2의 인생

초판 인쇄	2024년 7월 25일
글 사 진	김 강
펴 낸 이	김진주
펴 낸 곳	(주)범고래마루
출판사등록	2019.10.31.(제2019-000007호)
주 소	울산광역시 울주군 범서읍 대리1길 24-11, 2층
전 화	02-512-0318
이 메 일	info@bummaru.com
I S B N	979-11-968742-2-3

(주)범고래마루 2024
본 책은 저작자의 지적 재산으로서 무단 전재와 복제를 금합니다.